强基固本 凝神聚气的基础工程

——西藏培育和践行社会主义核心价值观研究

孙向军等著

西藏人民出版社

图书在版编目(CIP)数据

强基固本　凝神聚气的基础工程:西藏培育和践行社会主义核心价值观研究/孙向军　著. --拉萨:西藏人民出版社,2017.9(2018.8重印)

ISBN　978-7-223-05570-3

Ⅰ.①强…　Ⅱ.①孙…　Ⅲ.①社会主义建设—价值论—研究—中国　Ⅳ.①D616

中国版本图书馆 CIP 数据核字(2017)第105809号

强基固本　凝神聚气的基础工程

——西藏培育和践行社会主义核心价值观研究

作　　者　孙向军等
策　　划　计美旺扎　张慧霞
责任编辑　张慧霞　计美旺扎
封面设计　格桑罗布
出版发行　西藏人民出版社(拉萨市林廓北路20号)
印　　刷　成都东江印务有限公司
开　　本　787×960　1/16
印　　张　15.375
字　　数　282千
版　　次　2017年9月第1版
印　　次　2018年8月第2次印刷
印　　数　2,001-3,000
书　　号　ISBN　978-7-223-05570-3
定　　价　30.00元

总 序

党的十八大以来,以习近平同志为核心的党中央从坚持和完善中国特色社会主义的高度出发,谋划和推进中国特色社会主义事业,提出"四个全面"战略布局,全力推进全面小康社会奋斗目标的实现和中华民族伟大复兴中国梦的现实进程。在这一伟大实践中,习近平总书记提出了一系列治国理政新理念新思想新战略,形成了习近平治国理政思想,这一思想是马克思主义中国化的最新成果,是当代最鲜活、最有生命力的马克思主义,是中国特色社会主义理论体系的最新组成部分。

在这一进程中,习近平总书记从新的时代要求和历史条件出发,思考谋划边疆民族地区工作尤其是西藏工作。2013 年 3 月,习近平总书记作出了"治国必治边,治边先稳藏"的重要论断;2015 年 8 月在中央六次西藏工作座谈会上的讲话中,习近平总书记在总结中国共产党治理西藏的历史经验的基础上全面阐述了党的治藏方略;同年 9 月,在西藏自治区成立五十周年之际,习近平总书记又向西藏自治区赠送了"加强民族团结、建设美丽西藏"的贺匾,表达了对西藏的殷切希望和美好祝愿。这一系列重要论述和指示,既有战略思想,又有具体举措,既有整体布局,又有重点工作,闪耀着马克思主义辩证思维的理论品质,形成了系统的治边稳藏战略思想。治边稳藏战略思想是对党的治藏方略的继承和发展,是党的治藏方略的新发展。"治国必治边,治边先稳藏",提升了对西藏工作战略地位的认识,明确了西藏工作的性质和地位,揭示了西藏治理的重点,是对民族国家边疆治理的深入思考,是对地缘政治理论的新发展。这一战略思想,是习近平总书记治国理政思想的重要组成部分,是新时期做好西藏工作的重要指南,为西藏推进长足发展和长治久安指明了前进方向、提供了根本遵循、注入了强大动力。要实现西藏的长足发展和长治久安,在新的历史起点上开创西藏工作的新局面,必须坚定不移、坚持不懈地贯彻实践习近平总书记治边稳藏战略思想。

党的十八大以来,西藏自治区党委政府团结带领全区各族干部群众,敢于担当、主动作为,全面贯彻落实习近平总书记治边稳藏战略思想,大力推进“四个全面”战略布局,统筹推进“五位一体”总体布局,使西藏各项事业取得可喜进展,习近平总书记治边稳藏重要战略思想在西藏得到成功实践。经过几年的持续努力,目前西藏社会大局和谐稳定、经济持续健康发展、民主法治不断推进、统一战线发展壮大、宣传文化富有成效、生态环境保持良好、社会事业全面进步、民族团结持续巩固、宗教实现和睦和谐、改革开放逐步深化、援藏工作力度加大、党的建设全面加强,西藏进入了历史上稳定发展最好时期之一。之所以能够取得这些成绩,最根本的一条就在于始终坚持并贯彻了习近平总书记治边稳藏战略思想,西藏的成功实践进一步证明,习近平总书记治边稳藏战略思想是极其正确的,是必须长期坚持并加以贯彻的。

习近平总书记指出:“在新的时代条件下,我们要进行伟大斗争、建设伟大工程、推进伟大事业、实现伟大梦想,仍然需要保持和发扬马克思主义政党与时俱进的理论品格,勇于推进实践基础上的理论创新。”西藏工作要取得更大的进步,实现长足发展和长治久安的战略目标,必须进一步结合西藏实际创造性贯彻习近平总书记治边稳藏战略思想,在实践基础上不断推进理论创新,总结西藏在维护社会稳定、推进社会治理创新、在极端艰苦条件下加强党建锻造“四铁”干部的宝贵经验,用以指导新的实践。作为自治区哲学社会科学研究的五路大军之一,党校行政学院系统

序

早在2007年,党的十七大报告中就提出了“弘扬中华文化,建设中华民族共有精神家园”。党的十八大报告首次在党的全国代表大会文件中使用“社会主义核心价值观”的概念,提出“倡导富强、民主、文明、和谐,倡导自由、平等、公正、法治,倡导爱国、敬业、诚信、友善,培育和践行社会主义核心价值观”。十八大之后,习近平总书记从坚持和发展中国特色社会主义的高度,强调培育和践行社会主义核心价值观,作出非常丰富而重要的论述。尤其是在中央民族工作会议上,习近平总书记提出“我们要把建设各民族共有精神家园作为战略任务来抓”,“社会主义核心价值观决定着各民族共有精神家园的发展方向,一定要在全社会、在各民族中大力培育和践行”。在民族工作会议上,讲培育和弘扬社会主义核心价值观,表明弘扬和培育社会主义核心价值观对于民族工作,尤其对民族地区的发展和稳定,甚而对于中华民族的共同繁荣和发展都具有非常至关重要的意义。2015年8月,中央召开第六次西藏工作座谈会。会议明确了当前和今后一个时期西藏工作的指导思想、目标要求、重大举措,并特别提出“要把社会主义核心价值观教育融入各级各类学校课程”,这更加说明在边疆民族地区培育和践行社会主义核心价值观的重大意义。

对于民族地区而言,培育和弘扬社会主义核心价值观是实现持续发展和长治久安的精神保障。西藏是边疆民族地区,也是相对欠发达地区,还是与国际分裂势力斗争的前沿阵地,在整个国家战略全局中具有非常特殊而重要的意义。西藏工作有两个重要目标,一个是实现长足发展,另一个是实现长治久安,这两个战略目标,都事关西藏广大人民的福祉,更事关中华民族的共同的利益和繁荣。要实现这样的目标,必须要有精神力量、价值导引和社会基础,而培育和践行社会主义核心价值观正是要为西藏的繁荣稳定提供这样的支持。无论是西藏的科学发展、社会和谐，还是促进民族团结，打赢反分裂斗争尤其是意识形态的激烈斗争，都对培育和践行社会主义核心价值观提出了迫切的要求。

民族地区社会主义核心价值观建设，还关乎整个中华文化延续传播和中华民族的长远发展。习近平总书记在中央民族工作会议上阐述了非常重要的中华文化观和民族观。他指出，“中华文化是各民族文化的集大成”。中华文化，不仅是指汉族的传统文化，而且包括各少数民族的传统文化，“把汉文化等同于中华文化、忽略少数民族文化，把本民族文化自外于中华文化、对中华文化缺乏认同，都是不对的，都要坚决克服”。社会主义核心价值观，既体现了社会主义的本质要求，也凝结了中国特色社会主义实践的价值，还是对中国传统文化和价值的继承。从这意义上说，培育和传播社会主义核心价值观，是中国文化和价值观的内生发展，在民族地区进行社会主义核心价值观建设，是民族地区发展尤其是文化发展的内在要求。培育和传播社会主义核心价值观既需要以传统文化为载体，又是对传统文化的发展。

党的十八大以来，党中央提出了新的治藏方略。习近平总书记提出“治国必治边、治边先稳藏”的战略思想，而且做出了要保持西藏长期稳定、持续稳定和全面稳定的重要指示。中央第六次西藏工作座谈会从战略和全局高度对做好西藏工作提出根本遵循，尤其是形成了“六个必须”的党的治藏方略。这些战略思想指明了治边稳藏的重要战略地位、核心战略目标以及治藏的总体策略，是西藏工作的重要指导和遵循。近几年，西藏自治区贯彻中央治藏方略，勇于担当，开拓创新，以实现“治理体系和治理能力现代化水平”为目标，在社会治理方面进行了重要而宝贵的探索，取得了良好的社会效果，创造了和谐稳定、科学发展、民族团结、民生改善、宗教和睦、生态良好、党建加强、边疆巩固的良好局面。然而，要进一步深入贯彻党中央的治藏方略，实现西藏的长足发展和长治久安，则需要把培育社会主义核心价值观作为长期的基础性工程来做，为西藏的发展和繁荣稳定奠定良好的精神基础。

在西藏进行社会主义核心价值观建设,最为关键的一点是如何把社会主义核心价值观的一般性内涵与西藏的具体而特殊的实际结合起来。西藏是一个藏传佛教有着很大影响力的地区,佛教文化在广大群众生活中具有广泛而深刻的影响,人民群众不仅思想观念、价值判断上,在行为方式、思维方式上都深深地带了佛教文化的印记。就传统文化和习俗而言,西藏也有非常独特而有价值的传统文化和礼仪习俗。培育和传播社会主义核心价值观,都必须与这些文化和价值方面的特殊实际密切结合起来。只有如此,西藏的社会主义核心价值观建设才能最终取得实效。西藏在社会主义建设和改革开放中,形成了以“老西藏精神”为核心的主流价值观,不管是在解放军进藏建藏时期、民主改革时期,还是在改革开放、建设社会主义新西藏时期,“老西藏精神”都是西藏发展的巨大精神支柱和力量。老西藏精神虽名“老”,实际却是历久弥新,在不同的时代都会注入新的内涵。培育和践行社会主义核心价值观,如何坚持和发扬“老西藏精神”,也是一个非常重要的课题和任务。

孙向军长期从事哲学、伦理学和中国特色社会主义理论研究,尤其是近些年在社会主义核心价值研究方面进行持续而深入的研究,发表了一系列有价值的研究成果。他到西藏工作后,更是以高度的责任感投入到对习近平总书记系列重要讲话精神、十八届三中、四中、五中、六中全会精神的研究和宣传工作中,尤其以深切的问题意识,致力于西藏的意识形态和社会主义核心价值观的研究。这部由他组织的西藏社会主义核心价值观建设研究的成果,以习近平总书记系列重要讲话精神为指导,对西藏如何建设社会主义核心价值观进行了较为全面的探讨,不仅在核心价值观理论研究方面是一大推进,而且对西藏推进社会主义核心价值观建设以及中华民族共有精神家园的建设都是很有意义的探索。

最后借此机会祝愿西藏在以习近平为核心的党中央的英明领导下,在西藏干部和群众的共同努力下,在全国人民的无私支援下,如期和全国一道全面建成小康社会，最终实现长足发展和长治久安的战略目标，永葆世界之巅、雪域高原的美丽、圣洁和祥和！

王伟光

中国社科院院长、党组书记

目 录

第一章　西藏社会主义核心价值观建设的意义与原则

习近平总书记指出:“人类社会发展的历史表明,对一个民族、一个国家来说,最持久、最深层的力量是全社会共同认可的核心价值观。核心价值观,承载着一个民族、一个国家的精神追求,体现着一个社会评判是非曲直的价值标准。”①培育和弘扬共同的核心价值观,是中华民族长远发展的培基固本之举。

在新的历史起点上,西藏也正在为能够与全国人民一道全面建成小康社会而努力奋斗,正在谱写中国梦的西藏壮丽篇章。因为西藏有着极其特殊的区情,尤其有极其特殊的历史和文化,在西藏培育和弘扬社会主义核心价值观,不仅有极其重大的意义,而且必须与西藏的特殊区情和民族文化密切结合起来,从而使社会主义核心价值观在雪域高原发扬光大,同时为西藏的发展注入强大的精神力量。

第一节　核心价值观及其重要意义

一、核心价值观的内涵及功能

“价值观”是颇为复杂的一个概念,虽然有连篇累牍的文章进行阐释,但仍然没有一个清晰简明的定义。简单准确地讲,价值观是指导人们行为的价值观念,同时也是人们判断是非对错等价值问题的标准。价值观之所以重要,在于人的行为是受它的支配、引导或影响。当然,就个人而言,并不是所有人都有明晰的价值观,有些人的价值观是自觉、清晰的;而

---

① 中共中央宣传部:《习近平总书记系列重要讲话读本》,学习出版社、人民出版社2014年版,第92－93页。

有些人浑浑噩噩，虽然受一定价值观的指导，但他自己却不甚了了。对于那些拥有价值观的人来讲，价值观也是有正确和错误之分。而对于一个社会来讲，能否有共同的、正确的价值观更为重要，它是促进社会成员协调一致、和谐共处的重要因素。因为一个社会的价值观是多元的、复杂交错的，因此就存在“核心价值观”。核心价值观是一个社会最根本的、最重要的，为该社会大多数成员所接受、认可和遵从的价值观。核心价值观在一个社会中是居于统摄和引导地位的价值观，它对于一个社会具有非常重要的作用。它是一定社会意识形态的灵魂，从深层次稳定恒久地影响着一个社会及其成员的价值判断、价值选择和价值实践。它渗透于经济、政治、文化、军事等各个领域，体现于国家的政策、制度、法律、道德之中。

价值观无论对个体，还是对社会来讲，都具有非常重要的意义。古希腊哲学家苏格拉底曾言:“未经检验的生活是毫无价值的”。也就是说，人的生活是需要有价值观指导的，没有价值观指导的生活就只成为吃喝拉撒、倒退到动物的生活层次。对于一个社会来讲，同样如此，如果没有价值观指导，这个社会就是没有规则的、没有方向的，就是完全受丛林法则支配的动物界。

正因为核心价值观具有非常重要的意义，历史上一个社会在其发展过程中都会形成反映其价值指向的核心价值观。中国传统社会在长期历史发展中就形成了以儒家思想为基础的核心价值观，如“大一统”观念、“三纲五常”、仁义礼智信、忠孝等，成为引导和凝聚中华民族的价值导向和价值标准，在历史上发挥了重要作用。西方18世纪资产阶级在革命过程中提出“自由、平等、博爱”，用以号召反对当时的封建阶级；当代西方资本主义国家则高举“民主、自由、人权”的价值，用以进行意识形态的斗争。这些都表明，核心价值观在一个社会意识形态中具有重要的地位和功能。

核心价值观具有鲜明的阶级特征。从人类文明发展的历史来看，核心价值观总是由占据统治地位的阶级倡导和建立的，并且总是占据统治地位的阶级通过其强制力确保实施的。核心价值观一旦建立，就会自行担负起引导和规范人们社会行为的责任，通过影响、规定和评判个体的价值取向，达到群体思想观念的高度一致，从而凝聚成整个社会的价值追求和共同理想，更好地为占统治地位的阶级服务，促进社会发展与和谐稳定。可以说，核心价值观具有鲜明的阶级特征，不同的历史时期、不同的社会形态会形成不同的核心价值观。

核心价值观具有鲜明的意识形态特征。本质上讲，任何社会的核心价值体系都是一种意识形态[①]。社会主义与资本主义作为两种不同的意识形态，决定了社会主义核心价值观与资本主义核心价值观的根本差异。社会主义核心价值观坚持马克思主义指导，坚持以人为本，坚持科学社会主义，始终以“人的自由全面发展”为最高价值，以共产主义为最高理想。在中国，中国共产党团结带领各族人民在中国特色社会主义建设中，逐渐形成了涵盖马克思主义指导思想、中国特色社会主义共同理想、以爱国主义为核心的民族精神和以改革创新为核心的时代精神、以社会主义荣辱观为内容的社会主义核心价值体系。而西方资本主义核心价值观是以“正义、自由、平等、民主、法治”为核心理念的价值体系。从本质上讲，西方核心价值观是资产阶级的经济、政治和文化等利益诉求在意识形态领域的反映，其所倡导的个人主义、自由主义和功利主义，是建立在资本主义私有制的基础上的，是反映资产阶级的利益与诉求的价值观，实质上不过是资产阶级进行意识形态斗争的辩护工具。[②] 所以不同的意识形态会产生出不同的核心价值观，不同的核心价值观本质上可以表现不同的意识形态。

核心价值观在人们的价值观念体系中处于中心、主导、支配地位。它反映社会发展的内在要求，代表统治阶级的根本利益，起着规范行为、稳定秩序、提供精神动力的作用。核心价值观发挥着重要的社会功能。一是导向功能。核心价值观通过确立反映一个社会共同要求，来引导社会成员确定价值目标，为一个社会的发展提供方向。一个社会的价值观往往不是一元的，相反是多元的，尤其在现代社会，多样化的价值观的存在是一个不争的事实。在这种情况下，核心价值观就能够在多元价值中为人们拨开迷雾，提供价值方向。二是凝聚功能。核心价值观通过为社会

---

① 袁贵仁：《十七大精神笔谈：建设社会主义核心价值体系》，《中国社会科学》2008 年第 1 期。

② 陈怀平、廉永杰：《共通、异质与升华：当代中西方核心价值观辨析》，《文化建设》2011 年第 1 期。

成员提供共同的价值目标、价值原则以及行为方式，能够把社会成员紧紧凝聚在一起，从而增加一个社会的整合力。社会成员只有具有共同的价值观，才具有相互沟通、理解和宽容的精神条件，因此，从这个意义上讲，核心价值观是一个社会的精神“粘合剂”。三是规范功能。核心价值观既是价值，又是规则。通过核心价值观，可以为一个社会的人们提供行为准则，从而达到规范社会成员行为、维护社会秩序的目的。四是动力功能。核心价值观还可以通过共同的价值目标为一个社会的发展提供精神动力。马克斯·韦伯认为，资本主义的兴起虽然不能完全从观念文化中找到答案，但也不能完全从单一的经济决定论中得到说明，在他看来，“神秘的和宗教的力量，以及以此为基础的伦理上的责任观念，过去始终是影响行为的最重要的构成因素。”可见，社会发展的动力不仅来自经济，而且来自精神。社会主义核心价值观的重要功能之一，就是为社会主义的发展提供强大的精神动力。

二、中国传统核心价值观建设

中国传统文化中虽然并未直接产生和使用“核心价值观”这一词汇，但在各历史时期都形成了其主流的价值观念，也就是由统治阶级所提倡、为社会全体成员所普遍遵循的基本价值准则，这实质上就是我们所说的核心价值观。正如习近平总书记指出：“每个时代都有每个时代的精神，每个时代都有每个时代的价值观念。国有四维，礼义廉耻，‘四维不张，国乃灭亡’。这是中国先人对当时核心价值观的认识。”①

中国传统社会形态是中央集权的君主专制制度，君王是最高统治者。专制的政治形态决定了其核心价值的实质就是利于统治者统治的专制思想观念和价值准则。巩固君王的绝对权威，维护君王的天下大业，是古代社会发展的重要基础，所以中国古代“核心价值观总是由统治阶级所倡导并由统治阶级的统治力保证其优势地位的”②。中华文化源远流长，从上古时期到春秋战国、从秦统一六国到清朝末期，在漫长的历史延续中，封

① 《习近平谈治国理政》，外文出版社 2014 年版，第 168 页。
② 季明：《核心价值观概论》，人民日报出版社 2013 年版，第 12 页。

建君王的专制思想理念和具体内容随着自身政权巩固发展的需要在发生着变化，不同历史时期各有其侧重，但有些核心价值却一直传承延续，可以说是一以贯之、一脉相承。

不能否认，中国传统文化中夹杂着封建的、落后的、迷信的成分，这些腐朽的、消极的、落后的内容必须加以剔除。但同时，中国传统文化中蕴藏着丰富的积极内容，有着珍贵的核心价值观优秀成果。综合来看，我们认为古代中国核心价值观包括，除春秋时期管仲提出的“四维”核心价值观，还有此前虞舜时期推行的“五教”——父义、母慈、兄友、弟恭、子孝，此后汉代倡导的“五常”——仁、义、礼、智、信，宋代构建的“八德”——孝、悌、忠、信、礼、义、廉、耻等核心价值观。这些不同时期的核心价值观虽表述不同，但一脉相承，塑造和体现了中华民族核心价值观以人为本、以德为本、以民为本和以合为本等基本特征。①

从古代开始，我们的核心价值观建设就有从国家、社会和个人三个层面着力的经验。在国家层面上，注重思想建设（德）、社会制度（礼）和法律手段（法）建设核心价值观。在社会层面上，注重教育、文学艺术等社会文化活动对核心价值观传播和弘扬的作用。在个人层面上，将核心价值观具体到每个个体的内心认同和实际践行，为核心价值观建立最广泛的群众基础和实践根基。三个层面相互支撑、共同用力，就能形成稳固的核心价值体系，推动核心价值观的确立和弘扬。

第一，在国家层面上，主张“为政以德”、“齐之以礼”和“礼法并用”，是思想建设、制度建设和法律手段的统一。在古代，统治阶级已经充分认识到国家思想引导、制度安排和法律保障在价值观建设中的重要性，所以在国家层面上明确治国理念、强化制度安排、配套法律约束，切实增强了核心价值观践行的物质基础。这是中国古代核心价值观建设的一个基本经验。

首先，“为政以德”是古代中国的基本治国理念，为核心价值观建设提供思想引导。为政以德，是中国古人在深刻把握社会盛衰兴亡的历史规

① 参见陈来：《中华传统文化与核心价值观》，《光明日报》2014 年 8 月 11 日，第 16 版。

律基础上发现的价值规律，是一项重要的治国方略。统治者推行以德治国，从加强自身的德行修养出发，施以仁政，以上率下，带头践行，其效果必然会“譬如北辰，众星共之”（《论语·为政》）。为政以德作为统治者治国理政之根本要义，是核心价值观建设的首要准则，引领着统治阶层和整个社会的精神世界。

周公最早提出了“敬德”，建立了“以德配天”、“敬德保民”、“明德慎罚”等理念和价值观。到春秋战国时期，孔子系统论述“德治”思想，孟子进一步明确“施仁政于民”（《孟子·梁惠王上》）。汉武帝时期，通过“罢黜百家，独尊儒术”，把以孔子、孟子为代表的儒家价值观确立为国家统治的核心价值观。从此，把德治、仁政的儒家思想作为立国施政之本，成为历代封建王朝的共同核心价值，自隋唐、宋元，直到明清，不一而足。历史证明，把“为政以德”作为核心价值观，明确治国安邦的理念，规范统治者行为，引领官员精神世界，有利于社会整体的发展繁荣与和谐稳定。

其次，“齐之以礼”是古代中国基本的制度安排，为核心价值观建设提供了制度基础。通过礼制这一制度安排，把核心价值观融注其中，就能促进全社会尚礼尊礼，依礼而行。“礼最主要的功能就是通过划定社会上各色人等的名分等差，使社会上各阶层的人们‘群居合一’地共处于一个社会大家庭之中”①，其效果必然是人民“有耻且格”。

中国是礼仪之邦，礼制自夏商周时期开始建立，之后逐渐成为整个社会的价值观念和行为准则，“非礼勿视、非礼勿听、非礼勿言、非礼勿动”成为日常要求。孔颖达指出：“中国有礼仪之大，故称夏；有章服之美，谓之华，华、夏一也”（《左传·定公十年疏》）。通过编订礼制，约定俗成，中国数千年的社会秩序得以维护，中华文明能够生生不息、延续至今。礼之所以具有如此功效，是因为礼通过仪式规范、准则制度的形式维护着仁、义、智、信等价值理念，使核心价值观获得稳定的文化意义。

再次，“礼法并用”是古代中国基本的治理方式，为核心价值观建设提供了法律保障。中国古代统治者不仅看到了礼制对核心价值观建设的重

① 丁鼎：《儒家礼乐文化的价值取向与中华民族精神》，《山东师范大学学报（人文社会科学版）》2014 年第 6 期。

要性，也充分重视法制，致使礼与法相互渗透和融合，为核心价值观的建设提供了“双保险”。

早在春秋战国时期，以商鞅、韩非为代表的法家就提出了法制思想，强调“以法为本”、“垂法而治”，把法制提高到明辨是非、赏功罚罪的根据和治国理政的方略，如商鞅认为君王要做到：“言不中法者，不听也；行不中法者，不高也；事不中法者，不为也”（《商君书·君臣》）。此后，韩非系统地阐述了法制思想，使之理论化、系统化。法律的强制力为核心价值观的建设提供了坚强保障，确保上到政府官员、下至平民百姓都必须按照统一的行为准则和价值要求行事，否则就会受到法律的制裁。但一味地强调严刑峻法的结果会造成“民免而无耻”的局面，甚至产生逆反心理，民怨沸腾，不利于核心价值观真正地内化于心、外化于行。所以，至汉代董仲舒提出了“礼法并用”的治国方略，强调要礼、法结合，相互补充，二者缺一不可。从此，“礼法并用”为历代统治者继承和坚持，成为维护、确保核心价值观延续和弘扬的基本方式。

第二，在社会层面上，主张兴学立教、文以载道，充分发挥社会教育、文化活动对核心价值观建设的促进作用。古代中国有着悠久的兴学立教、以文会友的传统，尊师重道是中华民族的传统美德，“得天下英才而教育之”是古代文人的价值理想，文人雅士常往来切磋，激发创作，通过其理论学说和文艺著作来影响世人的精神塑造和价值追求。

首先，“兴学立教”是以教育推动核心价值观建设。教育是历代统治者在全社会推行核心价值观的重要手段，而学校则是教育的主要场所，学校教育是教育的主要形式。中国古代的学校都是以核心价值观教育为主要内容，以培育践行核心价值观的人才为宗旨的。

我国古代学校包括官学和私学。官学由朝廷开办和管理，直接进行明确的、系统的核心价值观教育。例如《礼记·学记》中记载大学教育的要求是，从一年级到九年级逐步达到“离经”与“辨志”、“敬业”与“乐群”、“博习”与“亲师”、“论学”与“取友”、“知类”与“通达”相统一，可谓智德双修，将核心价值观有机贯穿于教育过程和教育目标之中。古代私学创立于春秋时期，为满足各诸侯国对“士”的需求，孔子等人广招学徒、授业解惑，从此私学盛行，“学在官府”的狭隘局面转变为“学在四夷”，价值观的传播由官方转向了社会，有利于核心价值观在全社会的弘扬和确立，有利于形成良好的社会风尚。在科举制建立以后，学校教育有了系统配套的考核机制，就是科举考试，“科举制是一种以考试为手段的，亦可说是一种以考试为手段考核学校践行核心价值观情况的特殊管理方式。它如同一把权威的价值‘标尺’，对官学和私学进行考量，逼其向自己靠拢。”①所以客观上来说，科举制以考试的方式反向促进了社会教育的发展，开创了勤奋向学风尚，客观上推动了核心价值观的建立和弘扬，也一定程度上彰显了公正公平价值。

其次，主张文以载道、以文化人，重视文学艺术创作对弘扬核心价值观的作用。所谓“文以载道”是指文学艺术作品是价值观的载体，价值观是文学艺术作品的根本。所以，文学艺术在践行核心价值观上的功能主要是载道和化人。《尚书》就有“诗言志，歌永言”（《尚书·舜典》）的说法，表述了文学艺术具有表达志向、抒发情怀的作用。周敦颐直接表述为“文以载道”（《通书·文辞》），来说明文学艺术作品一定是承载着价值观念的。这样一来，在核心价值观建设中就一定要重视优秀的文艺作品的“载道”功能，充分发挥其弘扬社会核心价值观、增进社会和谐、传播正能量的作用。

文艺可以把核心价值观“生动活泼、活灵活现”地表现出来，“用栩栩如生的作品形象告诉人们什么是应该肯定和赞扬的，什么是必须反对和否定的，做到春风化雨、润物无声”②，这才是文学文艺的价值和魅力所在。在当下，我们培育和践行社会主义核心价值观，也要充分发挥文艺的载道和化人功能，充分激发整个社会文学艺术创作的热情，创作出更多“像蓝天上的阳光、春季里的清风一样，能够启迪思想、温润心灵、陶冶人生”③的

① 任者春：《从“为政以德”到“化民易俗”：中国古代核心价值观践行的基本经验探析》，《山东大学学报（哲学社会科学版）》2016 年第一期，第 83 页。

② 中共中央宣传部：《习近平总书记在文艺工作座谈会上的重要讲话学习读本》，学习出版社 2015 年版，第 26 页。

③ 中共中央宣传部：《习近平总书记在文艺工作座谈会上的重要讲话学习读本》，学习出版社 2015 年版，第 26 页。

作品，感召更多的人自觉践行社会主义核心价值观。

第三，个人层面上，主张修身齐家，强调核心价值观需要每个个体的内心认同和直接践行。培育和弘扬核心价值观，最根本的还是要落实到每一个体的道德修养和日常行为，每个人的自觉践行是核心价值观建设的最基本面和最高目标。

首先，把修身作为核心价值观的首要要求，确保核心价值观的践行。《礼记·大学》中讲“身修而后家齐，家齐而后国治，国治而后天下平”，可见中国古人“把世界秩序作为最终目的，把个人修身作为基本的开始”①。用习近平总书记的话讲，就是“做人做事第一位的是崇德修身”②。社会主义核心价值观中“爱国、敬业、诚信、友善”都是古人修身的重要追求。先天下之忧而忧，后天下之乐而乐；位卑未敢忘忧国；苟利国家生死以，岂因祸福避趋之；天下兴亡，匹夫有责……中国古人的爱国箴言已然沉淀为中华民族的爱国精神，铸就了中华民族最深沉的文化基因。敬业乐群，孜孜不倦；人生在勤，不索何获；鞠躬尽瘁，死而后已；业精于勤荒于嬉……这是中国古人的敬业箴言。言必信，行必果；民无信不立；一诺千金；一言为重百金轻……这是古人的诚信智慧。与人为善，善莫大焉；民胞物与，海纳百川……这是古人的友善智慧。这些智慧箴言都是修身的内容和目标，也就是践行价值观的要求，生命不息，修身不止。

修身贵在践行，以“吾日三省吾身”为要求，需要在长、常二字上下功夫。践行既是修身的方法，也是修身的要求。孔子主张“君子欲讷于言而敏于行”（《论语·里仁》），把“行”作为修身的归属和落脚点。只有实际践行才能内化于心，将核心价值观融于血脉，自觉化作行动，始终坚持。

其次，把齐家作为核心价值观的重要内容，注重在涵养家风中践行核心价值观。家风就是一个家庭或家族的传统风貌和精神标识，是凝聚家庭成员的精神力。家风是一个人最先接受的价值观念，家庭是践行核心价值观的最初场所，所以良好的家风是一个人最宝贵的精神财富，是一个人形成正确的世界观、人生观、价值观的基础。把“齐家”作为核心价值观

① 林语堂：《孔子的智慧》，湖南文艺出版社 2011 年版，第 17 页。
② 《习近平谈治国理政》，外文出版社 2014 年版，第 173 页。

建设的重要内容，是古代中国核心价值观建设的重要经验。

中国古人历来讲究家国同构，将“家”和“国”紧密联系，国由家构成，有家才有国。这种家国情怀使得“齐家”在核心价值观建设中的地位尤为突出，历代统治者都十分重视家风建设，正如《大学》所言：“欲治其国者，先齐其家”，“所谓治国必先齐其家者，其家不可教而能教人者，无之”（《礼记·大学》）。中国涵养家风的传统源远流长，早在《尚书》中就有关于周公训示子侄兄弟的记载，孔子亦有诗礼传家，西汉司马谈以《命子迁》激励司马迁继承父志、不负初心。南北朝《颜氏家训》最负盛名，全面总结修身、治家、处世、为学之经验，这些经验已经融入了中华民族的精神世界。唐朝有李世民的《戒皇属》，宋代有司马光的《家范》、朱熹的《训子帖》，明朝有朱柏庐的《治家格言》，清代有李毓秀的《弟子规》等，这些家规家训推崇的忠孝节义、礼义廉耻价值观念为后世子孙代代传承，成为中华民族共同的精神财富和价值追求。家风不仅是一个家庭的精神内核，更是一个社会的价值缩影。良好家风是核心价值观在现实生活中的直观体现，为核心价值观的建设奠定了基础。

三、西方核心价值观建设

总的来说，西方文化是以个体为本位的，倡导以人的权利及其保障为主体的个人主义价值观。西方价值观的核心是正义、自由、平等、民主、法治等价值范畴，强调个人的权利及其制度保障。值得指出的是，西方核心价值观虽然有其进步意义和历史价值，但并非所谓的“普世价值”，在本质上只是资本主义的核心价值观，也就是反映了资本主义私有制的本质，代表的是资产阶级的利益，是资产阶级意识形态的集中体现，与社会主义核心价值观是有本质区别的。

首先，正义是社会最基本的价值判断和道德标准。西方自柏拉图的《理想国》问世起，正义的观念就成为了核心价值。亚里士多德认为正义与美德是等同一致的，首要要求是不偏不倚。到近代社会，霍布斯认为正义是任何自由、理性和平等的个体都同意的行为,就是“遵守有效的信约”[①]。休谟认为,正义的唯一源泉是公共福利,正义是关于人类基本福利的道德规则。卢梭认为正义是以契约关系为基础的。罗尔斯把正义看作分配制度的标准。马克思主义反对抽象地谈论正义,认为正义作为一种价值观念,在不同的历史时期,对不同的阶级有不同的内容,它必须符合人类历史发展的规律。所以,马克思主义的正义是人类社会的崇高境界,“真正的自由和真正的平等只有在共产主义制度下才可能实现,而这样的制度是正义所要求的。”[②]

第二,自由是政治秩序的根本内涵和终极追求。在西方文化中,自由在哲学上被理解为作为主体的人在实践中将自身的意志、思想、情感自觉运用于客观对象之上,实际上指意志自由,正如洛克所言:“离了思想,离了意欲,离了意志,就无所谓自由。”[③]在政治生活实践中,自由被理解为国家赋予公民的各种权利和义务。权利是指人对于某物或某事的行为实施权,也就是人的各项主动权利和做某种行为的资格。所以权利可以被视作判断人的自由实现程度的标尺。而义务指人因为法律或道德因素要求的行为,尤其指不能侵犯妨碍他人权利的责任。所以自由不是完全的自由,是权利和义务的统一,正如卢梭所言:“人生而自由,却无往不在枷锁中”。

第三,平等是基本的社会价值和社会关系。平等在社会领域是指人们在政治、经济、法律、社会等方面具有相等的地位,拥有相等的权利,享有相等的待遇,还包括权利平等、机会平等、身份平等、资源平等等内容。卢梭认为社会平等就是权利平等。法国哲学家托克维尔甚至认为平等产生于自由之前,没有追求平等的激情,就不可能实现自由。美国的《独立宣言》和法国的《人权宣言》都宣扬和确立了平等的价值。可见,平等是衡量人类社会进步的重要标准,是西方核心价值观的重要内涵。

第四,民主是政治制度的基本规则和自由的政治保障。在西方,民主

① [英]霍布斯著:《利维坦》,商务印书馆 1985 年版,第 109 页。
② 《马克思恩格斯全集》(第 1 卷),人民出版社 1956 年版,第 582 页。
③ [英]洛克:《人类理解论》,商务印书馆 1958 年版,第 208 页。

一词源自希腊语“demokratia”，意为民治。西方民主观念虽起源于希腊，但近现代意义上的民主观念直到18、19世纪才在英美诸国流行，并到20世纪才于西方发达国家确立为政治制度。民主是指在一定的阶级范围内，按照平等和少数服从多数原则来共同管理国家事务的制度和理念。实际上就是保障人的权利和自由。因此，它是同专制主义、威权主义、法西斯主义有本质区别的。它反对任何形式的践踏人权、剥夺财产和限制自由的行为。民主的基本规则就是主权在民，就是将所有人看作具有同等基本地位而没有任何差别和限制的国家公民。

第五，法治是现代西方政治文明的基本特征和必要条件。在现代国家的民主体制下，法治是人类政治文明进步的表现，是现代国家治理的基本方式，是实现自由平等、公平正义的可靠保障。所以，同正义、自由、平等、民主一样，法治成为西方核心价值观的重要内涵之一。在西方，法治思想的萌蘖最早可追溯至亚里士多德的法治理论，他认为法治优于人治，人治容易偏离公正，法治则可以体现理性精神，更能确保公正。他提出的法治包括两点：一是有优良的法律；二是优良之法得到民众的普遍遵守，也就是“已成立的法律获得普遍的服从，而大家所服从的法律又应该本身是制订得良好的法律”①。从亚里士多德对法治的论述中可以看到法治的意义就在于法律的优良和正义性是绝对权威，“谁都承认法律是最优良的统治者，法律能尽其本旨作出最适当的判决。” ②

西方国家各自的核心价值观建设虽各有特点、各有侧重，但很多有效的方法和措施是各国共同采用的，很多规律和成果呈现出共性的特点。

第一，以社会法治保驾护航。通常认为，基本价值的一致是社会整合的基础，而法律对社会的整合途径之一就是对社会成员就最基本的价值观念取得一致，法律是寻求价值观念一致性的有效手段。那么，在社会核心价值观建设中，就需要法治的保驾护航以实现核心价值观的普遍认同。在西方国家，很多核心价值观念以法律条文和法律性文件的形式得以确立，并以法律的强制性和约束性得到保障和传播。2000年公布的《欧洲基

① ［古希腊］亚里士多德著：《政治学》，商务印书馆1965年版，第202页。
② ［古希腊］亚里士多德著：《政治学》，商务印书馆1965年版，第174页

本权利宪章》宣布:“基于其精神和道德遗产的认识,联盟以不可分割的、普遍的关于人类尊严、自由、平等和互助的价值为基础,建立在民主原则和法治原则之上。”之后,西方30多个国家通过立法将这一精神和价值观念确立了下来,使得核心价值观的最根本内容得到了法律的直接保护。[①]

第二,以系统教育广泛普及。教育是以传递信息、传播思想、更新观念为途径和手段,实现个人思想认识提高和全面发展,从而实现社会的整体进步。教育的重要内容之一就是价值观念的引导,系统的教育更是核心价值建设的有效途径。在英国,系统教育在核心价值观建设中的作用就十分巨大,效果十分显著。英国教育部早在2007年就提出了全国中小学教授英国传统价值观的教育计划,规定11~16岁的中小学生学习有关英国言论自由、多元文化、尊重法治等核心价值观以及英国不同群体对英国社会的贡献等内容。[②] 并且充分发挥了公立学校、私立学校和社区教育机构等多个方面的积极性,将核心价值观作为学龄教育的重要内容,在全国青少年学生群体中广泛普及国家核心价值观念,使之根深蒂固,普遍认同。

第三,以执政党提供有力支持。执政党通过执政制定政策纲领,宣扬政治主张,安排决策部署,明确社会核心价值观念,确保其在整个社会的普遍认同和广泛传播。法国政府早在20世纪50年代末,就设立了专门的文化事务部,正式制定了国家的文化政策。自1959年法国文化部成立,文化政策总体上是连贯发展的,原则上遵循正义、自由、平等、民主、法治的基本价值观。[③] 执政党确立的制度规范、颁布的政策法规为核心价值观的确立和传播提供了有力保障,同时核心价值观的弘扬也能够促进执政党执政环境的良性发展和执政能力的不断提高,政府行政和核心价值的相互影响和相互促进,是核心价值观建设的有效途径。

第四,以文化产业浸润渗透。文化是价值观念的主要载体,文化产业更是传播核心价值观的主要方式。西方国家将其核心价值观念浸润渗透

---

① 参考陈新汉:《论核心价值体系》,《马克思主义研究》2008年第10期。

② 许艳丽、周长美:《西方核心价值观建设路径及启示》,《文化论苑》2011第11期。

③ 许艳丽、周长美:《西方核心价值观建设路径及启示》,《文化论苑》2011第11期。

到文化产业链中，达到核心价值观与文化产品的有机融合和高效传播，从而让广大群众在消费文化产品的过程中接受核心价值观的影响，这一过程虽“润物细无声”，却十分有效。西方国家重视文化产业的价值观内涵，综合语言、影视、创意产品、文化节等方式和手段，多途径、全方位地普及核心价值观。如世界上最大的新闻广播机构之一——美国之音广播电台（VOA），制作的英语节目被誉为“一部活的教科书”，在教授英语、展现美国生活的同时，巧妙地宣扬了核心价值理念。法国是“文化时尚”的代表，每年举办2000多个文化艺术节，创造出了许多富有创意和特色的文化品牌，法国文化及其价值观念就通过这些时尚品牌在消费者中广泛普及。德国每年举办众多戏剧节、音乐节和电影节，这不仅促进了文化交流和艺术繁荣，更将德国的文化价值观浸润到观览者的头脑和内心中。可见，西方国家借助文化传媒和文化产业，将核心价值观浸润在文化产品中，使得广大民众在消费文化的同时，接纳社会核心价值观。

值得一提的是，我国需要高度警惕西方核心价值观和意识形态的文化渗透，防止其影响和扭曲我国社会主义核心价值观。在借鉴西方核心价值观建设的宝贵经验之前，一定先澄清社会主义核心价值观与西方资本主义价值观的本质差异，警惕、揭露西方歪曲、腐蚀我国核心价值观的企图，保证社会主义核心价值观的正确引领。

第二节　社会主义核心价值观的发展与内涵

一、社会主义核心价值观的提出

社会主义从一开始，虽然没有明确使用“核心价值观”这一概念，但作为一种与资本主义相对立的社会革命运动，社会主义却有极明确的、核心的价值观。马克思、恩格斯在其大量论述中鲜明地提出了社会主义的核心价值，其中，“自由”、“平等”、“公正”、“民主”，人的解放和人的“自由全面发展”等无疑是最为重要的、核心的价值观。在马克思恩格斯对未来社会的描述中，比较集中地体现了共产主义或社会主义的根本价值。在《共产党宣言》里，他们指出：“代替那存在着阶级和阶级对立的资产阶级旧社会的,将是这样一个联合体,在那里,每个人的自由发展是一切人的自由发展的条件。”[①]在《德意志意识形态》中,他们指出:“在共产主义社会中,即在个人的独创的和自由的发展不再是一句空话的惟一的社会中”,“‘自由活动’——在共产主义者看来这是‘完整的主体’的从全部才能的自由发展中产生的创造性的生活表现”[②]。在《社会主义从空想到科学的发展》中,恩格斯指出:共产主义社会“不仅可能保证一切社会成员有富足的和一天比一天充裕的物质生活,而且还可能保证他们的体力和智力获得充分的自由的发展和运用……这是人类从必然王国进入自由王国的飞跃”[③]。“人终于成为自己的社会结合的主人,从而也就成为自然界的主人,成为自身的主人——自由的人”[④]。从这些对共产主义和社会主义的阐述中,我们可以看出,自由是社会主义最为核心的价值观。

值得指出的是,马克思恩格斯所谓的“自由”价值,更多的是指哲学意义上的自由,而非政治意义上的“自由”,虽然政治意义上的“自由”也包含其中。这种未来社会的人的自由,还与人的全面发展紧密联系在一起。马克思在《资本论》中明确提出,代替资本主义社会的未来社会,是一个“以每个人的全面而自由的发展为基本原则的社会形式”[⑤]。因此,在社会主义开创者那里,人的全面发展也是社会主义的重要价值。也正是因为人的自由和全面发展是社会主义的核心价值,共产主义、社会主义作为一种运动,实际上就是人的解放运动。1847 年 10 月,恩格斯在为 “共产主义者同盟”起草纲领草案时,给了共产主义一个精粹的解释:“共产主义是关于无产阶级解放的条件的学说。”[⑥]共产主义追求“全人类的解放”,而要解放全人类,无产阶级首先要解放他自己。由此,我们也可以说,“解放”也是社会主义的核心价值。与人的自由和全面发展密切相连,民主也是社会主义的核心价值。恩格斯 1845 年在伦敦举行的各族人民庆祝大

---

① 《马克思恩格斯选集》(第 1 卷),人民出版社 1995 年版,第 294 页。

② 《马克思恩格斯全集》(第 3 卷),人民出版社 1960 年版,第 516 页。

③ 《马克思恩格斯选集》(第 3 卷),人民出版社 1995 年版,第 633 页。

④ 《马克思恩格斯选集》(第 3 卷),人民出版社 1995 年版,第 760 页。

⑤ 马克思:《资本论》(第 1 卷),人民出版社 1975 年版,第 649 页。

⑥ 《马克思恩格斯选集》(第 1 卷),人民出版社 1995 年版,第 230 页。

会上说，“民主在今天就是共产主义”，“民主已经成了无产阶级的原则，群众的原则。即使群众并不总是很清楚地懂得民主的这个唯一正确的意义，但是他们全都认为民主这个概念中包含着社会平等的要求，虽然这种要求还是模糊的”。[①] 因为社会主义运动本来就是针对资本主义社会存在的严重的剥削和不平等而产生的革命运动，因此，“平等”也是社会主义不可忽略的核心价值。马克思和恩格斯认为，私有制社会，不仅仅是资本主义社会，都是不平等的，只有未来的社会主义、共产主义消灭了私有制，才能实现真正的平等。

列宁在社会主义革命和建设的实践中，对社会主义的核心价值进行了发展和丰富。他在《俄国共产党〈布尔什维克〉纲领》中阐述道：“无产阶级的社会革命以生产资料和流通手段的公有制代替私有制，有计划地组织社会生产过程来保证社会全体成员的福利和全面发展，将消灭社会的阶级划分，从而解放全体被压迫的人类，因为它将消灭社会上一部分人对另一部分人的一切形式的剥削。”[②]“……进而消灭人与人之间的分工，教育、训练和培养出全面发展的和受到全面训练的人，即会做一切工作的人。共产主义正在向这个目标前进，必须向这个目标前进，并且一定能达到这个目标，不过需要经过许多岁月。”[③]很显然，列宁在这里是继承了马克思、恩格斯关于社会主义和社会主义价值观的基本思想。列宁对社会主义核心价值观的贡献，在于他阐述了“集体主义”的原则和价值。他指出：“根据马克思主义的基本思想，社会发展的利益高于无产阶级的利益；整个工人运动的利益高于工人个别阶层或运动个别阶段的利益。”[④]他同时强调了个人利益的重要性，“我们计划（说我们计划欠周地设想也许较确切）用无产阶级国家直接下命令的办法在一个小农国家里按共产主义原则来调整国家的产品生产和分配。现实生活说明我们错了。为了做好向共产主义过渡的准备（通过多年的工作来准备），需要经过国家资本主义和社会主义这些过渡阶段。不能直接凭热情，而要借助于伟大革命所

---

① 《马克思恩格斯全集》（第 2 卷），人民出版社 1957 年版，第 664 页。
② 《列宁全集》（第 36 卷），人民出版社 1985 年版，第 96 页。
③ 《列宁全集》（第 39 卷），人民出版社 1986 年版，第 29 – 30 页。
④ 《列宁全集》（第 4 卷），人民出版社 1984 年版，第 192 页。

产生的热情，靠个人利益，靠同个人利益的结合，靠经济核算，在这个小农国家里先建立起牢固的桥梁，通过国家资本主义走向社会主义；否则你们就不能到达共产主义，否则你们就不能把千百万人引导到共产主义。”[①]在列宁看来，个人利益是社会主义前进的动力，集体利益必须与个人利益相结合。

毛泽东在中国的革命和建设中，对社会主义核心价值也进行了丰富和发展。在他对共产党及其政权的“全心全意为人民服务”的宗旨的阐述中，集中阐发了“人民利益”至上的价值观。“全心全意为人民服务，一刻也不脱离群众；一切从人民的利益出发，而不是从个人或小集团的利益出发；向人民负责和向党的领导机关负责的一致性，这些就是我们的出发点。”[②]“与最广大的人民群众取得最密切的联系，一刻也不脱离群众，一切从人民的利益出发，向人民负责和向党的领导机关负责的一致性，这是我们共产党人区别于其他任何政党的一个显著标志”、“共产党人的一切言论行动，必须以合乎最广大人民群众的最大利益，为最广大人民群众所拥护为最高标准”[③]。这一价值观既是共产党的立党之本，也是社会主义最为重要的价值。毛泽东还在列宁的基础上，对集体主义价值进行了论述。在1959年底读苏联《政治经济学教科书》的过程中发表一系列谈话，“他们现在强调的是个人，暂时、局部的利益，不强调集体、长远和全局的利益”，“还应当讲集体利益，长远利益，全局利益，应当讲个人利益服从集体利益，暂时利益服从长远利益，局部利益服从全局利益”[④]。在毛泽东那里，民主是社会主义最重要的特征，同时也是社会主义最重要的价值观，这在他同蔡元培著名的对话里就体现出来了。1945年，在延安黄炎培同毛泽东谈到“其兴也勃焉，其亡也忽焉”的皇朝更替周期规律。毛泽东回答道：“我们已经找到了新路，我们能跳出这周期率。这条新路，就是民主。”从中可见，毛泽东把自由放在了何等重要的位置。建国后，毛泽东对民主的论述更侧重于对民主集中制的阐述。毛泽东还提出了“革命的人

---

① 《列宁全集》（第4卷），人民出版社1984年版，第570页。

② 《毛泽东选集》（第3卷），人民出版社1991年版，第1094－1095页。

③ 《毛泽东选集》（第3卷），人民出版社1991年版，第109页。

④ 中共中央文献研究室：《毛泽东文集》（第八卷），人民出版社1999年版，第136页。

道主义”、“五爱”等社会主义价值观。1941 年，毛泽东为延安中国医科大学作了“救死扶伤，实行革命的人道主义”的题词。“革命的人道主义”，其内涵是要关心人、爱护人、尊重人，促进人的个性的全面发展。建国前夕，毛泽东为《新华月报》创刊号题词，即“爱祖国、爱人民、爱劳动、爱科学、爱护公共财产为全体国民的公德。”在他主持起草的《中国人民政治协商会议共同纲领》中则明确提出：“提倡爱祖国、爱人民、爱劳动、爱科学、爱护公共财物为中华人民共和国全体国民的公德。”后来，这一价值观发展成为“五爱”（爱祖国、爱人民、爱劳动、爱科学、爱社会主义）的社会主义道德要求。

党的十一届三中全会，开启了中国改革开放的伟大历史进程。在改革开放的新的历史条件下，随着对社会主义的深入探索，社会主义价值观的内涵也极大地丰富起来。“实事求是”、“改革”、“发展”、“富裕”（“共同富裕”）、“民主”、“法治”等都成为社会主义新的价值观。毛泽东最早对实事求是做了阐释，他说：“‘实事’就是客观存在着的一切事物，‘是’就是客观事物的内部联系，即规律性，‘求’就是我们去研究。我们要从国内外、省内外、县内外、区内外的实际情况出发，从其中引出其固有的而不是臆造的规律性，即找出周围事变的内部联系，作为我们行动的向导。”① 这一历史唯物主义的阐释，是一重大的理论贡献。邓小平在新的时代提出来，是更有其现实针对性。他指出：“一个党、一个国家、一个民族，如果一切从本本出发，思想僵化，迷信盛行，那它就不能前进，它的生机就停止了，就要亡党亡国”，“只有解放思想，坚持实事求是，一切从实际出发，理论联系实际，我们的社会主义现代化建设才能顺利进行，我们党的马列主义、毛泽东思想的理论也才能顺利发展”。② 他还说：“解放思想，就是使思想和实际相结合，使主观和客观相符合，就是实事求是。”③邓小平倡导解放思想、实事求是，不仅是对党的思想路线的更正，更是对社会价值观的调整。改革也成为一个核心价值观。改革不仅指大的社会变革，涉及各

---

①《毛泽东选集》（第 3 卷），人民出版社 1991 年版，第 801 页。
②《邓小平文选》（第 2 卷），人民出版社 1994 年版，第 143 页。
③《邓小平文选》（第 2 卷），人民出版社 1994 年版，第 364 页。

个领域，而且涉及各个层次。与阶级斗争相对，“发展”成为硬道理。而且，邓小平在对社会主义的本质的论述中提出了“共同富裕”这样的反映社会主义本质的核心价值观。1992 年，邓小平在南方谈话中提出了关于社会主义本质的著名论断：“社会主义的本质，是解放生产力，发展生产力，消灭剥削，消除两极分化，最终达到共同富裕。”①而且，他多次强调：“我们坚持走社会主义道路，根本目标是实现共同富裕”；“大原则是共同富裕”；“社会主义与资本主义不同的特点就是共同富裕”；“社会主义的致富是全民共同致富。社会主义原则，第一是发展生产，第二是共同致富”；“社会主义的特点不是穷，而是富。但这种富是人民共同富裕”；“共同富裕是社会主义制度不能动摇的原则”；“我们要的是共同富裕，这样社会就稳定了”；“社会主义的目的就是要全国人民共同富裕，不是两极分化”；“社会主义的一个含义就是共同富裕”；“社会主义最大的优越性就是共同富裕，这是体现社会主义本质的一个东西”，等等。另外，在改革开放发展社会主义市场经济的大背景下，“民主”、“法治”的价值也被重视起来。

随着 21 世纪的到来，全球化和信息网络技术革命迅猛发展，国内改革开放不断深入，“创新”、“科学发展”、“社会和谐”、“公平正义”、“民主法治”、“以人为本”等价值观也成为社会主义价值观的重要内涵。“创新”被称为“民族进步的灵魂”，“改革创新”成为时代精神的主要内涵。“科学发展”的价值代替了纯经济发展、纯物质发展和“GDP 发展”。贫富差距的拉大和社会问题的突出，使“社会和谐”、“公正正义”、“民主法治”都成为重要的价值目标和价值方向。在科学发展观的理念中，还提出了“以人为本”的价值理念。这一价值观，是科学发展的核心，是对以物为中心的发展理念的修正，同时还是对中国传统的人本观念和“天人合一”观念的继承和弘扬。

2006 年 10 月，党的十六届六中全会首次提出了“社会主义核心价值体系”的概念。在这次会议通过的《中共中央关于构建社会主义和谐社会

① 《邓小平文选》(第 3 卷)，人民出版社 1993 年版，第 373 页。

若干重大问题的决定》中提出了“建设社会主义核心价值体系”这个重大命题和战略任务。在后来的文件中，社会主义核心价值体系被阐述为包括四个方面的基本内容，即马克思主义指导思想、中国特色社会主义共同理想、以爱国主义为核心的民族精神和以改革创新为核心的时代精神、社会主义荣辱观。2011 年，党的十七届六中全会审议通过的《中共中央关于深化文化体制改革、推动社会主义文化大发展大繁荣若干重大问题的决定》中提出：社会主义核心价值体系是兴国之魂，是社会主义先进文化的精髓，决定着中国特色社会主义发展方向。很显然，“社会主义核心价值体系”是社会主义意识形态的集中概括，还不是一个社会的核心价值观的概括。社会主义核心价值观与社会主义核心价值体系在概念上既有联系又有区别。从根本上讲，二者在本质上是一致的，它们都体现了社会主义的核心价值追求，是建设中国特色社会主义不可或缺的重要价值遵循。但从严格的意义上讲，二者又是有所区别的。社会主义核心价值体系指的是社会主义意识形态中那些反映社会主义经济、政治和文化制度要求，体现社会主义发展趋势的核心思想意识、价值观念的总和；而社会主义核心价值观则是对社会主义核心价值体系、核心内容和精神实质的高度凝练及抽象概括。社会主义核心价值体系的内容比较系统全面，具有理论化、系统化的特点，而社会主义核心价值观的内容则比较抽象概括，具有高度凝练性、简洁性的特点。

一直到党的十八大召开，如何概括社会主义核心价值观一度成为学术界和理论界的热点。之所以会如此，是因为自改革开放以来，在不断推进改革和社会主义的进程中，人们始终想能够概括出一些反映社会主义本质的“核心的”价值观。终于，适应现实需要，也是适应理论的需要，党的十八大报告在党的历史上第一次正式提出了“社会主义核心价值观”的概念，并明确了社会主义核心价值观的内涵，这无疑是对社会主义本质认识上的深化，也是社会主义自我价值的觉醒。

二、社会主义核心价值观的内涵

党的十八大报告对社会主义核心价值观进行了这样的概括：“倡导富

强、民主、文明、和谐，倡导自由、平等、公正、法治，倡导爱国、敬业、诚信、友善，积极培育和践行社会主义核心价值观”。随后，中共中央办公厅印发的《关于培育和践行社会主义核心价值观的意见》明确了“富强、民主、文明、和谐，自由、平等、公正、法治，爱国、敬业、诚信、友善”二十四个字十二个价值观，是社会主义核心价值观的主要内容。

二十四个字、十二个价值观，共分三个层面。这三个层面分别是国家层面：富强、民主、文明、和谐；社会层面：自由、平等、公正、法治；公民层面：爱国、敬业、诚信、友善。

富强、民主、文明、和谐，是国家层面的价值观。这四个国家层面的价值观形成有一个历史过程。党的十一届六中全会通过的《关于建国以来党的若干历史问题的决议》中，最早提出要“建设高度民主的社会主义制度”，“社会主义必须具有高度的精神文明”。[①] 到党的十二大，则明确提出要“把我国建设成为高度文明、高度民主的社会主义国家”。[②] 党的十三大提出“为把我国建设成为富强、民主、文明的社会主义现代化国家而奋斗”。[③] 党的十六届六中全会通过的《中共中央关于构建社会主义和谐社会若干重大问题的决定》提出：“社会和谐是中国特色社会主义的本质属性”，[④]强调要建设“全体人民共同建设、共同享有的和谐社会”。[⑤] 党的十七大报告明确提出“建设富强民主文明和谐的社会主义现代化国家”。[⑥] 党的十八大报告在对中国特色社会主义道路进行表述时，提出“促进人的全面发展，逐步实现全体人民共同富裕，建设富强民主文明和谐的社会主义现代化国家”。[⑦] 这四个价值观成为国家层面的价值追求，是伴随着在社会主义建设和改革实践中对社会主义认识的不断深化而明确的，同时，也是中华民族近代落后以来百余年梦想的集中反映。把这四个价值观确定为国家层面的价值追求，作为社会主义核心价值观的重要

---

① 《十一届三中全会以来党和国家重要文献选编》，中共中央党校出版社2008年版，第112页。
② 《十一届三中全会以来党和国家重要文献选编》，中共中央党校出版社2008年版，第126页。
③ 《十一届三中全会以来党和国家重要文献选编》，中共中央党校出版社2008年版，第195页。
④ 《十一届三中全会以来党和国家重要文献选编》，中共中央党校出版社2008年版，第704页。
⑤ 《十一届三中全会以来党和国家重要文献选编》，中共中央党校出版社2008年版，第706页。
⑥ 《十一届三中全会以来党和国家重要文献选编》，中共中央党校出版社2008年版，第731页。
⑦ 《中国共产党第十八次全国代表大会文件汇编》，人民出版社2012年版，第11页。

构成，体现了全体中国人民的共同意志，是引导社会主义前进和国家发展的价值理想和精神力量。

这四个价值观有其确定的内涵。其中，富强是经济发展的价值目标，社会主义要更大程度地解放和发展生产力，提高生产力水平，增加国民财富，实现国强民富，使社会主义公民过上富足幸福的生活。民主是政治发展的价值目标，社会主义要更充分地实行民主，实现人民群众当家作主，这是社会主义的本质特征，也是社会主义发展的政治保障。文明是精神文化发展的价值目标，社会主义不仅要有高度的物质文明，而且要有高度的精神文明，要实现文化的繁荣发展，要实现社会文明程度的极大提高。和谐是社会发展和生态发展的价值目标，就是要实现人与人、人与社会之间、不同的社会阶层和群体之间以及人与自然之间的和谐共处，建立一个公正和谐的社会。

自由、平等、公正、法治，是社会层面的价值观。这四个价值观，都是与共产主义、社会主义有内在联系的社会价值观。自由、平等、公正、法治，都是社会主义的题中应有之义。然而，在现实的社会主义进程中，尤其是在中国特色社会主义实践中，对这些价值的认识却有一个发展的过程。这四个价值观作为社会主义的核心价值观，表明社会主义政治文明实现了一个飞跃性进步。

自由、平等、公正、法治，各有其特定的内涵。自由，在哲学层次，指的是对客观必然性的认识和把握；在社会意义上，则是指法律保障之下的人身、个人发展、思想和信仰等方面的自由权利。平等是每一社会成员在经济、政治、文化等方面应当具有的相同的待遇和权利。公正是社会公平与正义。公平包含公民参与经济、政治和社会其他生活的机会公平、过程公平和结果分配公平。正义包括社会正义、政治正义和法律正义等。公平正义是每一个现代社会必须具有的理想和目标。法治是针对人治而提出来的，是整个社会遵从法律、制度和规则。法治与民主、自由、公平、正义等都有密切的关系。

爱国、敬业、诚信、友善，是公民层面的价值观。这四个价值观是社会主义公民道德的集中体现。2001 年中共中央印发的《公民道德建设实施纲要》提出了“爱国守法、明礼诚信、团结友善、勤俭自强、敬业奉献”二十字的公民道德基本规范。可见,爱国、敬业、诚信、友善,是二十字公民道德基本规范的进一步浓缩。

在这四个价值观中,爱国是社会主义公民政治道德的集中体现。爱国是公民对国家的最首要的道德义务。公民应当热爱国家、建设国家、保卫国家,维护国家的尊严,保守国家的机密,敢于同一切危害国家利益和安全的行为作斗争,把对国家的一切义务和责任看成是自己的天职。敬业是社会主义公民职业道德的集中体现,是指公民对自己所从事的职业或工作的热爱、认真和投入的精神和状态,要求公民对待职业或事业要严肃认真,一丝不苟,精益求精,为社会和他人做出有益的贡献。诚信、友善是社会主义公民社会道德的集中体现。诚信,要求公民在经济交往中要守信,遵守约定,不能欺诈,在人际交往中要信守诺言,诚实待人;友善是要求公民在社会交往中要注重礼仪,与人为善,助人为乐。

值得指出的是,社会主义核心价值观的三个层面是相互贯通的,从国家层面、社会层面,到公民个人层面,实现了国家、社会和个人的联通,“体现国家的利益和目的与公民相一致、国家精神能够自觉地转化为公民内心道德法则的思想特征。”①

三、社会主义核心价值观的意义

社会主义核心价值观的提出,对于社会主义现代化建设与革命的实践,对于中国特色社会主义的发展都具有非常重大的意义。

第一,是对社会主义意识形态的凝结。价值观是意识形态最核心的内容。2006 年提出的“社会主义核心价值体系”,包含马克思主义指导思想、中国特色社会主义共同理想、以爱国主义为核心的民族精神和以改革创新为核心的时代精神和社会主义荣辱观,是对社会主义意识形态的一个概括,一个总和。然而,对于一个意识形态来说,仍然需要更加凝练的表达。二十四个字、十二个核心价值观,从本质上讲就是对社会主义核心

① 侯惠勤:《在社会主义核心价值观的概括上如何取得共识》,《红旗文稿》2012 年第 8 期,第 11 – 12 页。

价值体系的高度提炼和概括。

另外，社会主义在自身的发展过程中，既探索未来社会发展的模式和道路，同时也在不断探究和阐发自己的价值观，尤其是在中国特色社会主义实践中，提出了许多反映实践和时代要求的价值观。这些价值观尽管都是社会主义性质的，但却是在不同的语境下、在不同的层面上提出的，纷繁多样，缺乏内在统一性，在特殊情境下也会存在互相间的冲突，再加上有些价值观的表述与资本主义、封建社会的价值观在语词上相近或一样，在现实中语义也偏于含糊，在人们观念中的含义含混不清。此外，在人们的现实政治生活中，由于社会转型所带来的价值转换和失范，存在多种不同性质的价值观并存的现象，这些价值观虽然都有其现实的合理性，但相互间也确实存在着不一致和冲突。这些都迫切需要提炼出简洁、鲜明、凝练的核心价值观。

社会主义既是一种未来的社会状态，更是一个革命和发展的历史过程，因而也是一个不断探索的过程。社会主义的本质既存在于科学理论的分析中，也寓于现实的实践中，其本质是在现实过程中不断显现的。改革开放以来，中国特色社会主义每前进一步，都伴随着对社会主义的再认识和再理解。最为著名的就是邓小平对社会主义本质的概括："解放生产力，发展生产力，消灭剥削，消除两极分化，最终达到共同富裕。"①这个卓越的论断拓展了人们对社会主义的认识，使我们抓住了社会主义的本质而避免了概念化的抽象争论，极大地促进了社会主义的现实进程。然而，随着实践演进，尤其是在改革开放进行了30余年之后，中国特色社会主义发展也进入了新的层次，就需要我们对社会主义有进一步的深入认识，其中就包括对社会主义价值层面的认识。社会主义有许多方面的规定性，诸如所有制特点、指导思想、理论体系、制度文明等，而价值层面无疑是非常重要而且不容忽视的规定性，核心价值观则是其最集中、最凝练的体现。"社会主义核心价值观，就是要科学回答'什么是社会主义的价值

---

①《邓小平文选》(第3卷)，人民出版社1993年版，第373页。

本质’这一根本问题。”①

第二,对社会主义实践具有重要的引领作用。价值观对现实有着引导和评价的功能。在面对形形色色的现实问题时,尤其是在面对各种复杂的改革难题和各种政策选择的时候,都会遇到一个根本性的问题,那就是社会主义在最根本上坚持什么样的价值观,也就是社会主义核心价值观是什么。只有弄清了社会主义核心价值观,实践才能有价值方向,面对价值判断时也才会有正确的标准,各种政治决策也才能够具有前瞻性、一贯性,也才能够在价值上与社会主义根本价值方向相一致。现实中具体领域改革的迷茫,各种具体制度之间的冲突,变化频繁但影响利益格局和分配的政策以及令人迷惑不解、无所适从的规定和程序,都让人们期待最基本、最核心的价值观的出现。

第三,能够增加社会主义文化软实力。核心价值观建设是提升中国文化软实力的需要。“软实力”(SoftPower)的概念是由美国学者小约瑟夫·奈提出来的。他指出,一个国家的综合国力既包括由经济、科技、军事实力等表现出来的“硬实力”,也包括以文化和意识形态吸引力体现出来的“软实力”。“……硬实力和软实力依然重要,但是在信息时代,软实力正变得比以往更为突出”。“软实力”概念的提出,使人们从关心领土、军备、武力、科技进步、经济发展、地域扩张、军事打击等有形的“硬实力”,转向关注文化、价值观、影响力、道德准则、文化感召力等无形的“软实力”。中国共产党在执政理念中也吸收了这一概念,顺应潮流和时势,提出提升国家文化软实力的战略。十七大报告提出:“当今时代,文化越来越成为民族凝聚力和创造力的重要源泉,越来越成为综合国力竞争的重要因素”,“要坚持社会主义先进文化前进方向,兴起社会主义文化建设新高潮,激发全民族文化创造活力,提高国家文化软实力”。党的十八大,进一步将增强文化软实力明确为“全面建成小康社会”的目标。而核心价值观建设在提升文化软实力中是什么位置呢?习近平总书记在中共中央政治局第十三次集体学习时的讲话中指出:“核心价值观是文化软实力的灵

① 戴木才:《科学揭示中国特色社会主义核心价值观的四个维度(上)——中国特色社会主义核心价值观探索之二》,《南昌航空大学学报(社会科学版)》2011 年第 3 期。

魂、文化软实力建设的重点。这是决定文化性质和方向的最深层次的要素。一个国家的文化软实力,从根本上说,取决于其核心价值观的生命力、凝聚力、感召力。”[①]在一国之内,核心价值观可以引导社会沿着正确的方向前进,可以凝聚、团结自己的人民,除此,相对其他国家尤其是资本主义国家,核心价值观也是旗帜和口号。“从世界历史的发展看,价值观的竞争,不只是思想观念之争,而且是谁引领历史发展趋势,谁掌握文化前进方向的话语权,谁占领文化软实力和道德制高点的争夺。”[②]当代资本主义国家以“自由、民主、人权”的核心价值观作为自己的口号和工具,对社会主义国家进行文化侵略和渗透。为了对抗这种进攻性的文化和价值,同时也为了宣扬自己的文化和价值,社会主义需要更加明确自己的核心价值观。社会主义作为一种在科学批判资本主义弊端基础上的人类发展道路,理应有比资本主义更鲜明、更符合人类发展方向、更有号召力的核心价值观。[③]

对于社会主义核心价值观,习近平总书记在北京大学师生座谈会上的讲话指出:“我们提出的社会主义核心价值观……既体现了社会主义本质要求,继承了中华民族优秀传统文化,也吸收了世界文明有益成果,体现了时代精神。”[④]社会主义核心价值观既继承了中国古代核心价值观的优秀成果,也借鉴了西方价值观的宝贵经验,是对中国传统文化和西方文明的整合、创新和发展。

第三节　西藏培育社会主义核心价值观的意义

早在2012年,中共西藏自治区党委就在全区开展了以“爱国、团结、和谐、发展、文明”为主题的核心价值观教育。爱国、团结、和谐、发展、文明,这十个字的核心价值观,体现了社会主义核心价值体系的本质要求,

---

① 习近平:《习近平谈治国理政》,外文出版社2014年版,第163页。

② 韩震:《如何凝练社会主义核心价值观》,《光明日报》2011年2月14日。

③ 参见孙向军:《论社会主义核心价值观及其培育》,《中共中央党校学报》2013年第2期。

④ 习近平:《习近平谈治国理政》,外文出版社2014年版,第169页。

凝结了西藏社会的主要矛盾和特殊矛盾的基本区情,是西藏各族人民的共同价值追求的反映,对于西藏传播发扬主流价值观,凝魂聚气于推进全面建成小康社会发挥了重要作用。西藏推进社会主义核心价值观的培育和践行,在内容上需要把十八大报告所提出的"三个倡导"二十四字的社会主义核心价值观与十个字的核心价值观结合起来,要认识到二者在本质上的一致性。一方面要用二十四个字的概括丰富和延展核心价值观的内涵和要求,另一方面要根据西藏自治区的主要矛盾和特殊矛盾突出核心价值观培育和践行的重点。

对于西藏来讲,培育和践行社会主义核心价值观,事关全区改革、发展、稳定,事关跨越式发展和长治久安的实现,事关社会全面发展进步。习近平总书记在中央第六次西藏工作座谈会上的讲话中指出:"必须全面正确贯彻党的民族政策和宗教政策,加强民族团结,不断增进各族群众对伟大祖国、中华民族、中华文化、中国共产党、中国特色社会主义的认同",提出"要把社会主义核心价值观教育融入各级各类学校课程,推广国家通用语言文字,努力培养爱党爱国的社会主义事业建设者和接班人",还特别强调"实现西藏和四省藏区长治久安,必须常抓不懈、久久为功,谋长久之策,行固本之举"。这些论述都表明,培育和践行社会主义核心价值观,对西藏全局工作和全面发展具有重大的战略意义。

一、全面深化改革的价值引领

党的十八届三中全会吹响了新的历史时期全面深化改革的号角。能否顺利推进改革,完善社会主义制度,实现治理方式的现代化,关系到中国特色社会主义的兴衰成败,关系到中华民族伟大复兴的中国梦能否顺利实现。贯彻落实党的十八届三中全会精神,全面深化各个领域改革,消除发展的体制机制障碍,是实现西藏科学发展的关键。由于自然条件差、起点晚、基础薄弱、自我发展能力不足等因素,我区与全国其他地方的发展差距仍然存在。当前,西藏面临的落后的社会生产同人民群众日益增长的物质文化需求之间的主要矛盾没有变,各族人民同以十四世达赖为代表的分裂势力之间的特殊矛盾没有变,仍属于欠发达地区的基本区情没有变。只有进一步解放思想、解放和发展社会生产力、解放和增强社会活力,全面深化各项改革,坚决破除体制机制弊端,才能最大限度地释放科学发展、后发赶超的强大动力,推动跨越式发展和长治久安,确保实现到2020年与全国一道全面建成小康社会的奋斗目标。自治区党委八届五次全委会通过的全面深化改革的实施意见,紧紧围绕使市场在资源配置中起决定性作用,深化经济体制改革;紧紧围绕坚持党的领导、人民当家作主、依法治国有机统一,深化民主法治制度改革;紧紧围绕保障和改善民生、促进社会和谐稳定,深化社会治理体制改革;紧紧围绕维护意识形态领域安全、建设特色文化强区,深化文化体制机制改革;紧紧围绕保护生态环境、建设美丽西藏,深化生态环境体制改革;紧紧围绕保持先进性纯洁性,提高执政能力和领导水平,深化党的建设制度改革。

任何改革都是在一定的社会价值观指导下进行的。没有正确的价值观指导,改革就是盲目的,最终难免出问题、出偏差。作为社会主义最本质、最重要的价值观的凝结,社会主义核心价值观是全面深化改革的价值引领和价值遵循。西藏自治区全面深化改革,制定改革举措、创新体制机制,都需要以社会主义核心价值观为价值引领。要以富强、民主、文明、和谐为价值引领,进一步明确改革的方向和目标;以自由、公正、平等、法治为价值指导,制定改革举措、创新体制机制;以爱国、敬业、诚信、友善为主要内容,加强思想道德教育,提高全体社会成员政治觉悟和道德水平,为改革凝聚共识,创造良好思想道德条件。

二、保障意识形态安全的基础性工程

“意识形态工作是党的一项极端重要的工作”,这是习近平总书记在宣传思想工作会议上的讲话中做出的重要论断。从唯物史观的角度出发,意识形态是系统地、自觉地、直接地反映社会经济形态和政治制度的思想体系,是社会意识诸形式中构成观念上层建筑中的部分,其主要形式包括哲学、艺术、宗教、道德、政治法律思想等。马克思主义的唯物史观认为,社会存在决定社会意识,社会意识是社会存在的反映。恩格斯在《反杜林论》中指出:“每一时代的社会经济结构形成现实基础,每一个历史时期的由法的设施和政治设施以及宗教的、哲学的和其他的观念形式所构成的全部上层建筑,归根到底都应由这个基础来说明。"[①]但另一方面,意识形态又对社会存在有反作用,也就是能动作用。在马克思、恩格斯看来,意识形态虽然是"人们物质行动的直接产物",但它并不是物质世界的消极分泌物,被动地反映社会存在及人们的社会关系,而是积极、主动地参与社会关系的建设,为维护、巩固统治阶级的统治提供思想和文化条件,在一定条件下它甚至会"变成物质力量"。马克思在《〈黑格尔法哲学批判〉导言》中写道:"批判的武器当然不能代替武器的批判,物质的力量只能用物质力量来摧毁;但是理论一经群众掌握,也会变成物质力量。"[②]毛泽东在《新民主主义论》中论述道:"一定的文化(当作观念形态的文化)是一定社会的政治和经济的反映,又给予伟大影响和作用于一定社会的政治和经济"。[③] 他还强调,从社会实践活动说,在思想、理论、路线问题不解决,社会经济就不能发展的特定历史条件下,思想、理论、路线问题的解决还具有决定意义。针对新的历史条件下的意识形态工作,习近平总书记深刻指出:历史和现实反复证明,能否做好意识形态工作,事关党的前途命运,事关国家长治久安,事关民族凝聚力和向心力。

西藏是特殊的边疆民族地区,是重要的国家安全屏障,处在反分裂、反渗透斗争的第一线,意识形态领域始终是我们与十四世达赖集团和西方反华势力斗争的主战场,面临的形势十分尖锐复杂。"当前,各种思想文化交流交融交锋更加频繁,特别是敌对势力和十四世达赖集团勾联聚合、沆瀣一气,把西藏作为分裂渗透的重点区、破坏捣乱的主战场,千方百计与我们争夺阵地、争夺人心、争夺群众,使西藏始终处在意识形态斗争的'风口浪尖'。"[④]做好意识形态工作,对于凝聚西藏各族人民共同团结奋斗的精神力量,巩固党在西藏的执政地位,维护民族团结和国家安全,具有十分重大的意义。

---

① 《马克思恩格斯选集》(第3卷),人民出版社1995年版,第365页。

② 《马克思恩格斯选集》(第1卷),人民出版社1995年版,第9页。

③ 《毛泽东选集》(第2卷),人民出版社1991年版,第663-664页。

④ 陈全国:《以敢于亮剑的精神确保西藏意识形态领域安全—认真学习贯彻习近平总书记在全国宣传思想工作会议上的重要讲话精神》,《求是》2013年第21期。

社会主义核心价值观是社会主义核心价值体系的内核，体现着社会主义核心价值体系的根本性质和基本特征，反映着社会主义核心价值体系的丰富内涵和实践要求，是社会主义核心价值体系的高度凝练和集中表达。培育和践行社会主义核心价值观，在全区广泛宣传弘扬社会主义核心价值观，通过价值观的传播和影响，增强全区人民对马克思主义的信仰、对中国特色社会主义的信念和信心，培育以爱国主义为核心的中华民族精神、以改革创新为核心的时代精神以及以艰苦奋斗为核心的“老西藏精神”，从而增强社会主义意识形态的感染力和渗透力，构筑西藏反分裂斗争的坚固精神堡垒。

三、促进民族团结和睦的长远之策

毛泽东主席早在上世纪50年代就明确指出：“国家的统一，人民的团结，国内各民族的团结，是我们事业必定要胜利的保证。”中国很早就是一个统一的多民族国家，各族人民共同缔造了我们伟大的祖国，在近代反对帝国主义的斗争中各族儿女共同捍卫了祖国的统一。我国各族人民从历史经验中，深刻懂得了“团结破则国家亡，团结紧则民族昌”的道理。社会主义社会各民族之间的团结，是中华民族的光荣传统，是社会主义民族关系的生动体现，是中华民族繁荣发展的重要保证，也是实现西藏和谐稳定发展的基石。在西藏这样的边疆民族地区，强调民族团结、军民团结、军政团结、区域团结，是西藏长治久安、跨越式发展的重要基础。西藏和平解放以来，党领导西藏各族人民高举民族团结的旗帜，共同团结奋斗，共同繁荣发展，谱写了“汉族离不开少数民族、少数民族离不开汉族、各少数民族之间也相互离不开”的团结奋进的和谐乐章。

十八大以来，党中央更加重视民族团结。习近平总书记提出：“民族团结是各族人民生命线”，进一步强调了民族团结的极端重要性。尤其在2015年8月召开的中央第六次西藏工作座谈会上，习近平总书记在讲话中把民族团结提高到西藏工作更加突出的位置。他提出：必须全面正确贯彻党的民族政策和宗教政策，加强民族团结，不断增进各族群众对伟大祖国、中华民族、中华文化、中国共产党、中国特色社会主义的认同；他强调西藏工作的着眼点和着力点必须放到维护祖国统一、加强民族团结上来；他还指出，实现西藏和四省藏区长治久安，要把基础性工作做深做实做细，坚持依法治理、主动治理、综合治理、源头治理相结合，紧紧依靠各族干部群众。要大力加强民族团结，促进各民族群众相互了解、相互帮助、相互欣赏、相互学习。要大力培育中华民族共同体意识，广泛开展民族团结进步宣传教育和创建活动。西藏作为一个民族地区，各民族之间，包括藏族与汉族之间、藏族与其他少数民族之间人民和睦共处、共同发展大于天。各个民族之间既有共同点、共通点，也有差异性，尤其在民族文化传统、生活习惯、民族心理以及所秉承的价值观方面存在着不同和差异。因此，要实现各民族精神上的交流相通，实现心心相印、感同身受，就需要通过社会主义核心价值观的培育和践行，在全区各族人民中间凝聚价值共识，建构各民族心灵相通的价值平台，形成各族人民团结一心的精神纽带。

四、实现全面发展进步的精神力量

和内地相比，西藏各方面的发展水平相对落后。实现长足发展和长治久安的目标，同全国一道全面建成小康社会，对我们来说是一项非常艰巨的任务。要完成这样艰巨的任务，我们既需要科学谋划，又需要苦干实干，还需要有强大的精神力量。西藏自治区党委办公厅印发的《关于贯彻〈关于培育和践行社会主义核心价值观的意见〉实施意见》中提出，要把培育和践行社会主义核心价值观贯穿到发展稳定各项工作中，把社会主义核心价值观贯穿于推进跨越式发展的始终、贯穿于推进长治久安的始终、贯穿于依法治藏的始终。通过培育和践行社会主义核心价值观，在全社会进一步明确国家层面的价值目标，确立社会层面的价值取向，树立公民个人层面的价值准则，从而把西藏各族人民的意志和行动统一到同一方向、同一目标和同一事业上，为西藏全面发展进步提供正能量。

第四节　西藏培育社会主义核心价值观的原则

西藏培育和践行社会主义核心价值观，需要在把握社会主义核心价值观的共性基础上，结合实际创造性地进行，这样才有针对性，才能真正取得实效。

一、与西藏工作实际密切结合

西藏工作在党和国家全局工作中占有非常重要的地位，这是由西藏工作的重要性和特殊性所决定的。西藏是重要的国家安全屏障、重要的生态安全屏障、重要的战略资源储备基地、重要的高原特色农产品基地、重要的中华民族特色文化保护基地、重要的世界旅游目的地。尤其是前两条，西藏是重要的国家安全屏障和重要的生态安全屏障，因此在整个国家战略全局中具有非常关键的地位。西藏治理绝不同于其他一般省区的治理。西藏治，则国家治；西藏稳，则国家稳。

在西藏培育与践行社会主义核心价值观，必须着眼于西藏具体实际和具体要求。西藏的实际是什么呢？具体而言，1. 西藏是边疆民族地区；2. 西藏与其他省区相比，仍然是欠发达地区，经济社会和科学文化发展水平相对落后；3. 西藏有着独特的文化体系，尤其藏传佛教具有极大影响的地区，大多数西藏人民不仅信教，而且生活方式也鲜明镌刻上了藏传佛教的印记；4. 西藏是反分裂斗争的前沿地区，与以十四世达赖为首的分裂敌对势力的斗争是西藏和国家不得不长期面对的一个现实，捍卫民族团结，维护祖国统一始终是西藏工作的重点。党的十八大之后，党中央提出了新的治藏战略。习近平总书记提出“治国必治边、治边先稳藏”的战略思想，并作出“确保西藏长治久安、确保边陲地区安全稳定”的重要指示。俞正声主席提出了“依法治藏、长期建藏、争取人心、夯实基础”的治藏方针。2015 年 8 月，中央召开第六次西藏工作座谈会则形成了“六个必须”的治藏方略，这就是：必须坚持中国共产党领导，坚持社会主义制度，坚持民族区域自治制度；必须坚持治国必治边、治边先稳藏的战略思想，坚持依法治藏、富民兴藏、长期建藏、凝聚人心、夯实基础的重要原则；必须牢牢把握西藏社会的主要矛盾和特殊矛盾，把改善民生、凝聚人心作为经济社会发展的出发点和落脚点，坚持对达赖集团斗争的方针政策不动摇；必须全面正确贯彻党的民族政策和宗教政策，加强民族团结，不断增进各族群众对伟大祖国、中华民族、中华文化、中国共产党、中国特色社会主义的认同；必须把中央关心、全国支援同西藏各族干部群众艰苦奋斗紧密结合起来，在统筹国内国际两个大局中做好西藏工作；必须加强各级党组织和干部人才队伍建设，巩固党在西藏的执政基础。在西藏培育和践行社会主义核心价值观，必须在着眼于西藏具体实际的基础上，从贯彻落实党中央的治藏方略出发。

在西藏培育与践行社会主义核心价值观，要在各项具体工作中得到体现，要通过核心价值观的培育与践行为各项工作目标的实现提供精神动力，同时也在各项具体工作过程中传播和弘扬核心价值观。正如中共西藏自治区党委办公厅印发的《关于贯彻〈关于培育和践行社会主义核心价值观的意见〉实施意见》中所提出的，要“把培育和践行社会主义核心价值观贯穿到发展稳定各项工作中”，把社会主义核心价值观贯穿于推进跨越式发展的始终、贯穿于推进长治久安的始终、贯穿于依法治藏的始终。

一是把培育和践行社会主义核心价值观与加强民主政治建设结合起来。旧西藏长期处于政教合一的封建农奴制统治之下，人民的基本人权都无法保障，更遑论民主政治建设了。在中国共产党的领导下，西藏经过和平解放、民主改革、社会主义革命、改革开放，西藏各族人民的政治命运发生了翻天覆地的变化，西藏各族人民同全国人民一样翻身成为自己命运的主人、成为西藏的主人、成为国家的主人，充分享有民主权利和政治权利。但是，我们也应该清楚地看到，由于自然、历史、社会等因素导致的西藏经济社会发展的长期落后，使得西藏社会人口整体素质偏低。民主政治建设依赖于人们综合素质的不断提高。没有相对应的人口素质的提高，在经济社会不断发展的今天，人们就不可能有效地参与社会事务的管理，不可能更好地实现自身的政治利益。而社会主义核心价值观的培育和践行，无疑为提高西藏各族人民的综合素质和道德修养开辟了道路，提供了路径。社会主义核心价值观倡导“民主”、“文明”、“和谐”的基本价值，我们在建设法治西藏的进程中，必须将社会主义核心价值观的培育和践行融入进加强民主政治建设的实践中，让西藏广大人民自觉提升国家意识、社会意识和公民意识，在坚持党的领导、人民当家作主、依法治国有机统一的基础上，用好民族区域自治制度保障下的优惠政策，切实维护自己的政治、经济、文化权利，切实参与到管理国家和社会事务、管理本民族事务的社会活动中，切实推进法治西藏建设。

二是把培育和践行社会主义核心价值观与全面推进依法治理结合起来。法治是通过法律的手段来实现对社会利益的调节，是现代社会用以维护公平正义的基本方式和途径，是社会主义核心价值观的基本要求，更是构建社会主义和谐社会的重要基础。西藏是一个边疆少数民族地区，要实现长治久安，就要求要有清明的政治环境、公正的社会环境，唯有此，才能使社会运行良好有序，人民安居乐业，民心向善，社会稳定。因此，这就需要我们积极培育和践行社会主义核心价值观，以核心价值观为引领，推进治理体系和治理能力现代化。以“法治”为价值要求，加强和改进地方立法工作，进一步健全地方性法规；健全决策机制和程序，提高决策的科学化、民主化、法制化水平。以“文明”为价值要求，运用法治思维和法律制度创新治理方式，深化行政体制改革，加快政府职能转变，提高执法能力，创新执法方式，规范执法行为。以“公正”为价值要求，深化司法体制改革，切实维护公平正义的法治环境。以“和谐”为价值要求，尊重人民群众的主体地位，坚持为民务实清廉，让人民群众广泛参与治理活动，适时监督治理过程，及时评价治理效果。

三是把培育和践行社会主义核心价值观与坚持和发展爱国统一战线结合起来。爱国统一战线是西藏社会主义革命和建设取得胜利的法宝。面对西藏改革发展稳定的繁重任务，应对西藏社会存在的主要矛盾和特殊矛盾，我们必须坚持和发展爱国统一战线，最大程度地动员和组织西藏各族人民积极地参与到改革开放和中国特色社会主义现代化建设的伟大事业中来，最大程度地动员和组织西藏各族人民参与到西藏跨越式发展和长治久安的实践中来，为建设美丽西藏凝心聚力。要团结一切可以团结的力量，就必须在整个西藏社会形成强大的价值共识。因此，我们必须把培育和践行社会主义核心价值观融入到坚持和发展爱国统一战线的实践中。在“爱国”的旗帜引领下，积极做好民族、宗教、非公有制经济界、党外知识分子代表人士以及境外藏胞的统战工作。在“爱国”、“和谐”的价值引领下，深入开展“三个离不开”思想和“五湖四海”教育，大力弘扬“老西藏精神”，充分发挥各族干部群众同呼吸、共命运、心连心的优良传统，引导西藏各族人民增强对祖国的认同、对中华民族的认同、对中华文化的认同、对中国特色社会主义道路的认同，使各族群众在反分裂斗争中始终站稳立场，与全国人民同心同德，共同为实现中华民族伟大复兴而卓越奋斗。

二、与西藏传统文化密切结合

传统文化是一个民族固有文化、价值、思维方式和民族心理的积淀。在中央政治局就培育和弘扬社会主义核心价值观、弘扬中华传统美德的集体学习会上，习近平总书记指出：“培育和弘扬社会主义核心价值观必须立足于中华优秀传统文化”，“对历史文化特别是先人传承下来的价值理念和道德规范，要坚持古为今用、推陈出新，有鉴别地加以对待，有扬弃地予以继承，努力用中华民族创造的一切精神财富来以文化人、以文育人”。[①] 对于中国传统文化，习近平总书记正本清源，明确指出，中国传统文化不仅包括汉族的文化，也包括各少数民族所创造的文化。因此，在西藏培育社会主义核心价值观，用传统文化为社会主义核心价值观提供文化土壤和精神滋养，就要重视发挥中华民族传统文化包括西藏地域优秀传统文化的化人、育人作用。

西藏有着丰富而独具特色的传统文化，反映着居住在这里的各民族的历史和生活方式，承载着人们的精神和价值追求。如西藏的戏剧、民间舞蹈、谚语、曲艺、民间歌曲、民间故事等，其中最为著名的是“世界史诗之

① 习近平：《习近平谈治国理政》，外文出版社2014年版，第163－164页。

王”《格萨尔王传》，这些文化艺术为广大人民喜闻乐道。培育社会主义核心价值观，要充分重视并利用这些传统文化形式，在发扬传统中传播核心价值观，在传播核心价值观中赋予传统以时代意义。核心价值观只有和这些文艺形式结合起来，才能得到广泛而深入人心的传播。比如，拉萨的文化项目——大型音乐剧《文成公主》通过对历史上汉藏和亲的历史的描述，升华出一种大爱，即“人间都是故乡，有爱就有天堂”，就是对社会主义主流价值的弘扬和传播。同时，西藏是一个具有深厚宗教色彩的地区，浓厚的宗教文化环境和传统是其最为突出的特点。因此，培育和践行社会主义核心价值观必须与这种文化特色相结合。我们既要宣传马克思主义无神论，又要充分尊重各族群众的宗教信仰和宗教活动。对待西藏的宗教，要把十四世达赖利用宗教所进行的分裂祖国的政治性行为与人民群众的宗教信仰和宗教生活区别开来。要进一步引导藏传佛教与社会主义社会相适应，使宗教教义与社会主义核心价值观相融通，充分发挥宗教在导人向善、净化心灵、倡导和谐方面的积极作用。要进一步重视挖掘藏民族以及其他少数民族传统节日文化内涵，树立正确的价值导向，弘扬积极健康科学的节日文化，发挥其怡情养志的功能。

因此，弘扬和传播社会主义核心价值观，必须重视文化建设。西方敌对势力宣扬他们的意识形态和价值观，主要通过文化渗透的途径来实现。这说明意识形态与文化之间有着密切的联系。文化是意识形态最为重要的载体和传统途径。在当今世界，一方面“再意识形态化”有所表现，另一方面意识形态以“非意识形态化”的方式发挥着重大作用的倾向有所增强。习近平总书记在宣传思想工作会议上的讲话中专门讲文化建设和文化体制改革的问题。我国在文化领域存在的问题是，虽然在意识形态上抓得很紧，但在文化建设、管理上却毫无章法，致使文化产业和领域里乱象丛生，价值导向混乱。一种现象，是习近平总书记所讲的只关注明星生活细节呀，绯闻呀；还有一种现象是媚俗；还有一种是戏说、夸张和乱编历史等等。这些文化现象扰乱了人们的价值观，误导了人们对历史的认识，贻害甚大。要解决这些问题，加强文化建设的价值导向和文化产业的管理是关键，不能完全让文化建设服从于市场。正如习近平总书记所指出的，无论改什么、怎么改，导向不能改，阵地不能丢。

三、与西藏各族人民日常生活密切结合

马克思主义从来都是以人为最为重要的关注对象的。共产主义最终就是要实现全人类的解放，实现人的全面自由发展。我们提出的以人为本思想，就是马克思主义最为核心的价值理念。坚持以人为本，即要求我们尊重人、理解人、关心人，尤其是关心人的现实生活。意识形态建设也要关注人，关注人的现实生活。意识形态工作要关心人的心理需求，注重人文关怀，不能高高在上，脱离人民群众的现实。习近平总书记在全国思想政治工作会议上的讲话中阐述了党性与人民性的关系问题。坚持党性，就是要有正确的政治立场和政治方向；坚持人民性，就是要贴近人民群众，真正关切人民群众的现实生活和精神需求。

具体到社会主义核心价值观的传播和弘扬，习近平总书记指出："要切实把社会主义核心价值观贯穿于社会生活方方面面。要通过教育引导、舆论宣传、文化熏陶、实践养成、制度保障等，使社会主义核心价值观内化为人们的精神追求，外化为人们的自觉行动"，"一种价值观要真正发挥作用，必须融入生活，让人们在实践中感知它、领悟它"。[①] 要密切联系西藏各族人民实际生活，广泛开展道德实践、爱国主义和民族团结教育实践、学雷锋志愿服务活动及群众性精神文明创建等活动，使广大人民群众在丰富多彩的实践活动中体验和践行社会主义核心价值观。要重视发挥重要节庆日在传播价值观方面的独特优势，举办多样的纪念和庆典活动，传播主流价值，增强各族群众的认同感和归属感。要重视发挥礼仪在宣示价值方面的作用，建立和规范一些礼仪制度，发扬西藏一些优秀传统礼仪如献哈达等在涵养社会主义核心价值观中的作用。通过与人们的日常生活紧密联系，使社会主义核心价值观的影响像空气一样无所不在、无时不有，最终使其内化于心、化外于行，真正成为引导和规范全区人民行为的价值方向和准则。

---

① 习近平：《习近平谈治国理政》，外文出版社2014年版，第164、165页。

参考文献：

1.《习近平总书记系列重要讲话读本》，学习出版社、人民出版社 2014 年版。

2.《中国共产党第十八次全国代表大会文件汇编》，人民出版社 2012 年版。

3.《邓小平文选》（1－3 卷），人民出版社 1993 年版。

4.《江泽民文选》（1－3 卷），人民出版社 2006 年版。

5.《十一届三中全会以来党和国家重要文献选编》，中共中央党校出版社 2008 年版。

6. 牛治富：《社会主义核心价值观与西藏实际相结合的创造性体现》，《西藏日报》2012 年 8 月 4 日。

第二章 全面深化改革与社会主义核心价值观的培育

党的十八届三中全会审议通过的《中共中央关于全面深化改革若干重大问题的决定》中，在“完善和发展中国特色社会主义制度，推进国家治理体系和治理能力现代化”的总目标下，进一步强调了十八大报告中所提出的“积极培育和践行社会主义核心价值观”。把培育和践行社会主义核心价值观置于全面深化改革的大背景和总目标之下，表明了社会主义核心价值观是全面深化改革的重要精神支撑和价值内核，对于推进国家治理体系和治理能力现代化具有不容忽视的导航作用。同时，这也揭示了社会主义核心价值观的制度内涵，亦即社会主义核心价值观并非仅为一般精神层面的道德要求，还是社会制度、体制机制的内在精神。在西藏，由社会主要矛盾和特殊矛盾所决定的现实区情，使我们不得不认真细致地对待发展与稳定两件大事，这就更加要求我们要在“完善和发展中国特色社会主义制度，推进国家治理体系和治理能力现代化”的进程中，积极培育和践行社会主义核心价值观，开启西藏全面深化改革新征程。

第一节 核心价值观与制度精神

制度若没有为社会所普遍接受的价值观的支撑，就缺失了维系的根基；同样的，一个社会意欲确立的核心价值观念，没有制度层面的确认，没有渗透在社会生活的方方面面，进而内化于心、外化于行，成为绝大多数人立身行事的规范，这样的“核心价值观”也只是一种摆设，毫无价值可言。古今中外，制度的变革往往是以思想和观念的革命为先导的，正如宗教改革之于资产阶级革命，新文化运动之于新民主主义革命。因此，观念与制度是相辅相成、辩证统一的。只有当核心价值观深入每一个中国人的心灵，外化于他们的行动，完善和发展中国特色社会主义制度才有基础，推进国家治理体系和治理能力现代化才有动力；同时，在“完善和发展中国特色社会主义制度，推进国家治理体系和治理能力现代化”的进程中，社会主义核心价值观渗透于其中而成为中国特色社会主义制度的价值内核，核心价值观才有坚实的制度基础和现实支撑，才有真正的生命力。

一、制度与价值观的关系

一般意义而言，制度即是要大家共同遵守的行动规则和办事程序，是实现特定目的的社会组织（甚至包括整个社会）的规范体系的总称。制度的第一要义就是要求大家共同遵守，其中“制”有节制、限制之义，而“度”则是尺度和标准，两者合而为一，就代表着规范和制约人们行为的尺度。制度是人类社会的重要标识。西方制度学派创始人凡勃伦认为，制度是一种流行的精神态度或一种流行的生活理论。而新制度学派的代表人物诺斯，在他的“制度”概念里，社会的价值观是涵盖于其中的。

马克思主义认为，制度是具有规定和管理一切特殊物的、带有普遍意义的“特殊物”，是社会经济关系的产物，是不以人的意志为转移的客观必然。应该说，作为人类社会之重要标识的制度，其本身含有重要的价值意义，一个良好的制度对于社会系统的正常运行给予基本的保障，对社会生活予以正确的价值引领。

价值是一个哲学概念，是人存在与发展的本质。人要实现自身的发展，实现自我的解放，就离不开这一范畴。对于特定的领域，价值又有不同的形态，比如社会价值、个人价值、经济价值等，这也就从不同的领域标识了人的本质存在。价值体现着人的生命与意识的整体发展，包含着人与外在世界的交融，是主客体间需要与满足的不断完成，是人在认识世界、改造世界的过程中创造的对人类的自身发展有用、有利、有益的东西。主体需要是价值产生的基础，而客体所有的对主体需要予以满足的属性即是价值形成的客观条件。价值既具有主体性又具有客观性，二者统一于人类的实践活动，共同指向价值的主体——人。因此，人是价值的本体所在，其行为是价值产生的原因、动力和源泉，而其发展是价值的结果。

价值观是人们关于价值的基本观点和总的看法，是人们在处理事情的过程中，判断是与非、对与错，选择这样做或者那样做的标准。也就是说，价值观是内化于人们心灵的规则、准绳，是人们在行为前进行抉择的基本判据。价值观具有相对稳定性和持久性，换言之，在某一特定的历史时期内，人们持有的价值观相对恒定和稳固，对事物的评价基本不会改变。价值观又具有历史性和选择性，人们的价值观都受其所处的时代和社会环境的影响，因而不尽相同。价值观还具有主观性，价值观是内化于心的衡量标准和评价准则，受个人主观条件的影响。价值观对人们的行为有导向的作用，具体而言之，就是价值观对人们的行为动机产生直接和重要影响，从而导致动机的不同，进而导致行为的不同。价值观反映人们的认知和需求状况，是人的世界观在行为过程中的现实反映。价值观是一个多层次的系统，也就是说在一个社会里价值观是分为多种类型的。其中，就所处的地位而言，有核心价值观和一般价值观之分。当下，大家耳熟能详的“社会主义核心价值观”，就是当今中国社会的主流价值观，是整个中国社会占主导地位的是非标准和行为标准。

在一个社会中，价值观，尤其是核心价值观与该社会的制度、体制机制之间有着非常密切的关系：

首先，价值观对制度进行规范和导引。制度设计总是受观念的影响，而观念之核心在于价值观，一言以蔽之，制度是以某种价值取向为基础进行设计的，一定的制度是在一定的价值观指导下形成和确立下来的。制度的设计和安排无不深刻体现着特定的价值观。可以说，价值观给予了制度内在的精神和品格。价值观一旦成为内化于心的观念存在，就自然成为制度设计的先验理念。价值观是沉淀在人类文化心理中的深层内核，对于人的生产生活方式以及立身行事的规范形成，甚至对于整个社会的运行规则、程序的建构都有着极大的影响或制约作用，因而也就对制度的演变和发展产生着重要的导向功能。从这个意义上说，价值观能够为制度创新起到引导作用，在价值观的指导下，对旧制度进行否定和批判，为社会新的生产生活方式和行为方式进行预见，建立新的社会规范体系。正是因为价值观不仅反映现实，而且具有超越性和批判性，因此，价值观对制度的合理性产生着积极的评价作用，反映着人们的理性能力，人们在价值观的指导下适时审视制度的合理与否。

其次，制度对价值观进行规范式的建构。制度作为规范体系，其一旦形成，便相对稳固，为人们进行价值判断提供重要的规范性依据，成为价值观的制度基础和现实保障。与制度相联系的价值观，是社会成员共同拥有之价值观，体现了社会成员的共同价值追求。每一个制度都必然蕴含着特定的价值理念和价值追求。制度总是为实现一定的社会共同愿景而进行设计和安排的，深刻反映了人们对未来社会发展的殷切希望。制度也在某种程度上决定着价值观。我们说，价值观受时代和社会环境的影响，具有历史性和选择性。正如马克思所言："人的本质不是单个人所固有的抽象物，在其现实性上，它是一切社会关系的总和。"①制度是社会关系的集中反映，其中所蕴含的规范要求，对于人们做什么和不做什么给予了价值引领。同时，社会制度的变革又影响和推动着人们价值观的变革。比如，辛亥革命所导致的帝制的终结对传统价值观念的冲击以及"民主共和"价值理念的形成和确立。"人们的观念、观点和概念，一句话，人们的意识，随着人们的生活条件、人们的社会关系、人们的社会存在的改变而改变。"②说到底，价值观的改变决定于生产生活方式的变革，"不是意识决定生活，而是生活决定意识。"③此外，最重要之处在于，制度不仅决定着价值观的产生和变革，还影响着价值观的实现。制度的好坏与否、合理程度，直接影响价值判断体系，影响到人们的行为。只有合理公正的制度，才能使社会系统良好有序地运行，利于人们积极向上之价值观的实现。反之，潜规则横行，"恶"的制度无处不在，那么必然导致价值失范，社会生活混乱无序。

具体到社会主义核心价值观与社会主义制度，它们二者之间是相辅

---

① 《马克思恩格斯选集》（第1卷），人民出版社1995年版，第56页。
② 《马克思恩格斯选集》（第1卷），人民出版社1995年版，第291页。
③ 《马克思恩格斯选集》（第1卷），人民出版社1995年版，第73页。

相成、相互影响、不可分割的关系。一方面,社会主义核心价值观是社会主义制度在价值层面的本质规定,作为全党全国各族人民团结奋斗的共同思想基础,这一价值观为社会主义制度提供了精神内涵和现实品格,成为国家文化软实力的核心内容,是实现中华民族伟大复兴的价值引领和精神支撑,反映了我国社会主义基本制度的本质要求。从这个角度出发,可以说,社会主义核心价值观对当下的社会主义制度具有积极的评价作用,有助于推动社会主义制度的不断完善和发展。另一方面,社会主义核心价值观不是虚幻的,是我们这个时代主流价值的彰显,必须要有制度予以保障,而社会主义制度恰好为其提供了制度依据和现实基础。我国的社会主义制度,具体而言之,就是中国特色社会主义制度,它是由根本层面的制度、基本层面的制度、具体层面的制度以及中国特色社会主义法律体系组成的,是一整套相互衔接、相互联系的制度体系,体现了全国各族人民的根本利益和价值追求,充分保障了人们实现自由而全面发展的权利,为社会主义核心价值观的培育和践行提供了制度依据和现实载体。

今天,在全面深化改革的新征程中,完善和发展中国特色社会主义制度要积极培育和践行社会主义核心价值观,而培育和践行社会主义核心价值观又要在中国特色社会主义制度框架内进行,二者之间现实地统一在推进治理体系和治理能力现代化的实践之中。

二、核心价值观向制度的转化

社会主义核心价值观发轫于改革开放的伟大实践,是中国特色社会主义现代化建设中结出的精神成果,融民族性、先进性、科学性及人民性于一体。在改革开放的进程中,思想文化领域的各种交流交融交锋日益深入且频繁;同时,发展的失衡、贫富的悬殊、利益的冲突,塑造为全社会大多数成员所接纳和认可的价值观成为一个迫切的现实要求。社会主义核心价值观正是在这种形势下完善和发展的,它既是对人类一切优秀文明成果的批判和继承,又深刻反映了中国特色社会主义的本质属性,反映了当代中国的价值需求和全体中国人民的价值诉求。改革开放以来,中国特色社会主义事业不断取得进步,就是因为我们有始终正确的价值导向，为建设社会主义现代化国家提供了强大的精神支撑和价值引领。而社会主义核心价值观之所以能够发挥如此重大的作用，正是因为其深深地凝注在制度当中。因此，社会主义核心价值观唯有向制度的转化，才足以彰显其现实意义。

从古至今，任何一个在世界上产生巨大影响力的伟大国家或民族，都势必拥有强大的精神力量。而任何一个社会要使其核心价值观具有这样的精神力量，就必然要有与之相配套的社会制度进行保障，充分利用制度的稳固性特点，使核心价值观得到全社会的广泛认同，并实现其稳定性和连续性。也就是说，社会主义核心价值观必须在具体的制度设计中予以充分的体现。因此，我们必须在中国特色社会主义制度的建设和完善中深刻体现社会主义核心价值观的精神内涵，深刻反映社会主义核心价值观的基本要求。中国特色社会主义制度并不是固步自封的，它必将随着中国特色社会主义事业的前进而不断地完善和发展。而完善和发展的历程，正是社会主义核心价值观贯彻其中的过程。

首先，中国特色社会主义制度具备社会主义的性质，也就意味着其内含的基本价值取向蕴涵着社会主义的根本属性；同时，这一制度又以鲜明的中国特色为标识，彰显着独具民族特色、地域特色的价值意义。而这样的价值取向和价值意义正是社会主义核心价值观的精神实质。中国特色社会主义制度对于解放和发展生产力、实现共同富裕具有着基本的制度保障功能。解放和发展社会生产力是社会主义制度优势的集中体现，也是社会主义社会基本价值的根本显现。发展社会主义社会的生产力是为了不断改善人民的物质文化生活条件，提高人民生活水平，进而实现共同富裕。这与社会主义核心价值观在国家层面提出的“倡导富强、民主、文明、和谐”的价值目标是相吻合的。因此，我们必须在中国特色社会主义制度的设计和安排上深入贯彻“富强、民主、文明、和谐”的价值要求，从而进一步凸显人民利益至上、实现共同富裕的价值目标。

其次，中国特色社会主义制度旨在维护人民的主体地位和根本利益，维护社会公平正义，促进社会和谐。全心全意为人民服务，始终代表中国最广大人民的根本利益，权为民所用，情为民所系，利为民所谋，执政为民、立党为公，是共产党的先进性所在，也是社会主义的基本价值指向。同时，“促进社会公平正义，增进人民福祉”与建设和谐社会正是中国特色社会主义制度的价值追求，这与社会主义核心价值观在社会层面提出的“倡导自由、平等、公正、法治”价值目标也是相吻合的，体现了广大人民群众的根本利益和共同愿望，是对科学社会主义价值理念的丰富和发展。因此，在完善和发展中国特色社会主义制度的过程中，我们应积极贯彻“自由、平等、公正、法治”的价值要求，进一步维护好人民群众的根本利益。

最后，中国特色社会主义制度旨在促进人的自由全面发展。马克思主义认为，消灭私有制，进而建立社会主义的新社会，其目的乃在于实现每个人自由而全面的发展。中国特色社会主义制度的建立，为人的发展，尤其是为占社会绝大多数的劳动人民的自由全面发展提供了不可或缺的制度条件，这本身就具有着自由和解放的价值内涵。而社会主义核心价值观在公民个人层面提出的“倡导爱国、敬业、诚信、友善”的价值目标，也正是以实现人的自由而全面发展为基础的。可见，在促进人的自由全面发展方面，中国特色社会主义制度的价值内涵与社会主义核心价值观之“爱国、敬业、诚信、友善”等价值要求有无可争辩的共通性。因此，在完善和发展中国特色社会主义制度的过程中，我们应积极贯彻“爱国、敬业、诚信、友善”的价值要求，使中国特色社会主义制度更好地保障人们自由全面发展的权益。

第二节　在全面深化改革中贯彻社会主义核心价值观

培育和弘扬社会主义核心价值观，是我们党从深入推进中国特色社会主义伟大事业、实现中华民族伟大复兴中国梦的战略高度提出的一项重大战略任务。社会主义核心价值观传承了我国五千年源远流长的优秀文化，批判地继承了人类文明发展的积极成果，同时又深深植根于我国社会主义现代化建设和改革开放的肥沃土壤，因此，必须在建设中国特色社会主义的伟大实践中予以深入贯彻，方能固本培元，涵养并彰显其强大的生命力。在西藏要开创全面深化改革的新局面，建设富裕和谐幸福法治文明美丽的社会主义新西藏，就必须卓有成效地培育和践行社会主义核心价值观，使社会主义核心价值观成为西藏改革发展的支撑要素，有力地推动西藏社会主义现代化建设。

一、国家治理体系现代化与核心价值观培育

党的十八届三中全会把“推进国家治理体系和治理能力现代化”定义为全面深化改革的总目标，这是我们党对30多年来改革开放历史经验的深刻总结，对继续推进中国特色社会主义现代化建设事业有着异乎寻常的现实意义。同时，在诠释全面深化改革总目标的相关内容中，党的十八届三中全会还特别提出了“积极培育和践行社会主义核心价值观”。可见，社会主义核心价值观与国家治理体系、国家治理能力的现代化是紧密相联的。习近平总书记指出：“培育和弘扬核心价值观，有效整合社会意识，是社会系统得以正常运转、社会秩序得以有效维护的重要途径，也是国家治理体系和治理能力的重要方面。历史和现实都表明，构建具有强大感召力的核心价值观，关系社会和谐稳定，关系国家长治久安。”①

制度本身有根本性、全局性、长期性、稳定性的特征，培育和践行社会主义核心价值观有赖于制度的改革创新与健全完善。制度通过规定权利义务来规范人们的行为、调整人与人之间关系，具有约束功能、导向功能和激励功能。核心价值观与制度是相互影响、相互作用的。然而，核心价值观与制度都不是一成不变的，因此，培育和践行社会主义核心价值观与制度建设又在动态中形成一种互动关系。我们只有不断改革、锐意创新，将富强、民主、文明、和谐、自由、平等、法治、公正、爱国、敬业、诚信、友善等社会主义核心价值观融入制度的动态建构中，使其成为国家治理体系现代化的价值内核和重要标识，才能在全面深化改革的实践中，使社会主义核心价值观实现其向制度精神的转化。

首先，社会主义核心价值观为推进国家治理体系现代化提供价值引

① 习近平：《习近平谈治国理政》，外文出版社2014年版，第163页。

领和精神支撑。社会主义核心价值观从国家治理层面、社会治理层面和公民个人层面对国家治理体系现代化提出了价值要求,从这个意义上讲,社会主义核心价值观是推进国家治理体系现代化的价值航标。推进国家治理体系现代化最大障碍是碎片化的制度体系,而社会主义核心价值观恰能从观念认知和价值认同方面,为实现国家治理制度的有效整合搭建共识平台。国家治理水平的提升无疑需要正确的价值引领,而社会主义核心价值观所倡导的诸多理念,明显具有制度评价功能,从这个意义上讲,社会主义核心价值观是推进国家治理体系现代化的评价标准。

其次,社会主义核心价值观的基本要求实践化于国家治理体系现代化进程之中。推进国家治理体系现代化之首要任务就是解放和发展社会生产力,加快发展社会主义市场经济,不断提升综合实力,不断提高人民的生活水平,实现国家富强的目标,而这正是社会主义核心价值观所倡导的基本要求。推进国家治理体系现代化,毫无疑问是要实现治理模式由一元单向向多元共治的结构性转变,让人民更多更直接地行使自己的权力,广泛参与治理活动,适时监督治理过程,及时评价治理效果,充分发扬民主,进而彰显社会主义制度的优越性,而民主恰是社会主义核心价值观的基本要求。推进国家治理体系现代化,其中"推进文化体制改革,建设面向现代化、面向世界、面向未来的民族的、科学的、大众的社会主义文化",是其应有之义和重要内容,其目的就是要提高社会主义国家的文明程度,为实现中华民族的伟大复兴提供文化支撑,而文明也正是社会主义核心价值观的基本要求。推进国家治理体系现代化,就是要从制度的角度出发,规范人们的行为,调整人与人、人与自然、人与社会之间的关系,实现社会的和谐与进步,而和谐正是社会主义核心价值观的基本要求。推进国家治理体系现代化,其目的最终是为了从制度上更好地保障人们自由而全面发展的权利,使人们能够更多更充分享有自由,而自由恰是社会主义核心价值观的基本要求。推进国家治理体系现代化,其直接的目的就是使国家治理体系制度化、科学化、规范化、程序化,使国家治理者能够运用法治思维和法律制度治理国家,从而建设法治中国,而法治正是社会主义核心价值观的基本要求。推进国家治理体系现代化,就是要使社会制度更加地合理、公正，充分体现平等这一社会价值，而平等、公正正是社会主义核心价值观的基本要求。推进国家治理体系现代化，是为了实现国家的繁荣富强，体现了治理主体对国家的认同和热爱，这本身就内涵爱国的基调，而爱国正是社会主义核心价值观的基本要求。推进国家治理体系现代化，是全社会每一个成员共同的任务和使命，这就必然对治理者的素质有基本的要求，实现国家治理体系现代化需要社会每一个成员有相当的职业操守和敬业精神，需要社会每一个成员诚实劳动、信守承诺，需要社会每一个成员都与人为善，因此，敬业、诚信、友善是治理主体的基本素质要求，而敬业、诚信、友善正是社会主义核心价值观的基本要求。

最后，社会主义核心价值观与国家治理体系现代化具有相同的目标。无论培育和践行社会主义核心价值观，还是推进国家治理体系现代化，都是为着不断解放和发展社会主义社会的生产力，不断增强社会主义国家的综合实力，不断提高人民的生活水平，都是以“促进社会公平正义，增进人民福祉”为出发点和落脚点的，都是以不断满足人民群众的物质文化需求为价值内涵的，因此，二者的目标是相同的。也正是因为二者的目标相同，社会主义核心价值观的培育和践行与国家治理体系现代化的推进就应该是同步的，二者统一在全面深化改革的伟大实践中。而这二者的同步实践，就是社会主义核心价值观向制度精神转化的过程。在这个过程中，就是要把社会主义核心价值观所倡导的基本要求全面地融入到国家政治治理、经济治理、文化治理、社会治理和生态治理的各个层面中，融入到国家治理的具体实践中，使社会主义核心价值观真正成为推进国家治理体系现代化的基本价值追求和精神动力。

实现国家治理体系和治理能力的现代化，国家治理体系和治理能力现代化应该朝着什么样的方向前进，应该以什么为价值取向，这是个带有根本性的问题。而社会主义核心价值观作为中国社会的主流价值取向，无疑是推进国家治理体系和国家治理能力现代化的价值导向。从这个角度来看，社会主义核心价值观就是对国家治理体系和治理能力现代化历史发展方向的定位。在社会主义核心价值观的指引下，推进国家治理体系和治理能力现代化，既要进一步解放思想，打破习惯势力和主观偏见的束缚，切实转变观念，又要在立足国情的基础上，学习、吸收古今中外治国理政的经验教训。

二、以“公平正义”为价值指导，推进全面深化改革

党的十八届三中全会讨论通过的《中共中央关于全面深化改革若干重大问题的决定》指出：必须“坚持社会主义市场经济改革方向，以促进社会公平正义、增进人民福祉为出发点和落脚点，进一步解放思想、解放和发展社会生产力、解放和增强社会活力，坚决破除各方面体制机制弊端，努力开拓中国特色社会主义事业更加广阔的前景”①。从《决定》中，我们不难发现这样一个逻辑，即全面深化改革，必须以促进社会公平正义、增进人民福祉为出发点和落脚点。这个指导思想，无疑将“公平正义”这一价值理念与全面深化改革紧密地联系起来。推进全面深化改革，必须以“公平正义”为价值指导。

首先，以“公平正义”为价值指导，推进全面深化改革，是解决当前社会突出问题、化解社会矛盾的基本要求。在以邓小平同志为核心的党的第二代中央领导集体开创的改革开放进程中，我们党以“解放思想，实事求是，团结一致向前看”的精神勇往直前，即便遇到任何困难和挑战，也以“为而不争”的气魄奋勇前进，我国经济社会发展突飞猛进，为“做大蛋糕”、实现公平正义提供了坚实的物质基础。然而，任何事物都必然存在正反两个方面的问题，改革亦无例外。随着发展水平的不断跃升，大量的社会不公现象也相应出现，比如因发展的不平衡导致的东西部差异、城乡差异、部门差异所产生的教育、医疗、住房、就业、收入等领域的不公问题，比如权力资源的监督约束不力导致的特权现象、司法不公、贪污腐败等问题。这些问题和现象的存在，使社会的公平正义受到极大挑战，社会矛盾愈加凸显。要正视这些问题、化解这些矛盾，使中国特色社会主义事业不断取得新胜利，就必须以“公平正义”为价值指导，从而凝聚起各族人民的

① 新华网，http://news.xinhuanet.com/2013-11/15/c_118164235.htm.

力量和智慧，为推进全面深化改革、书写中国梦辉煌篇章而团结奋斗。

其次，以“公平正义”为价值指导，推进全面深化改革，是广大人民群众得以公平享有改革发展成果的基本要求。中国共产党始终代表中国最广大人民的根本利益，而我们党所领导的改革就是要为人们过上幸福美好的生活而进行的伟大革命。也就是说，改革是为了人民，改革的成果是要更好地更公平地惠及广大人民群众；如果改革不能更好地造福群众，不能营造更加公平的社会环境，那么，改革也就失却了本来的意义，而无法维持。诚然，改革必然触及方方面面的利益，涉及到利益格局的调整，也许在一段时间内部分群众的利益必然受到这样或那样的影响，但是利益格局调整的结果，甚或说改革的出发点和落脚点依然是使最广大人民的根本利益得到切实的维护、实现和发展。以“公平正义”为价值指导，推进全面深化改革，就是要突破利益固化藩篱、破除体制机制弊端、摆脱传统思维束缚。具体而言之，就是要从根本上消除因利益固化导致的诸多社会不公现象，特别是要消除在教育、医疗、住房、就业、收入分配、社会保障等若干民生领域存在的社会不公现象。贯彻“公平正义”的价值，就是为全面深化改革提供根本的价值方向，即确保全面深化改革更加注重解决广大人民群众最关心最直接最现实的利益问题，让改革发展的成果切实惠及最广大人民群众，增进人民福祉。

再次，以“公平正义”为价值指导，推进全面深化改革，是坚持和发展中国特色社会主义的基本要求。全面深化改革，就是要进一步解放和发展社会生产力，进一步解放和增强社会活力，从而让一切劳动、知识、技术、管理、资本的活力竞相迸发，让一切创造社会财富的源泉充分涌流，这正是坚持和发展中国特色社会主义的根本所在，是中国特色社会主义优越性的根本体现。全面深化改革的总目标是完善和发展中国特色社会主义制度，推进国家治理体系和治理能力现代化。也就是说，全面深化改革就是要使我们各方面的制度更加成熟。而要使中国特色社会主义制度更加成熟，从而打牢制度的社会基础和群众基础，就必须以“公平正义”为价值指导，进一步加强制度设计，实现制度的公正性和普惠性。有了对“公平正义”给予具体保障的各项重大制度，我们方能构建以原则公平、操作公平、机会公平为基本内容的社会公平保障体系，打造公平正义的社会环境，从而使最广大人民群众自由而平等地发展、共享改革的成果。从这个意义上讲，以“公平正义”为价值指导，就是要把社会主义核心价值观的基本精神贯穿到体制机制和政策法规中，以其为镜，哪些制度不符合公平正义，就从哪里改起，从而使我们的制度和体制机制更加符合公平正义的原则要求，更加有利于中国特色社会主义优越性的发挥。

以“公平正义”为价值指导，把公平正义作为全面深化改革的出发点和落脚点，实际上指出了“公平正义”这一核心价值观在中国特色社会主义事业发展中的重大意义，道出了社会历史发展的价值内涵和精神实质。公平正义不仅是近代以来现代化历史进程中的重大课题，更是中国特色社会主义现代化建设和改革开放无法回避的重大价值范畴。基于此，如何“以‘公平正义’为价值指导，推进全面深化改革”，便成为一个迫切需要研究的重大课题。

首先，以“公平正义”为价值指导，推进全面深化改革，就要将全面深化改革的总目标与“公平正义”统一起来。全面深化改革的总目标，第一句就是完善和发展中国特色社会主义制度。那么，以“公平正义”为价值指导，推进全面深化改革的首要着力点，当是在完善和发展中国特色社会主义制度的过程中不断体现制度的公平正义性。我们应该清楚地看到，社会主义制度的产生和形成本就是对私有制的扬弃，是公平正义的彰显。但是，实践发展永无止境，新的形势必会产生新的诉求、新的矛盾，再好的制度如若固步自封，跟不上形势的发展，那么同样不可能很好地体现公平正义的价值要求。中国特色社会主义制度也是不断完善和发展的。具体而言，就是要坚持社会主义公有制和市场经济改革方向，使二者实现有机结合，在不断解放和发展生产力的同时，保证公平；就是要不断完善分配体制改革，既要充分考虑机会公平，又要充分考虑结果公平，既要共同参与，又要共同享有；就是要从人类历史发展的基本规律和公平正义原则出发进行制度设计，使制度既有宽宏的包容性又有穿越的纵深性；就是要深入研究抑制贫富悬殊的制度因素，既要有战略的考量又要有技术上的创新。总之，就是要把“公平正义”的价值准则深入地贯彻到完善和发展中国特色社会主义制度的过程中，使“公平正义”深嵌在中国特色社会主义制度当中。

其次，以“公平正义”为价值指导，推进全面深化改革，就是要将各项改革措施与“公平正义”统一起来。要不断改革完善现代市场体系，充分保障各类市场主体平等参与、平等竞争、平等获益；要深化财税体制改革，合理调节国民收入分配，增加群众福祉，逐步扭转收入分配差距不断扩大之趋势，有力维护社会和谐稳定；要构建新型工农城乡关系的相关制度，建立城乡要素平等交换和公共资源均衡配置的体制机制，加大城乡基础设施和基本公共服务的投入，切实提高农村居民收入水平，确保农村居民平等参与分享现代化成果，破除城乡二元结构，促进城乡一体化发展；要构建全方位的开放型经济新体制，大力实施更加积极主动的开放战略，紧紧抓住并充分利用重要战略机遇期，不断提升开放型经济发展的质量和水平，转变对外经济发展方式，拓展开放型经济的深度和广度，进一步释放内陆地区开放潜力，缩小内陆与沿海地区的开放差距，促进协调均衡发展，有效遏制区域发展的不平衡性；要深化各项社会事业的改革，着力解决关系人民群众切身利益的生产生活问题，切实维护人民群众的经济、政治、文化和社会等各项权益，尤其是要加大涉及群众切身利益的教育、就业、社保、医疗、住房、生态环境、食品药品安全、安全生产、社会治安、执法司法等方面的改革力度，有力地保障和改善民生，使拥有平等教育机会、稳定就业岗位、公平公正收入、健康生活状态、安定社会环境的美好憧憬加速实现。

三、在各个领域的改革中贯彻社会主义核心价值观

改革开放30多年来，尤其在西藏这样一个经济社会欠发达地区，我们取得了举世瞩目的成就。这充分证明，中国特色社会主义作为一种独具特色的社会形态在实践中是成功的。应该说，我们取得这样的成就，说明我们的制度与现代化建设是相适应的，在政治、经济、文化、社会、生态等各个方面都建立了一套较为成熟的制度和体制，而这些制度和体制必然依赖一个主导性的价值观。今天，培育和践行社会主义核心价值观，就

是要从实际出发，适应时代发展要求，使社会主义核心价值观在西藏全面深化改革的进程中、在各个领域的改革中得到深入的贯彻。

第一，在经济建设领域改革中贯彻社会主义核心价值观。西藏现代经济的建立和发展，是各项事业发展的物质基础。要使西藏各族人民更多更公平地享受改革发展的成就，更好地维护人民的生存权和发展权，就要以社会主义核心价值观为引领，不断推进西藏经济建设领域的改革。这就要求我们要以“富强”为发展目标，用好国家的各项优惠扶持政策，不断壮大经济实力，切实提高人民生活水平，彻底改变贫穷落后面貌，深化国有企业改革，放手发展非公有制经济，完善资源配置机制，建立统一、开放、竞争、有序的现代市场体系，积极培育和发展市场主体，加快要素市场化改革进程，完善商品市场体系，强化市场在资源配置中的决定性作用，促进经济的持续健康发展；以“公平正义”为价值指导，深化经济体制改革，坚持公有制为主体、多种所有制经济共同发展的基本经济制度，创造公平公正的制度环境；以“和谐”为价值要求，不断加速现代化和城镇化建设、加大基础设施建设力度，以提高各族人民的生活质量，始终坚持以人为本的理念，注重绿色发展和可持续发展，严格控制高能耗、高污染、高排放行业发展，切实维护西藏各族人民的长远利益；以“富强”、“文明”为价值要求，不断深化改革和扩大开放，积极推动西藏商业、对外贸易和旅游业加快发展，加强区内外的交流，加强与世界的联系和合作。

第二，在政治建设领域改革中贯彻社会主义核心价值观。西藏经过民主改革和实行民族区域自治，彻底废除了政教合一的封建农奴制度，建立起人民代表大会制度和民族区域自治制度，西藏各族人民真正成为国家、社会和自己命运的主人。然而，随着中国特色社会主义事业的不断推进，要进一步完善和发展民主政治，就要以社会主义核心价值观为引领，推动政治建设领域的改革。这就要求我们要以“法治”为价值要求，坚持从国情和区情实际出发，全面推进依法治国、依法治藏；坚持和完善人民代表大会制度，坚持民族区域自治制度，坚持和完善中国共产党领导的多党合作和政治协商制度，坚持和完善基层民主制度；加强和改进地方立法工作，提高立法质量，进一步健全地方性法规，为促进西藏经济社会发展提供强有力的法律保障；切实做到严格执法、公正司法，切实维护公共利益、人民权益和经济社会秩序；深化行政体制改革，全面推进依法治理；深化司法体制改革，切实维护公平正义的法制环境；要在全区深入开展法制宣传教育，使社会主义法治精神深入人心，增强各族群众的中华民族意识、国家意识、法制意识、公民意识。我们要以“爱国”、“和谐”为价值要求，发展和壮大爱国统一战线，深入开展爱国主义教育和民族团结宣传教育，积聚正能量，使平等团结互助和谐的社会主义民族关系不断得到巩固和发展，从而凝聚西藏各族人民的力量和智慧，共同致力于建设社会主义新西藏的伟大事业。

第三，在文化建设领域改革中贯彻社会主义核心价值观。藏民族文化是中华民族文化的重要组成部分。和平解放以来，在中国共产党的领导下，西藏优秀传统文化得到有力的保护、传承和弘扬。今天，要大力发展社会主义先进文化，把西藏建设成中华民族特色文化保护地，就要以社会主义核心价值观为引领，推动文化建设领域的改革。这就要求我们要以“文明”为基本要求，坚持走有中国特色、西藏特点的文化发展路子，推动西藏实现由文化资源大区向文化发展强区转变；推进社会主义核心价值体系建设，坚持不懈用中国特色社会主义理论体系武装头脑，大力弘扬以爱国主义为核心的民族精神、以改革创新为核心的时代精神和以艰苦奋斗为核心的“老西藏精神”，自觉践行社会主义荣辱观，打牢各族人民团结奋斗的共同思想道德基础；坚持正确舆论导向，用社会主义先进文化占领城乡宣传思想阵地，有效抵御境外渗透，坚持“请进来、走出去”的方针，扩大对外文化交流，把握涉藏舆论斗争的话语权和主导权，捍卫意识形态和文化领域的安全；进一步加强主流媒体建设，深入实施文化惠民工程，完善公共文化服务体系，健全文化保障机制，加强传统文化保护开发，加大文化产品创作力度，繁荣发展文化事业，更好地满足人民群众日益增长的精神文化需求；优化文化产业区域布局，大力实施项目带动战略，着力培育文化市场，加快文化体制机制改革，做大做强西藏文化产业，建设重要的中华民族特色文化保护地；完善和落实资金扶持政策，建立文化投入稳定增长机制，放宽行政审批政策，拓宽文化投融资渠道，支持文化项目园区建设，为文化大发展大繁荣提供有力保障；加强和改进党对文化工作的领导，落实文化建设的政治责任，培养和壮大文化人才队伍，提高推进文化改革发展科学化水平。

第四，在社会建设领域改革中贯彻社会主义核心价值观。西藏在现代化发展进程中，随着经济、政治的发展，社会建设也取得了举世瞩目的成绩，人民的生产生活方式由传统向现代跃迁，各项社会事业呈现欣欣向荣的景象。今天，要实现西藏社会事业的新发展，就要以社会主义核心价值观为引领，推动社会建设领域的改革。这就要求我们要结合西藏实际，高度重视社会建设，把社会事业的发展作为社会进步的重要标志；全面实施“科教兴藏”、“人才强区”战略，把科技和教育事业放在优先发展的地位，给予资金和政策的大力支持；坚持“以农牧区为重点，预防为主，藏中西医并重”的方针，把西藏各族人民的健康放在首位，不断满足人民群众的医疗卫生服务需求；进一步加强职业技能培训，提高转移就业的组织化程度，积极为城乡劳动者和用人单位搭建双向交流选择平台，大力促进农牧民就业创业；不断完善社会保障体系，不断增加城乡最低生活保障覆盖面，确保“学有所教、劳有所得、老有所养、病有所医、住有所居、困有所助”，充分将社会主义核心价值观贯彻到社会建设领域中。

第五，在生态文明建设领域改革中贯彻社会主义核心价值观。西藏是国家重要的生态安全屏障。中央和自治区始终高度重视西藏的生态建设和环境保护，始终坚持科学发展，将经济社会发展与环境保护有机地统一起来；始终把生态文明建设作为现代化建设的一项重要内容，大力提倡生态文明，切实推进美丽西藏建设。今天，我们要使西藏保持良好的自然生态环境，就必须以社会主义核心价值观为引领，推动西藏生态文明建设领域的改革。这就要求我们要严把生态环境关、产业政策关、资源消耗关，严控高污染、高耗能、高排放项目进西藏，探索建立国家公园体制，完善集体林权制度改革，强化生态环境监测治理；要形成归属清晰、权责明确、监管有效的自然资源资产产权制度，实施主体功能区制度，实行严格的环境质量标准制度、准入制度和总量控制制度，建立资源有偿使用补偿机制，建立矿山环境治理和生态恢复责任机制，完善生态效益补偿长效机制,形成和完善生态安全屏障保护与建设规划,健全生态环境保护属地管理体制,建立生态环境保护与财政转移支付挂钩的奖惩机制,完善生态环境保护考核办法,建立生态建设和环境保护责任追究制度,建立生态环境损害责任终身追究制。一言以蔽之,就是要在制度和管理的改革中深入地贯彻社会主义核心价值观,建设美丽西藏。

第三节　在依法治藏中贯彻社会主义核心价值观

党的十八大以来,习近平总书记就“法治中国”建设作出了一系列重要指示。2013 年初,习近平同志就做好新形势下政法工作作出的重要指示中首次提出了建设“法治中国”的新要求。2013 年 11 月十八届三中全会通过的《中共中央关于全面深化改革若干重大问题的决定》,将“推进法治中国建设”确立为我国新时期法治建设的新目标和全面深化改革的重大内容。2014 年 10 月十八届四中全会又专题研究部署全面推进依法治国,审议通过了《中共中央关于全面推进依法治国若干重大问题的决定》。2013 年俞正声同志在藏考察调研期间,再次强调要坚持依法治藏,这一重要论述从治国理政的高度出发,着眼于“治国必治边、治边先稳藏”,对推进西藏的跨越式发展和长治久安给予了战略指导。同时,二十四个字的社会主义核心价值观中,“法治”位列其中,是核心价值观的重要内容。社会主义核心价值观为依法治国、依法治藏、建设法治中国、建设法治西藏提供了价值遵循和目标引领。

一、依法治藏的重大意义

改革开放以来,西藏经济社会发展取得了令世人瞩目的辉煌成就。但是,西藏现代化发展的任务依然艰巨而繁重。由于自然、社会、历史等因素的制约,西藏的经济社会发展仍然面临诸多困难和挑战。其中,经济社会发展成本偏高、市场发育程度较低、城乡经济社会发展不平衡、人口素质不高、人力资源匮乏等,均成为西藏推进跨越式发展和长治久安的难点和挑战。因此,促进西藏经济社会持续健康发展,改善各族人民的生存质量，保障各族人民自由发展的基本权益，是今后西藏经济社会发展必须解决的重大问题。同时，由于外部的分裂势力的干扰和影响，尤其是西方反华势力不愿意看到中国的复兴和西藏的繁荣，总是千方百计地阻挠中国改革开放和现代化建设进程。而地处祖国西南边陲的西藏，更是首当其冲，西方反华势力勾结十四世达赖集团，长期对西藏的社会主义建设进行干扰和破坏，这是我们进行现代化建设不可回避的挑战。我们必须清醒地认识到，随着西藏改革开放的不断深入，经济社会发展的各种现实要求以及反分裂斗争形势的尖锐性、复杂性、长期性，使得我们不得不考虑建立长效机制以促进跨越式发展和长治久安，于是，依法治藏便是应然之举。

依法治藏是推进西藏长足发展和长治久安的必然要求。新时期西藏工作的指导思想是：以邓小平理论、“三个代表”重要思想、科学发展观为指导，坚持“四个全面”战略布局，坚持党的治藏方略，把维护祖国统一、加强民族团结作为工作的着眼点和着力点，坚定不移开展反分裂斗争，坚定不移促进经济社会发展，坚定不移保障和改善民生，坚定不移促进各民族交往交流交融，确保国家安全和长治久安，确保经济社会持续健康发展，确保各族人民物质文化生活水平不断提高，确保生态环境良好。这一指导思想的目的指向，就是要建设富裕和谐幸福法治文明美丽的社会主义新西藏，这是推进西藏长足发展和长治久安的奋斗目标，也是依法治藏的根本方向。没有法治，没有现代治理方式的保障，西藏的跨越式发展就没有良好的社会环境，长治久安更是无从说起；依法治藏，事关我们党在西藏的执政地位、执政能力，事关西藏各族人民的幸福安康，事关改革发展稳定大局；依法治藏是西藏能否与全国一道建成小康社会的基本保障，是应对西藏现代化建设所面临的诸多挑战和困难的应然选择；依法治藏已然在西藏工作全局中的地位愈加突出、作用愈加重大。因此，我们必须把依法治藏提高到西藏工作战略全局的高度来把握，把传播法治文化、弘扬法治精神、培育法治理念融入到社会主义核心价值观的培育和践行中来实施，把建设法治体系、全面推进依法治理的基本要求贯彻到推进西藏长足发展和长治久安的实践中来展开。

依法治藏是西藏全面深化改革的重要保障。全面深化改革的总目标是完善和发展中国特色社会主义制度,推进国家治理体系和治理能力现代化。在西藏全面深化改革,目标之一就是要推进治理的现代化,就是要使西藏的各项治理实现法治化、民主化、科学化和信息化,其核心是法治化。实现治理的法治化,包括两个方面的内容:一个是治理体系的法治化,一个是治理能力的法治化。治理体系的法治化,就是要形成系统完备、科学规范、运行有效的符合法治精神的现代制度体系。治理能力现代化,就是要使治理者善于运用法治思维和法律制度进行治理,强化宪法和法律的实施力和遵守力,提高治理体系的运行力和执行力。治理的法治化,实际上就是依法治理的问题。对于西藏而言,全面深化改革,推进治理体系和治理能力现代化的重要内容之一就是依法治藏。

西藏有着丰厚的自然资源、区位资源、人文资源、政策资源,但是自然环境艰苦、基础设施薄弱、人口素质偏低、人力资源匮乏,加之传统因素的影响,经济社会发展依然面临诸多矛盾和问题,特别是市场经济发展水平相对滞后。因此,加快西藏的经济体制改革,使西藏的各类资源得到有效利用,使市场机制在资源配置中起决定性作用,充分发挥市场功能,从而加速西藏的经济社会发展,已然成为当前西藏长足发展的迫切要求。而依法治藏就是旨在通过法治的手段,不断完善法治体系,形成良好的法制环境,实现机会平等、结果平等、原则平等,实现分配的公平正义,规范社会经济行为,维护市场秩序,促使经济健康快速发展。从这个意义上讲,依法治藏无疑对加快西藏经济体制改革、促进西藏经济社会发展有着不容忽视的重大意义。

依法治藏是进一步实现西藏各族人民权利的基本保障。依法治藏,就是要通过宪法和法律的权威,来尊重和保障西藏各族人民的基本权利,确保人民当家作主的地位。旧西藏,百万农奴连基本的生存权都难以维系,遑论基本人权? 矧乎当家作主? 中国共产党带领西藏各族人民经过民主改革、社会主义革命、改革开放,废除了封建农奴制度,实行了民族区域自治,西藏各族人民成为国家、社会和自己的主人,同全国人民一样充分享有国家和社会主体应有的社会地位和主权权利,而这一切都基于社会主义制度的保障。今天,我们提出依法治藏,就是要更好地用制度来保障西藏各族人民的基本权利,尤其是保障西藏各族人民当家作主的权利。通过依法治理,使西藏各族人民更好地享有选举权、被选举权、管理权、知情权、参政议政权、监督权等政治权利,享有自我管理、社会保障、医疗卫生、科学教育、就业住房、公共服务等社会权利,享有参与经济决策和管理等经济权利,从而使各族人民享有的各项权益更具有现实操作性和具体实用性。

随着社会的不断进步与发展,人民群众的权利意识正不断增强,公平正义成为包括西藏各族人民在内的全体中国人民当下的崇高价值追求。而要有效地维护社会公平正义,若是没有良好的法治背景,就必然使实现公平正义缺失基本的生存环境。依法治藏,就是通过在西藏大力传播法治文化,大力弘扬法治精神,大力贯彻法治理念,进而牢固树立社会主义法治信仰,使维护公平正义在西藏拥有良好的法治思想基础和法治舆论环境。同时,依法治藏并非抽象地宣扬公平正义,而是通过法治手段来为实现公平正义提供现实的操作,比如充分发挥法律的评判功能,把西藏各族人民对公平正义的诉求纳入法制建设实践中,从而合理地规定权利与义务、公正地分配资源与利益、科学地设置权力与责任,并制定充分反映民意并为大多数人接受的程序和规则,进而通过严格执法、公正司法,最终以保障人民合法权益的形式维护社会公平正义。由此可见,依法治藏对于维护西藏各族人民的合法权益、回应民众对公平正义的诉求具有着重大的现实性和可操作性,是维护公平正义的有效途径。

依法治藏是反对分裂、维护社会稳定的重要手段。当前西藏民族团结、边防巩固、社会和谐,但我们也要清楚地认识到,西藏社会不仅存在着人民日益增长的物质文化需要同落后的社会生产之间的主要矛盾,还存在着各族人民同以十四世达赖集团为代表的分裂势力之间的特殊矛盾,我们同十四世达赖集团的斗争具有长期性、尖锐性、复杂性等特征。而依法治藏,就是要我们以宪法和法律为武器,旗帜鲜明地维护祖国统一和民族团结,依法打击一切利用宗教、民族幌子进行分裂祖国、危害国家安全、破坏社会稳定的不法行为;就是要我们大力开展法制宣传教育,使社会主义法治理念深入社区、乡村、机关、企业、学校、寺庙，增强广大干部群众和僧尼的法治观念，在西藏形成学法知法遵法守法的良好氛围；就是要我们依法管理宗教事务，推进寺庙管理法制化；就是要我们以法治建设为抓手，加强和创新社会治理，促进社会和谐，以“治未病”的思维，将矛盾纠纷化解于无形。因此，依法治藏无疑是反对分裂、维护社会稳定的根本途径。

二、依法治藏的要求

依法治藏意义重大，但同时任务艰巨。党的十八届四中全会审议通过了《中共中央关于全面推进依法治国若干重大问题的决定》，为我们依法治藏提供了理论指南和基本遵循，使我们更加明确了依法治藏的基本要求。

推进依法治藏，必须坚持中国共产党的领导。党的领导是西藏取得革命和建设辉煌成就的根本保障，是建设社会主义法治西藏的基本保证。把党的领导贯彻到依法治藏全过程和各方面，是西藏法治建设的基本经验。党的领导和推进依法治藏在根本上是一致的，依法治藏必须坚持党的领导，而党的领导又必须通过依法治藏这一途径得到充分展示。只有在党的领导下依法治藏、全面推行依法治理，西藏各族人民当家作主才能充分实现，西藏的跨越式发展才能有序推进。坚持在党的领导下推进依法治藏，就必须坚持党领导立法、保证执法、支持司法、带头守法，把依法治藏基本方略同党的执政方略统一起来，充分发挥党的总揽全局的政治权威和功能，协调各方，使人大、政府、政协、审判机关、检察机关依法依章程履行职能、开展工作，使党的主张通过法定程序确定下来，通过国家政权机关具体实施党对西藏工作的领导，运用民主集中制原则维护党的权威、维护西藏的团结和稳定。

推进依法治藏，必须坚持人民主体地位。西藏各族人民是依法治藏的实践主体和力量源泉，人民代表大会制度是保证各族人民当家作主的根本政治制度。推进依法治藏，必须坚持法治建设为了人民、依靠人民、造福人民、保护人民的基本立场，以促进公平正义、增进人民福祉、保障人民基本权益为出发点和落脚点，保证人民依法享有广泛的权利和自由、履行应尽的义务，实现共同富裕。推进依法治藏，必须保证西藏各族人民在党的领导下，依照宪法和法律规定，通过合法的途径和形式管理国家事务、管理经济文化事业、管理社会事务、管理本民族内部事务。推进依法治藏，必须使西藏各族人民充分认识到法律不仅是维权的武器，更是行为的规范，形成学法知法遵法守法用法的良好社会氛围。

推进依法治藏，必须坚持法律面前人人平等。平等是近代以来，人类社会所追求的普遍价值，也是现代法律的基本精神，更是社会主义法律的基本属性。西藏早已摆脱政教合一的封建农奴制羁绊，平等业已成为西藏各族人民在社会生活中所追求的基本价值，法律面前人人平等更是对这一价值的具体彰显。因此，维护和实现这一价值，坚持法律面前人人平等，无疑是依法治藏的基本原则。推进依法治藏，必须充分尊重宪法和法律权威，任何组织和个人都必须在宪法法律所规定的范围内活动，都必须依照宪法法律行使权利、履行义务，均无任何超越宪法法律的特权。推进依法治藏，必须维护国家法制统一、尊严和权威，绝不允许宪法和法律的实施受到任何人以任何借口进行的干扰和影响。推进依法治藏，必须将权力关进制度的笼子，接受宪法和法律的监督，切实做到有法可依、有法必依、执法必严、违法必究。

推进依法治藏，必须坚持依法治藏和以德治藏相结合。道德是立法之基，诸多法律规范的主要来源均是道德规范。道德亦是执法之基，执法者能否公正、准确地执法，一定程度上依赖于执法者的道德修养。道德是守法之基，人们对法律的信仰和认同，也是道德修养的体现。西藏各族群众大多信仰藏传佛教，佛教教义中的许多清规戒律既属于道德规范的范畴又属于法律规范的范畴。可见，坚持依法治藏和以德治藏相结合，是符合西藏文化传统和现实要求的。因此，推进依法治藏，必然要充分发挥法律和道德的共同作用。推进依法治藏，必须坚持一手抓法治、一手抓德治，既要大力弘扬法治精神、培育法治理念，又要大力弘扬社会主义核心价值观、弘扬中华民族传统美德、培育社会公德、职业道德、家庭美德、个人品德，既要重视发挥法律的规范作用、惩戒作用，又要重视发挥道德的教化作用、引导作用,以法治体现道德理念,用德治涵养法治精神,实现法治和德治的相得益彰。

推进依法治藏,必须坚持从西藏实际出发。西藏之所以在革命和建设的各个历史时期取得辉煌的成就,无不是我们党自觉运用理论联系实际的方法,坚持一切从西藏实际出发,在不同的发展阶段根据不同的实际情况和具体问题,因时制宜、因地制宜,带领西藏各族人民坚持用马克思主义的立场观点方法来发现问题、分析问题和解决问题。今天,我们讲依法治藏,同样必须坚持一切从西藏实际出发的原则。脱离了这个原则,依法治藏必然无从谈起。推进依法治藏,必须从我区基本区情出发,必须同西藏全面深化改革相联系,必须同西藏推进长足发展和长治久安相适应,充分总结和实际运用党领导西藏各族人民进行社会主义法治建设的成功经验,紧紧围绕西藏改革发展稳定大局,推进法治理论创新和法治建设实践,既充分吸取中华法律文化精华和西藏传统文化精华,又大胆借鉴兄弟省市的成功经验,走有中国特色、西藏特点的法治实践路子。

三、弘扬社会主义法治精神和观念

依法治藏,就是要贯彻中国特色社会主义法治理论,建立完备的法律体系,完善法律制度,全面推进依法治理,坚持法律至上的原则,塑造理性人格,实现西藏治理体系和治理能力现代化。全面推进依法治藏,必须凝聚价值共识,在依法治藏的实践中大力培育和践行社会主义核心价值观,尤其是弘扬和传播社会主义法治精神和法治观念。

推进依法治藏,就要以社会主义核心价值观为引领,维护法律的尊严。维护法律的尊严,就是要树立法律不容践踏的绝对权威。法律体现着人民的意志,是人民利益的根本反映。从这个意义上说,践踏法律就是践踏人民的利益。那么,要用好法律这个武器,就必须在社会主义核心价值观的引领下,统一思想认识、形成价值共识,在“法治”的要求下,紧紧围绕“民主”、“文明”、“和谐”的价值要求,将社会主义核心价值观之国家层面、社会层面、公民个人层面的价值准则与法治建设基本要求紧密地联系起来,坚决打击一切危害国家安全、破坏社会稳定、损害人民利益的违法犯罪活动，切实维护好国家的最高利益、社会的整体利益和最广大人民群众的根本利益。

推进依法治藏，就要以社会主义核心价值观为引领，坚守法律底线。坚守法律底线，就是任何个人、任何组织都必须在法律规范内进行生产生活实践，任何个人、任何组织都没有逾越国家法律的特权。这是“法律面前人人平等”思想的具体体现，是契约之自由和平等精神的彰显。而社会主义核心价值观倡导之“法治”，就是要我们在社会生活中坚守法律底线，在处理人与人、人与社会的关系中做到“公正”，从而以契约和规范的形式保障人们自由平等之基本人权。

推进依法治藏，就要以社会主义核心价值观为引领，不断完善法律法规。西藏的社会主义现代化建设和改革开放是一个不断实践的动态过程，其中必然会有新的矛盾、新的问题涌现出来，因此，依法治藏必须具体问题具体分析，在实践中不断发展和完善适应经济建设、政治建设、文化建设、社会建设、生态文明建设的相关法律法规，使立法工作进一步科学化、制度化和规范化。而完善法律法规的过程，必然需要社会主义核心价值观给予价值导航，否则，就会偏离基本的方向。社会主义核心价值观从国家层面、社会层面、个人层面提出的价值准则，不仅是我们依法执政、依法管理、依法办事的价值航标，更是依法治藏方略得以实施的价值导向。

推进依法治藏，就要以社会主义核心价值观为引领，严格依法行政。行政的主体是人，然而，这一主体是否具备法治思维和法治能力来进行行政活动，这是依法行政是否能够得以有效开展的基础和前提。因此，严格依法行政，就必须首先以社会主义核心价值观为指引，切实提高干部运用法治思维和法治方式的基本能力和个人道德修养，从而成为加快政府职能转变、推进法治政府建设的基本力量，为依法治藏做出应有的贡献。

推进依法治藏，就要以社会主义核心价值观为引领，大力开展法制宣传教育。法制宣传教育的开展是一个必须取得实效的过程，否则，流于形式就毫无意义。而法制宣传教育要有效地开展起来，取得预期的效果，不断增强广大干部群众和寺庙僧尼的法制观念，就必须有价值观为先导和铺垫，必须在广大人民群众中形成“学法”、“懂法”的价值共识。因此，开展法制宣传教育，必须以培育和践行社会主义核心价值观为先导和依托，在全社会形成学法、懂法的价值共识中，进一步营造知法守法的良好氛围。

第四节　在社会治理创新中贯彻社会主义核心价值观

社会治理创新是因应时代发展的要求，以社会运行规律为基本遵循，以现有的社会资源和治理经验为前提和基础，对已有的治理模式和治理方法进行改革，建立适应社会发展需要的新的治理体制机制。实现社会治理创新，必须以社会主义核心价值观为指导，同时在社会治理中贯彻渗透社会主义核心价值观。

一、从管理到治理：观念的飞跃

党的十八大报告指出，加强社会建设，是社会和谐稳定的重要保证。党的十八届三中全会，着眼于增强社会发展活力，以“促进社会公平正义，增进人民福祉”为出发点和落脚点，提出了创新社会治理体制的新观点新要求新部署。社会治理体制是国家治理体系的重要内容，因此，推进国家治理体系和治理能力现代化必然要实现社会治理体制创新。从过去的社会管理到现在的社会治理，不只是词义上的变化，而是我们党在领导中国特色社会主义现代化建设过程中的理论创新和实践创新，是马克思主义中国化的一项最新成果，是我们党对社会发展规律认识和把握的新飞跃，是治国理政的与时俱进。

从社会管理到社会治理，是马克思主义群众观点的彰显，体现了社会主义核心价值观的基本精神。人民是历史的创造者，坚持人民在认识世界和改造世界过程中的主体地位，是马克思主义群众观点的基本原理，也是马克思主义政党区别于其他一切政党的根本所在。中国特色社会主义现代化建设能取得如此重大的成就，改革开放能不断向前推进，没有广大人民群众积极参与和主动创造是不可能实现的。社会治理是社会建设的重要范畴，推进社会治理创新是全面深化改革的重要任务，其目的就是要让人民更多地更直接地行使自己的权力，广泛参与社会治理，适时监督社会治理，及时评价社会治理，充分尊重人民的主体地位，充分发挥人民的首创精神，坚持社会治理为了人民、依靠人民、治理成果由人民共享。而这一目的也正是社会主义核心价值观的基本要求。社会主义核心价值观，是以马克思主义为理论指导的，也就必然体现群众观点，是人民群众根本利益和共同愿望在核心价值观层面的具体表达。

从社会管理到社会治理，是社会主义现代化建设的现实需要，体现了社会主义核心价值观的实践意义。现代化是一个动态发展的历史进程，其目标也必然根据实践的扩展和深入而发生变化。随着现代化建设的不断推进，对社会建设的目标就会产生不同的历史界定，其提法和表述也就不尽相同。党的十六届六中全会明确指出："要把我国建设成为富强、民主、文明、和谐的社会主义现代化国家"。党的十八届三中全会又进一步把"推进国家治理体系和治理能力现代化"作为全面深化改革的总目标，为建设"富强、民主、文明、和谐的社会主义现代化国家"给予了方向指引。毫无疑问，"富强、民主、文明、和谐"成为当下对社会主义现代化建设目标的最新界定，这体现了实践发展的需要，也体现了我们党对中国现代化目标认识的全面、务实和理性，是鲜明的时代性、突出的创新性和内涵的丰富性的统一。这一目标在十三大提出的"富强、民主、文明"的基础上，加上了"和谐"，也就意味着现代化建设除了注重广大人民群众的物质生活、政治生活、文化生活以外，还特别注重人们的社会生活。而同时，"富强、民主、文明、和谐"正是社会主义核心价值观在国家层面提出的基本要求和价值准则。

从社会管理到社会治理，是依法治国理念在社会建设中的具体表现，体现了社会主义核心价值观的基本要求。法治是中国进入现代社会的必然要求。我国正在逐渐摆脱农业社会进入工业社会乃至于后工业社会的历史进程中，社会关系的性质和状况都发生了翻天覆地的变化，传统的农业社会和计划经济时代的治理模式已然难以适应现代社会的发展要求。因此，以法治为核心的规范之治对于社会治理意义重大。当代中国，工业化和城市化的推进，人与人之间交往的复杂性日益凸显，传统的治理方式无法有效地调整利益矛盾、缓和利益冲突、约束人们行为,在社会管控方面尤其显得无能为力。那么,以法治的方式来调整国家、社会和个人之间的关系,实现社会各个层面各个主体间的良性互动,进而加强对人们利益的保护以及对人们的行为进行有效约束,是时代背景下对社会治理创新的必然要求。总之,法治是实现社会有效治理的根本保证和基本途径。通过法治,方能更好地解决社会发展中出现的一系列新问题、新矛盾,进而维护社会的稳定,实现国家的发展。

从社会管理到社会治理,虽然仅有一字之差,但是对于国家、社会和公众来讲,却是一个意义深刻的变革。正是这一变革,使社会治理发生了结构性的变化,原来的一元单向治理向社会共治转变,国家、社会、公民共同参与的治理模式得以构建。这一转变是自由和平等思想在中国现代化进程中的彰显。在这一转变下政府的职能也随之发生变化,从全能走向有限,从管理走向服务,从权力走向责任。在这一转变中,政府与社会对于公共事务的管理实现了权力的平衡,在对话与协调中充分实现功能互补,全社会参与社会治理的积极性被调动起来,为实现公正的社会治理提供了保障。从社会管理到社会治理,同时也充分体现了社会主义民主政治建设的新要求。我国民主政治的本质就是要实现人民当家作主。那么,如何实现和维护人民当家作主的权利?在社会治理中,充分尊重人民的主体地位就是当然的体现。加强社会治理创新,使我们通过社会治理这一平台,让权力的运行在全民参与下得到有力的监督,从而切实维护和实现人民的根本利益。然而,社会治理创新并不是一蹴而就的事情,而是一个不断探索的过程,需要社会各方主体的共同参与。那么,在这个过程中,就绝不能缺少社会主义核心价值观的引领和支撑。只有坚持在社会治理中贯彻和渗透社会主义核心价值观,才能使社会主义核心价值观尤其是自由、公正、平等、法治等观念在社会生活中得到彰显和传播。

二、社会治理方面的重要实践和探索

社会治理创新是西藏自治区党委、政府常抓不懈的一项基础和系统工程。西藏地处祖国西南边陲,有着漫长的边境线,既是边疆地区又是民族地区，既是经济社会欠发达地区又是集中连片贫困地区，既是保卫边防的前沿阵地又是反分裂斗争的主战场。随着改革开放的不断深入，所面临的社会治理创新任务也愈加繁重。西藏在维护社会稳定、创新社会治理体制机制等方面进行了积极的实践和有益的探索。

在创新农村社区治理方面。西藏立足具体实际，在吸收借鉴全国农村社区治理经验的基础上，正在完善农村社区自治、管理、维稳、服务等功能。首先，农村社区的相关体制机制得以确立。社区依据自治章程，建立了民主评议制度、村务公开制度、协商议事会议制度等日常基本制度，保障了农村社区基本工作的开展。其次，社区组织体系不断完善。近年来，在驻村工作队的协助下，村党支部、村民委员会等基层组织建设得到巩固和加强，特别是基层党组织在开展社区服务和村民自治的过程中发挥着重大的作用。再次，农村社区的功能不断体现。在基层党组织的领导下，不仅使民主选举、民主监督、民主决策、民主管理得到有效落实，而且社区的医疗、卫生、教育、文化传播、就业、救助等功能不断增强。最后，社区综合治理水平显著提高。农村社区综合治理不仅得到公安部门的有力配合，还探索了“双联户”建设这一有效模式，并且成立了治保、巡逻等村级治安组织，形成了以基层党组织为核心、村民广泛参与为基础的综治结构。

在创新寺庙治理方面。西藏始终从战略全局的高度出发，全面加强寺庙治理工作创新，在全区推进了寺庙管理长效机制建设，有力地维护了藏传佛教的正常秩序，积极引导藏传佛教与社会主义社会相适应。主要做法体现在：一是进一步落实了寺庙僧尼社保、医保、低保的全覆盖；二是在寺庙广泛开展了“六个一”（即交一个朋友、做一次家访、办一件实事、建一个档案、畅通一个渠道、形成一套机制）活动，大力推进了“九有”（即有领袖像、有国旗、有道路、有水、有电、有广播电视、有电影、有书屋、有报纸）工程建设等工作；三是积极开展创建和谐模范寺庙活动，有效促进了全区寺庙和谐稳定。自治区通过加强和创新寺庙治理工作，不仅有效改善了寺庙公共服务水平，还切实解决了僧尼的实际困难；不仅有力维护了广大僧众的宗教信仰自由，还极大地激发了广大僧尼爱国爱教的积极性；

既促进了寺庙和谐,又维护了社会稳定;既落实了党和国家的宗教政策,又积极引导了藏传佛教与社会主义社会相适应。

在创新城镇治理方面。平安稳定是西藏各族人民的福祉。在西藏这个反分裂斗争的主战场,平安建设更具有着极为特殊的重大意义。在实践中,自治区党委、政府紧紧围绕改革发展稳定大局,积极探索了确保西藏持续稳定、长期稳定、全面稳定和增强人民群众安全感、满意度为目标的城镇治理模式。具体做法是:一是形成了党委政府统一领导、各部门齐抓共管、社会各界和群众广泛参与的工作格局;二是完善了组织领导有力、各项措施得力、人财物保障强力的平安建设长效机制;三是出台了若干管长远、治根本、显实效、得民心的强有力维稳措施;四是推行了城镇网格化管理,在全区主要城镇进行了便民警务站建设,形成了群防群治的工作格局;五是开展了平安乡镇、平安小区、平安单位、平安寺庙、平安学校等基层平安创建活动。西藏的城镇治理创新严格按照中央要求和部署,紧密结合党的群众路线教育实践活动,积极适应维稳形势新变化,有力地确保了西藏安定团结的大好局面。

在创新意识形态治理方面。西藏作为边疆民族地区,反分裂斗争任务相当艰巨。当前,各种思想文化交流交融交锋愈加频繁,尤其是国际反华势力勾结十四世达赖集团,妄图渗透西藏、分裂中国,他们千方百计地与我们争夺思想理论阵地,西藏意识形态领域斗争形势尖锐复杂。自治区党委政府高度重视意识形态领域的安全问题,不断创新意识形态治理方式。重点抓好"两大阵地":一方面抓好传统媒体这个阵地,另一方面抓好新兴媒体这个阵地,始终坚持党管媒体的原则,始终坚持政治家办报、办刊、办台、办新闻网站的立场,始终坚持弘扬主旋律、传播正能量的主线。同时健全"四项机制",即健全正面宣传引导机制,健全突发事件应对机制,健全齐抓共管领导机制,健全奖惩问责监督机制。西藏在意识形态治理上的创新,争取了主动,赢得了民心,有力地确保了西藏意识形态领域的安全。

在创新维稳工作措施方面。近年来,自治区党委、政府认真贯彻中央精神,从西藏实际出发,以加强和创新社会管理为主线,大力推进了维稳工作措施的创新,进一步明确了维稳工作的总体要求、目标任务。具体的做法为:一是以开展创先争优强基惠民活动为有力抓手,深化干部驻村工作;二是以干部驻寺常态化为主要内容,加强和创新寺庙管理;三是以便民服务、维稳处突为首要职能,强化城镇网格化管理;四是以维护藏传佛教正常秩序为基本目标,依法依规管理宗教事务;五是以强化社会面管控为有效途径,实现维稳措施全覆盖,确保没有缝隙、没有盲区、没有空白点;六是以加强新兴媒体管理、信息情报工作和应急机制建设为关键措施,确保西藏意识形态和文化领域绝对安全;七是以开展民族团结进步创建活动为重要载体,促进各民族和睦相处、和衷共济、和谐发展;八是以加强高校管理和青少年思想政治及“双语”教育为工作重点,培养合格的社会主义建设者和接班人;九是以开展打击整治专项行动为重要契机,加强社会治安综合治理;十是以维护稳定为硬任务和第一责任,建立健全维稳工作督查机制、维稳责任追究机制。这些措施的出台,有力地推动了西藏的维稳工作,对实现西藏持续稳定、长期稳定、全面稳定具有着十分重大的意义。

三、用社会主义核心价值观引导社会治理创新

众所周知,旧西藏长期处于政教合一的封建农奴制统治之下,农奴主占有着社会的生产资料和农奴人身。而代表着农奴主阶级利益的西藏地方政府除了实行对西藏广大农奴的野蛮奴役之外,从未把农奴当人来看待,更遑论现代意义的社会治理和民生建设。“过去一切阶级在争得统治之后,总是使整个社会服从于它们发财致富的条件,企图以此来巩固它们已经获得的生活地位”①,农奴主对农奴进行残酷压榨之后,并没有把剥削所得用来发展生产,而是用于自己的挥霍,以致于西藏社会发展水平始终处在极其低下的程度。旧西藏没有任何公共性质的基础设施建设,教育主要由寺庙来承担,且整个医疗、教育等服务机构都是针对农奴主阶级的。教育文化的落后,直接影响着西藏社会人口素质的提高。1951 年,西

① 《马克思恩格斯选集》(第 1 卷),人民出版社 1995 年版,第 283 页。

藏实现和平解放。从此,中国共产党以自己的卓越领导,带领西藏各族人民拉开了现代化建设的序幕,社会建设蓬勃兴起。民主改革后,特别是改革开放以来,中国共产党始终坚持把马克思主义的普遍真理同西藏经济社会发展的实际结合起来,始终坚持正确的民族理论,坚决执行正确的民族政策,西藏的社会治理工作取得了长足的进步:社会治理体制机制不断完善,政府与公民之间的关系和谐融洽,各级政府服务意识不断增强,人民安居乐业,社会和谐稳定。今天的西藏,社会大局持续和谐稳定,民族团结巩固发展,宗教和睦佛事和顺,生态环境保持良好。这些成就的取得,正是因为西藏的社会治理实现了现代意义的转型,旧的社会制度被扫进历史的垃圾堆,而新制度下的社会管理从无到有,实现了现代意义的发展和创新,人民的主体地位得到充分地尊重,人民群众的根本利益得到切实的维护和实现。

西藏在社会治理创新方面进行了积极的实践和探索,取得了一定的成绩。但是,社会治理并不是举一役而毕其功的。我们也要清醒地看到,西藏社会治理方面也存着不少亟待解决的问题。首先,西藏的经济社会发展水平还远远落后于祖国内地:经济结构不合理导致整体效益不高;自身发展能力欠缺,对兄弟省市存在极为严重的依赖性;人才资源相对匮乏,经济发展的智力支持还很薄弱;基础设施相对落后,很大程度上制约经济发展;自然资源、文化资源没有得到有效地开发利用,经济发展动力不足;社会资源分布不合理导致经济发展结构性和区域性不平衡。总之,经济发展水平的落后,不仅导致社会治理创新的物质基础薄弱;同时,也在一定程度上反映出社会治理工作方面存在着不少问题,比如政府引导下的经济结构调整尚需进一步加强,社会资源的分配还要再优化,民生建设还要加大力度,等等。其次,西藏社会不仅存在着人民日益增长的物质文化需要同落后的社会生产之间的主要矛盾,同时还存在着各族人民同以十四世达赖集团为代表的分裂势力之间的特殊矛盾。以十四世达赖为首的分裂势力始终是危害西藏社会稳定的重要因素。十四世达赖集团自上个世纪 50 年代发动武装叛乱以来,直到现在从未放弃过分裂西藏的罪恶图谋,总是以各种手段妄图在西藏制造分裂,严重干扰和破坏西藏的发展与稳定,这是西藏社会治理面临的最重大的现实问题之一。西藏在发展和稳定方面面临的矛盾和问题,正是社会治理工作中所存在的诸多问题的渊源。换言之,西藏创新社会治理的出发点和落脚点,理当围绕发展和稳定这两件大事展开。

培育和践行社会主义核心价值观,加强和创新社会治理,就必须增强民生意识。增强民生意识,就是要以福利社会为建设目标,走有中国特色、西藏特点的民生发展之路。这就要求我们要以社会主义核心价值观为引领,从“自由”和“平等”的价值理念出发,以“公正”为评价尺度,严肃地对待广大农牧区基层公共资源稀缺和分配不均的现状,加大对广大农牧区的政策扶持和具体支持,加强对弱势群体的重点救助,推进以保障和改善民生为重点的社会建设,尤其是要抓好以文化教育、医疗保健、社会保障为重点的基本公共服务体系建设,调整社会资源在农牧区基层和城镇之间的配置,努力夯实基层组织、壮大基层力量、整合基层资源、强化基础工作,使西藏各族人民的根本利益得到切实的保障,从而正确地规范社会行为、有力地化解社会矛盾、有效地解决社会问题、合理地规避社会风险、极大地促进社会公正,推进社会治理现代化。

培育和践行社会主义核心价值观,加强和创新社会治理,就必须坚持全面深化改革。发展是硬道理,是解决西藏所有问题的基础和关键。而要实现发展,就必须毫不动摇地坚持改革。西藏今天之所以取得举世瞩目的建设成就,尤其在社会治理创新方面不断前进,就是因为我们矢志不渝地高举改革旗帜。改革开放永无止境,只有进行时而没有完成时。我们应当清楚地看到,正是因为西藏发展和稳定面临的各种矛盾和问题,决定了我们现在所需要的改革必须是质量更高、水平更高的改革,决定了我们必须注重改革的系统性、整体性和协调性。因此,我们就必须全面深化改革,切实增强社会活力。而社会治理创新正是全面深化改革的重要内容。以社会主义核心价值观为引领,开启全面深化改革新征程,推进西藏社会治理创新,就要求我们要以“法治”为核心积极推进治理理念和治理体制机制的创新,不断完善党委领导、政府负责、社会协同、公众参与的社会治理格局,不断完善社会公共服务体系建设,推进社会治理现代化。

加强和创新西藏社会治理，其目的就是要实现政府、社会组织和广大群众共同参与的社会管理和社会发展。我们要以社会主义核心价值观的基本要求为引领，以实现人的自由而全面发展为前提，着重抓好西藏各族人民最关心最直接最迫切的问题，使发展成果更好地惠及西藏各族人民，从而使西藏各族人民满怀信心地积极投入西藏跨越式发展的伟大实践。

参考文献：

1.《马克思恩格斯选集》(1－4卷)，人民出版社1995年版。

2.许俊：《中国人的精气神——社会主义核心价值观国民读本》，人民出版社2014年版。

3.曲风：《社会主义核心价值观学习读本》，国家行政学院出版社2014年版。

4.《习近平关于全面深化改革论述摘编》，中央文献出版社2014年版。

5.《习近平关于全面依法治国论述摘编》，中央文献出版社2015年版。

6.全永波等：《社会治理创新》，中国社会科学出版社2014年版。

第三章　西藏社会主义核心价值观建设与文化建设

文化是人类在认识世界和改造世界实践中创造的精神成果，是人类精神活动的总称。文化是国家和民族的根之所系、脉之所维，是民族生存发展和国家繁荣振兴取之不尽、用之不竭的力量源泉。文化是核心价值观的基础和土壤，是一个国家软实力的核心；核心价值观是文化的核心，文化的力量很大程度上取决于凝聚在其中的核心价值观的力量。社会主义核心价值观建设最根本的在于构建一种与中华传统文化相衔接、与世界优秀文化良性互动且代表人类文明前进方向的当代中国文化。

第一节　坚持以文化人，以文育人

党的十八大报告指出："文化是民族的血脉，是人民的精神家园。"要发挥"文化引领风尚教育人民、服务社会、推动发展的作用"。文化的作用不会自动显现，必须通过"化人"即通过作用人、教化人这一中介才能实现。"以文化人"是文化的基本功能。"以文化人"出自《周易·贲》"观乎人文，以化成天下"。"文"的本义是指各色交错的纹理(《说文解字》："纹，文之俗字")，后引申为文物典籍、礼乐制度。"化"本义为改易、变化，引申为事物性质的改变。合而观之，"文化"即"纹化"，即人通过学"文"实现质的改变，从而打上"纹"的烙印。一定的"文化"造就了一定的"人"，反过来，被"文"化过的"人"又要"化成天下"，实现对"天下"的改造。"以文化人"实际上是客观世界改造了人，人又改造客观世界，人们在改造客观世界的同时改造主观世界。

文化是人类创造、积淀的物质和精神产品的总和。随着历史的发展，人类的文化积累越来越多，文化的作用越来越凸显。当今时代，文化作为一种精神力量，对经济社会发展的作用越来越大，越来越成为民族凝聚力和创造力的重要源泉；作为一种软实力，对于统一人们的思想行为、提高人的整体素质具有重要的作用，越来越成为综合国力竞争的重要因素；作为精神食粮，能陶冶人的情操、给人以高度的精神享受和审美情趣，越来越成为人民群众的热切愿望。可以说，没有文化的参与，社会主义和谐社会就会缺少精神支柱；没有文化的支持，社会主义的道德基础就会动摇；没有文化的作用，社会主义核心价值观就没有载体和依托。

一、文化是社会的助推力

首先，文化具有维系人类生存、促进社会物质文明发展、增强综合国力的工具价值。经济是人类社会生存和发展的基础，而文化是社会经济发展的重要推动力和开拓力。文化无孔不入地渗透到经济领域的一切过程、环节和方方面面。一种健康的文化可以使社会实践始终围绕社会生产力这个中心而确立其价值取向，它对经济活动起着激励、规范和调控的功能，成为经济增长与发展的动力源泉。反之，不健康的文化则会对经济发展起着反作用。文化既是当前经济的资源和保证，又是将来经济的开拓力量。文化也是增强综合国力的重要手段。文化中的科技部分对经济来讲是第一生产力，对社会发展来讲是重要推动力，对军事来讲是威慑力，对政治来讲是影响力。

其次，文化是社会精神治理的重要手段。占统治地位的文化具有维系巩固社会制度，调控并保证、规范社会运转，保持社会稳定的工具性价值。文化作为一种力量具有极强的精神催化作用，一方面，无论在理论层面、行为方式层面，还是在社会心理和潜意识层面，文化力均影响和制约着社会成员的价值取向。另一方面，文化具有思想的统摄性。文化对社会成员思想行为起着导向、鼓舞和凝聚的作用。文化作为一种精神治理手段，在规范社会运转、维护社会稳定中发挥着重要作用。

二、文化是社会的粘合剂

文化是维系社会历史的条件、纽带和中间环节。社会通过文化中介实现着社会经验的传递，从而维持着社会历史的连续性。文化实现了人类由生物遗传机制向社会遗传机制的飞跃。因为有文化，人类社会才能不断进步，不断自我总结、自我继承、自我扬弃和自我完善。文化是人类社会历史经验的记事本和贮藏室，是人类精神家园特有的遗传方式和传导载体，具有人类精神财富生产、积累、沿革和传导的中介性本质。

社会与自然的相互作用、社会内部结构之间的联结通过文化中介得以实现。社会与自然界相互作用，社会基本结构相互作用、矛盾运动的实现均以文化这一中介被规范化和制度化。“生产力由潜在的变成现实的，生产关系的建立、上层建筑的建立无不通过文化理念在人脑中的预先构建并在这一观念指导下得以实现。”[①]从表面上看，文化仅仅是起着联结社会结构要素的“媒介”作用。从深层上看，文化的中介作用实质上是整合主体目的与客体对象自在性和盲目性的矛盾，使社会向着更加符合人的价值方向发展。

文化是中华民族共同的精神家园。习近平总书记在全国民族工作会议上的讲话中指出：“加强中华民族大团结，长远和根本的是增强文化认同，建设各民族共有精神家园，积极培养中华民族共同体意识。文化认同是最深层的认同，是民族团结之根、民族和睦之魂。文化认同解决了，对伟大祖国、对中华民族、对中国特色社会主义道路的认同才能巩固。”文化是中华民族共有的精神家园，是在吸引和感召下的一种自愿和认同，是一种赢得人心和人脑的力量，文化的渗透过程是无形的、隐蔽的、具有颠覆性的。文化不仅有力量，而且力量无边，影响无法估量。文化可以增强中华民族的凝聚力、向心力、创造力、战斗力和自豪感，是联系 56 个民族的精神纽带，反映着中华民族共同的精神追求、思维模式和行为准则，是中华民族共同拥有的精神后花园。

三、文化是人的本质体现

文化可以满足人民的信仰需求，是人精神依托的载体。在中华民族

① 郭凤志：《论文化在社会发展中的作用》，《北京师范大学学报（哲社版）》2000 年第 4 期。

发展的历史长河中,自“罢黜百家、表彰六经”以降,儒家地位逐渐上升,孔子被尊为“大成至圣先师文宣王”,随着《孟子》升经和宋明理学完成对佛学的吸收创新,儒家思想成了中国人的普遍信仰。到了近代,中国内忧外患中西学东渐,民主、共和、自由、平等等思想成为人们的信仰。十月革命一声炮响,给我们送来了马克思主义,随着在中国革命和建设中的两次飞跃,毛泽东思想、中国特色社会主义理论体系应运而生,马克思主义成为共产党人和人民大众的信仰。文化不仅是人们日常生活的重要组成部分,更是人的深层次信仰,为人的行为提供不竭的动力。

文化可以提高人的知识与技能。“知识就是力量”。在中国古代,文化知识历来是士大夫的专利,隋唐科举制度形成以后,“学而优则仕”成为理所当然,“书中自有黄金屋,书中自有颜如玉”,读书人即使不中举也比一般劳动者更具优越性。在当代中国,“科学技术是第一生产力”,知识文化对生产力的贡献越来越大,为了提高劳动者的技能水平,九年义务教育已经以法律的形式予以固定下来。在知识爆炸的信息时代,拒斥文化、保护落后的做法极不可取。

文化能够熏陶人、塑造人,使个体更加完善。“近朱者赤,近墨者黑”,“腹有诗书气自华”,文化对人的影响巨大而深远,经过耳濡目染和长期浸润,村野莽夫会变得文质彬彬,市井泼妇也能变化气质而知书识礼。文化还能影响人的性格,多读一些《水浒传》之类的书籍,会让人心胸开阔、达观、直爽,多读《红楼梦》和婉约之词,则可能让人细腻、柔弱、多愁善感。提高文化素养,可以让人远离野蛮、无礼、粗俗、无教养的境地,做“一个高尚的人,一个纯粹的人,一个有道德的人,一个脱离了低级趣味的人,一个有益于人民的人”。

四、文化是核心价值观的基础和土壤

文化是影响核心价值观形成的重要社会条件之一。由形形色色的文化所生发出来的浓厚的文化情调弥漫在社会空间中,就形成了一定的社会文化氛围,它可以通过物品、社会制度、语言文字符号,以及人们的生活方式、情感表达方式、解决问题的思维方式和心理惯式等来表现和感受。

每一个社会成员都在一定的文化氛围中生活着,本身构成并强化着一定的文化氛围,同时又接受着该文化氛围的陶冶,潜移默化地塑造着自己的价值观。文化氛围有优劣之分,良好的社会文化氛围在核心价值观形成发展的过程中发挥正面和积极作用,容易塑造出拥有正确价值观的个体;反之,恶劣的社会文化氛围在核心价值观形成发展过程中发挥消极和负面作用,则难以塑造出拥有正确价值观的个体。所以,为了塑造拥有正确价值观的社会个体,我们要加强社会主义文化建设,营造良好的社会文化氛围。

总之,文化既是社会的助推力量,推动社会不断发展进步,又是社会的粘合剂,成为凝聚社会个体的精神纽带;既是人的本质体现,是作为社会主体的人的内在本质属性,又是核心价值观的基础和土壤,核心价值观植根于文化则能长成参天大树;既是一个国家和民族的命脉所系,在综合国力竞争中发挥着不可替代的作用,又是国家发展和民族振兴的重要支撑,是一个民族强大的重要因素。

习近平总书记在省部级主要领导干部学习贯彻十八届三中全会精神全面深化改革专题研讨班开班式上的讲话中指出:坚守我们的价值体系,坚守我们的核心价值观,必须发挥文化的作用。我们要充分发挥文化在培育社会主义核心价值观中的基础性作用,坚持“以文化人”“以文育人”,把培育和践行社会主义核心价值观与提高人的文化素养相结合,用文化温暖人的心灵,用文化滋养人们的精神。改革开放以来,我国文化发展呈现出一元多样的特点,在马克思主义统领下,多种文化体系、多种价值观念并存发展,传统与现代、精英与大众、本土与外来、中国与西方等各种文化元素共处于我国现代化建设的实践中。文化发展的多样性,要求我们从实际出发,确立社会主义核心价值观在多种文化中的主导地位,用社会主义核心价值观统领各种文化的发展路径,消除个人主义、功利主义、拜金主义等不良价值观的消极影响,在多元中形成共识,在混乱中确立秩序,让文化为社会主义现代化建设提供正能量。

第二节　用传统文化涵养社会主义核心价值观

习近平总书记指出："培育和弘扬社会主义核心价值观必须立足中华优秀传统文化。牢固的核心价值观，都有其固有的根本。抛弃传统、丢掉根本，就等于割断了自己的精神命脉。博大精深的中华优秀传统文化是我们在世界文化激荡中站稳脚跟的根基。"[①]中国传统文化源远流长，包含着华夏先哲的无穷智慧，其思想精华与培育和践行社会主义核心价值观相通。中国传统文化是社会主义核心价值观的思想基础和价值源泉，社会主义核心价值观是中国传统文化的提炼升华和继承创新，弘扬中国优秀的传统文化与培育和践行社会主义核心价值观相辅相成、互相促进。

一、中国传统文化渊源和精神[②]

悠远浩博的中国文化，从孕育发生到恢宏壮大，有一个漫长而曲折的发展历程。这一历程是物质文化、精神文化日臻丰富的历程，也是"人不断解放自身"，走向文明演进高峰的历程。文化的实质性含义是"人化"或"人类化"。有了人，就开始有了历史，也开始有了文化。因此，中国文化起源与中国人起源实质上是联系在一起的。

公元前 21 世纪，黄河中下游出现了中国历史上第一个朝代—夏朝。公元前 16 世纪，黄河下游的商部落灭掉夏朝，建立起商朝。在商朝，以上帝为至上神的一元神宗教代替了祖先崇拜和自然崇拜的原始宗教。商代由掌管卜筮和记事的"贞人"书写与保管的典册，就是中国最早的一批文献。商人尊神重巫，体现出强烈的神本文化特色。商人观念中的神，地位最高的是"帝"或"上帝"。商人以卜筮来决大小事。商王既是政治上的最高统治者，又是最高的祭司。商人祭神、祭祖先的活动隆重非凡。

---

① 习近平：《培育和弘扬社会主义核心价值观》，《习近平谈治国理政》，外文出版社 2014 年版，第 163 – 164 页。

② 本节部分内容引自张岱年、方克立：《中国文化概论》，北京师范大学出版社 2004 年版，参阅该书第 57 – 87 页。

公元前11世纪,在渭水流域发展起来的周人灭掉殷商,建立起奴隶制的周朝。周人宗教思想有不少创新,并非完全承袭殷商宗教观念。上帝和祖先神分离便是西周宗教思想的一个创新。“天命”可以转移,这是周人宗教思想的又一个创新。在文化方面,周人也进行了一系列的创新。周人的文化维新,首先表现在宗法制度的建立。周人确立的兼备政治权力统治和血亲道德制约双重功能的宗法制,其影响深入中国社会肌体。宗法文化强调伦常秩序、注重血缘身份的基本原则与基本精神,对后代社会影响极大。其次,表现在“制礼作乐”,即确立把上下尊卑等级关系固定下来的礼制和与之相配合的情感艺术系统(乐)。

春秋战国是中国文化的“轴心时代”。此时中国文化精神的各个侧面都得到了充分的展开和升华,中华民族的文化走向大致确定。春秋战国是一个充满血污与战乱的动荡时代,中国文化却奏起了辉煌的乐章。“造成这种思想世界变化的原因至少有三点:第一,秩序的变化使得过去天经地义、不言而喻的‘知识’和‘思想’不再拥有不言自明的权威性,重新建立思想与知识对于世界的有效解释,是一种必然的趋势。第二,王室的衰微使过去独占的文化、思想与知识流入诸侯的领地,而诸侯国的长期稳定和富庶则逐渐生养了一批新的文化人,这些文化人在王朝格局中地位的上下移动,使他们的思想和知识处在变化之中。第三,‘知识思想’体系在不同的文化人中,有不同的侧重面,王宫失守之后,文化人的分化则使‘知识—思想’也在分化之中,并形成了不同的思想流派。”①正是上述种种条件的聚合,为中华民族的精神发展创造了一种千载难逢的契机。气象恢宏盛大的诸子“百家争鸣”应运而生。西汉司马谈将诸子概括为阴阳、儒、墨、名、法、道德六家。西汉刘歆又将诸子归为儒、墨、道、名、法、阴阳、农、纵横、杂、小说十家。

由孔子开创的儒家学派,以“仁”为学说核心,以中庸辩证为思想方法,重血亲人伦,重现世事功,重实践理性,重道德修养。具体说来,在天道观上,儒家承继西周史官文化以“天命”与“人德”相配合的思路,宣扬

① 葛兆光:《中国思想史》(第1卷),复旦大学出版社2001年版,第69页。

“畏天命，畏圣人之言”，同时又对神灵崇拜作淡化处理，甚至声明“未能事人，焉能事鬼”、“未知生，焉知死”，实际上是把超自然的信仰放到了现实人事的从属地位。在历史观方面，它标榜“信而好古”，每每试图恢复“周公之礼”，将捍卫三代典章文物当做自己的神圣使命，同时亦不排斥对不符合时代潮流的礼俗政令加以适当的变通修改。在社会伦理观方面，它以“仁”释礼，把社会外在规范化为内在道德伦理意识的自觉要求。在修身治国方面，它设计出一整套由小及大、由近及远的发展人格和安定邦家的方案，为巩固政教体制提供了切实可循的途径。守旧而又维新，复古而又开明，这样一种二重性的立场，使得儒家学说能够在维护礼教伦常的前提下，一手伸向过去，一手指向未来，在正在消逝的贵族分封制社会和方兴的封建大一统宗法社会之间架起了桥梁。这就是为什么儒学在当时能成为“显学”，以及虽然于变革动荡的形势下显得迂阔难行，而到新社会秩序巩固后又被捧上独尊地位的重要原因。汉代以后，儒学几经变化，礼教德治的精神始终一贯，从而成为中国传统文化的正宗。

以老、庄为代表的道家，是先秦诸子中与儒学并驾齐驱的一大流派。道家“历记成败存亡、祸福古今之道，然后知秉要执本，清虚自守，卑弱自持”。因而，道家在许多方面都是儒家的对立面：儒家注重人事，道家尊崇“天道”；儒家讲求文饰，道家向往“自然”；儒家主张“有为”，道家倡导“无为”；儒家强调个人对家族、国家的责任，道家醉心于个人对社会的超脱。当然，道家和儒家在精神上也不是全然对立，而是存在着相互接近、相互沟通的要素。例如，在天人关系上，儒家虽然有“天人合一”之说，但其主调仍然是宗法伦理，所以天人谐调还是要归结为人际谐调。道家则有所不同，它既以超脱社会伦常为目的，于是把复归“自然”当作寄托身心的不二法门，这就使天人谐调从人际谐调的从属地位独立出来而成为“第一义”。而且，道家所谓的“自然”，决不等同于儒家的“天命”或“天理”，它是一种超功利的境界，带有玄思的品格和自适的情趣。从这个角度上来把握与发挥天人关系的作用，恰好可以补救儒家在这方面的缺略，给局限于人伦日用世界的儒家学说打开新的天地。

法家的先驱人物是齐国的管仲与郑国的子产，他们力主强化法令刑律，使民“畏威如疾”，以达到富国理乱的效果。他们的理论是：火烈，民望而畏之，故死于火的人少；水弱，民狎而玩之，故死于水的人多。因此，法令刑律宜严不宜宽。随后，李悝著《法经》，商鞅实行“法治”，申不害、慎到相继提出重“术”、重“势”的思想，至韩非集法（政令）、术（策略）、势（权势）之大成，建构成完备的法家理论。法家学说的思想方法是一种“矛盾不可和而解”的专讲对立的极端辩证法，故在治国方略上主张严刑峻罚，在文化政策上主张“以法为教”、“以吏为师”，实行文化专制主义。法家是战国时的“显学”，后来成为秦王朝统治天下的政治理论。汉以后，儒学独尊，但法家学说仍然或隐或彰地发挥效应，历代统治者多采取“霸王道杂之”即儒法并用的统治方术，有的则是“阳儒阴法”。

墨家的创立者是鲁国人墨翟，其信徒多系直接从事劳作的下层群众，尤以手工业者为多。故墨家学说强调物质生产劳动在社会生活中的地位（“尚力”），反对生存基本需要外的消费（“节用”），企图以“普遍的爱停止战乱取得太平”（“兼爱”），同时又尊崇天神（“天志”），鼓吹专制统治（“尚同”），从而典型地映现出小生产者、小私有者的性格。墨家在战国时亦属显学之一，“从属弥众，弟子弥丰，充满天下”（《吕氏春秋·当染》）。但在秦汉以后，墨家丧失学派生长的适宜氛围，逐渐消失无闻。只是在历代农民暴动时有关公平、互爱及至鬼神、符命的宣传中，或可听到它的声音，直到近代方出现复苏之势。

以邹衍为最重要代表人物的阴阳家，其特长是“深观阴阳消息”。所谓“阴阳消息”，即阴盛则阳衰，阳盛则阴衰，矛盾双方互为消长，一生一灭，构成自然社会万事万物运动发展的终极原因和基本方式。运用阴阳消长模式来论证社会人事是阴阳家的一大创造，而从时间、空间的流转变化中去把握世界则是阴阳家独具特色的思维方式。

创立诸子学派的孔墨老庄，都是中国文化史上的第一批百科全书式的渊博学者，他们以巨大的热情、雄伟的气魄和无畏的勇气，开创学派，编纂、修订《易》、《书》、《礼》、《春秋》等中国文化的“元典性”著作，并对宇宙、社会、人生等无比广阔的领域发表纵横八极的议论。正是经由各具特色的诸子百家的追索和创造，中国文化精神的各个侧面得到充分的展开和升华,中华民族的文化走向大致确定。①

春秋战国的特殊文化环境,不仅为"文化轴心时代"的确立提供了契机,而且有力地推动了华夏族的形成。春秋战国的兼并战争和"轴心时代"的文化环境,经过三百年的变迁,中国大地上各古老部落已实现华夏化,在语言文字、生活方式、政治制度、礼仪文化等方面与华夏趋于一致,统一的华夏族最终形成。自此,中国燕山以南、长江以北的黄河中下游及淮、汉流域广大地区的居民,已基本上融合成为一个统一的民族,而不再有华夏与蛮、夷、戎狄的区别。

公元前221年,经过多年兼并战争,秦王嬴政终于完成统一大业,中国历史上第一个专制主义君主集权的一统帝国——秦王朝建立。秦王朝统治未久,便因统治政策的失误而被农民起义推翻,取而代之的是刘邦建立的汉朝。秦汉时代,中国文化从东、南、西三个方向与外部世界展开了多方面、多层次的广泛交流,其中最著名的文化活动是汉武帝时期导致丝绸之路开辟的张骞通西域。通过丝绸之路,中国产品远抵西亚和欧洲,西域乃至印度的文明成果也源源不断地涌进中国,中国文化因此增添了灿烂的色调和光彩。秦汉统治者在建立一统帝国的同时,还致力于思想统一。战国时代,诸侯割据。秦始皇统一天下,雷厉风行地扫荡这种种之"异",建立统一文化,其重要措施有如下几个方面:1."书同文",将"秦篆"作为官方文字,颁行全国。2."车同轨",使一车可通行全国,同时修筑以咸阳为中心的公路干线。3."度同制",统一度量衡。4."行同伦","以法为教",统一人们的文化心理。5."地同域",废封建,确立郡县制,建立了统一的帝国。6."别黑白而定一尊",统一思想,焚书坑儒,实行文化专制政策。秦始皇用李斯之言,废除百家之学,令民"以吏为师","其时除卜筮、医药、种树之书外,其余简策皆禁止人民藏有。凡人民所藏之书,皆勒令交官吏焚毁,此即所谓'秦火之祸'。"②

秦始皇统一文化的措施固然以强化专制君主集权政治为目的,但同时也有力地增进了秦帝国版图内各区域人们在经济生活、文化生活乃至

---

①《中国传统文化的发展历程》,《百度文库》,《互联网文档资源(http://wenku.baidu.c)》,2012。

② 劳思光:《新编中国哲学史》(第2卷),广西师范大学出版社2005年版,第11页。

文化心理上的共同性，从而为中华文化共同体的最终形成奠定了坚实的基础。秦始皇“焚书坑儒”的文化专制政策以其酷烈性而激起后世儒生士大夫的反复抨击，然而，实行思想一统乃是君主专制政治下无可回避的历史任务，正因为如此，当西汉王朝取得政治上的稳定和经济上的繁盛，统一思想的课题便再次被提出，其倡导者就是董仲舒。董氏向汉武帝建议说：“今师异道，人异论，百家殊方，指意不同，是以上亡以持一统。……臣愚以为诸不在六艺之科、孔子之术者，皆绝其道，勿使并进。邪辟之说灭息，然后统纪可一而法度可明，民知所从矣。”这个建议得到了汉武帝的采纳并实施。“到了武帝时，中央集权的局势逐渐稳固，儒、道力量的对比这才发生了变化，汉武帝消灭郡国，奠定了中央专制的局面，儒学才定于一尊。”①“罢黜百家，独尊儒术”文化政策的推行，使儒学取得了“定于一尊”的显赫地位，成为汉代文化思潮的主流。

汉末董卓之乱，犹如一股强劲的旋风，使久已摇摇欲坠的汉帝国终于崩溃瓦解。与军阀割据、王室贵族自相残杀相推引，北方游牧人如洪水一般从高原横冲直下，同农耕人争夺生存空间。一场长达近四百年的战乱由此展开，政治舞台上角色更迭如走马灯般令人眼花缭乱。在全国范围内，先有魏、蜀、吴三国鼎立；继之而起的西晋命祚短促。随晋亡而来，在北方，先有十六国割据，后有北魏、东魏、西魏、北齐、北周等政权的嬗递。在南方，则有东晋、宋、齐、梁、陈诸王朝的起伏更替。战乱与割据打破了帝国的一元化政治与集权式地主经济体制，定型于西汉中期的以经学为主干、以儒学独尊为内核的文化模式崩解，取而代之的是文化生动活泼的多元发展局面。汉末统治阶级的腐败及社会大动乱使汉代的儒学衰落了，玄学则应运而生。玄学的产生是从两汉到魏晋思想上的一个重要变化。玄学是由老庄哲学发展而来，其宗旨是“贵无”，其最高主题是对个体人生意义价值的思考。玄学的思维特点是超脱多样化的现实实物而直接诉诸本体，重思辨，魏晋学术因此而富于谈玄析理的特色。尚玄学之理，使玄学与美学内在地联结在一起，在文化上兴起了山水诗和山水画。玄

① 张岂之：《中国思想史》，西北大学出版社1993年版，第108页。

学作为一种本体论哲学，其现实意蕴乃是对魏晋人所汲汲追求的理想人格作理论上的建构。魏晋的名士风度和清淡是玄学之风的重要现象。

玄学的兴盛，体现出动乱时代人们对个体存在意义和价值的关注，而这样一种社会心理也成为道教与佛教兴盛的土壤。道教是中国本土的宗教。它酝酿于东汉，发展于魏晋至南北朝时期。道教在思想渊源上从道、儒、墨等哲学流派以及传统星相家、医方家、谶纬家那里充分汲取思想资料；在神仙世界的构造上以古代中国尤其是流传于楚文化圈的种种神话人物为本源；在教旨上，以长生成仙为目标，讲求归本返朴、归根复命的养气健身术，民间劾治恶鬼、躲避死亡的种种迷信手段，如臂悬五彩、悬苇画鸡、桃符桃印、治邪驱鬼等也网罗无遗，发展成为禁咒、印镜等法术。与道教勃兴的同时，另一支宗教大军也气势日增地开进了魏晋南北朝文化系统，这就是来自南亚次大陆的佛教。公元前2年，佛教开始传入中国，到三国两晋南北朝时期获得很大发展。由此形成二学（儒学、玄学）、二教（道教、佛教）相互颉颃、相互融合的多元激荡的格局。

公元7世纪，在东亚大陆，杨隋和李唐相继开疆拓土，军威四震，建立起东临日本海、西至中亚细亚的隋唐大帝国，在空前壮阔的历史舞台上，中国文化进入了气度恢弘、史诗般壮丽的隆盛时代。以强盛的国力为依据，以朝气蓬勃的世俗地主阶级知识分子为主体，唐文化体现出来的是一种无所畏惧、无所顾虑的兼容并包的宏大气派。在文化政策上，唐太宗李世民与以魏征为首的儒生官僚集团，不仅在政治上实行“开明专制”，而且在文艺创作上积极鼓励创作道路的多样性，在意识形态上奉行三教（儒、释、道）并行政策，决不推行文化偏执主义。这样一种文化政策基本上为李世民的子孙们所继承。对待文化人，唐王朝也采取较为宽容的姿态，儒学可被嘲讽，诗人作诗也少有忌讳。唐文化的宏大气魄还体现在以博大的胸襟广为吸收外域文化。南亚的佛学、历法、医学、语言学、音乐、美术；中亚的音乐、舞蹈；西亚和西方世界的祆教、景教、摩尼教、伊斯兰教、医术、建筑艺术及至马球运动等等，如同“八面来风”，从唐帝国开启的国门一拥而入，首都长安则是那一时代中外文化汇聚的中心、一个具有盛大气象的世界性都市。隋唐文化对外域文化的大规模吸收，不仅在中国文化史上，而且在世界文化史上均可称为卓越范例。①

经过了唐末五代的割据动乱，在中国历史上又出现了统一的宋王朝，这时中国的封建社会走入了后期。从北宋时期起，300年间，中国境内存在着几个民族政权并立的局面。北宋的北边和西边，有辽、西夏、吐蕃等政权。以后又有从东北崛起的金政权。宋金对峙，直至南宋，南宋末年，漠北又兴起蒙古政权，后来建立了元朝。两宋时期，兴起了理学。宋代文化最重要的标志乃是理学的建构。两宋理学，不仅将纲常伦理确立为万事万物的理所当然，亦即“天理”，而且高度强调人们对“天理”的自觉意识。为指明自觉认识天理的途径，朱熹精心改造了汉儒编纂的《大学》，突出了“正心、诚意”的“修身”公式：“古之欲明明德于天下者，先治其国；欲治其国者，先齐其家；欲齐其家者，先修其身；欲修其身者，先正其心；欲正其心者，先诚其意；欲诚其意者，先致其知；致知在格物。”从“格物”到“致知”，实质上将外在规范转化为内在的主动欲求，亦即伦理学上的“自律”，有了这一自律，方有诚意—正心—修身乃至齐家、治国、明德于天下的功业。理学是中国后期封建社会最为精致、最为完备的理论体系，其影响至深至巨。两宋文化还有一个重要内容，这就是教育的发达。宋代官学系统有两大特色：一是在学校教育制度上等级差别不断缩小，如官学向宗学转化后无问亲疏，国子学向太学转化后无问门第，这样一种变化无疑有利于低级官僚子弟乃至寒素子弟脱颖而出。二是重视发展地方学校，至北宋末期，地方州县学发展到高峰，人称“学校之设遍天下”（《宋史·选举志》）。教育的发展与深刻的变革，使宋代整个社会的文化素养超过汉唐。

公元1260年，成吉思汗的孙子忽必烈在蒙古上层贵族的争斗中获得胜利，登上大汗宝座。并取儒学经典《易经》“大哉乾元”之义，建国号为“大元”。蒙古族以剽悍的草原游牧民族气质入主汉地，囊括整个中国，然而，政治的、军事的、民族的冲突，往往以一种形式上的对抗，促进着深刻的文化交融。元世祖忽必烈在汉族儒生士大夫的影响下，采取一系列措施，改革漠北旧俗，“行中国事”，造成统治体系与文物制度的大幅度“汉

① 《中国传统文化的发展历程》，《百度文库》，http://wenku.baidu.c，2012.

化”。崛起于两宋、但一直处于在野地位的程朱理学，便在元统治者的大力倡导下一跃成为“式于有司”的官学，对后来的明清文化格局产生了重要影响。在征战中取得节节胜利的蒙古族，终于又一次步入了征服者被征服的轨道。

明代与1840年前的清代，是中国漫长的封建社会的晚期。明清是中国君主专制制度登峰造极的时代，文化专制亦空前严酷地箝制着思想文化界。残酷的封建统治迫使学者们走上了考据学的道路，在古籍文献整理方面作出了重要贡献。明清两代的文化，一方面是文化专制主义空前强化，儒学占据统治地位。另一方面，与社会形势的变化相适应，又出现了多少具有市民反叛意识的早期启蒙思潮。明清两代，是整个世界格局发生剧变的重大时期，当中华帝国驱逐传教士，封闭国门，陶醉于“十全武功”之时，产业革命催化国际分工，资本以其魔力无穷的巨掌将全世界卷入商品流通的大潮之中。1840年爆发的鸦片战争，以血与火的形式把中国文化推入了一个蜕变与新生并存的新的历史阶段。

二、中国传统文化中的精华

中华传统文化源远流长、博大精深，代表着中华民族的历史、形象和尊严，是中国人安身立命的根本，是鼓舞人们前进的精神力量，也是社会主义新文化建设的历史依据和现实基础。以人与人、人与社会、人与自然、人与自身的和谐统一为最高目的的中国传统文化，对于彷徨、焦虑、不安、困惑的现代人，无疑提供了人生的终极支撑和心灵的安顿。以现代化反观传统，中国传统文化肯定人通过不断的道德修养在世俗世界中实现自我拯救自我做主，为整个人类社会发展提供了新的参照，特别值得我们珍视和弘扬。习近平总书记指出，要“认真汲取中华优秀传统文化的思想精华和道德精髓，深入挖掘和阐发中华优秀传统文化讲仁爱、重民本、守诚信、崇正义、尚和合、求大同的时代价值，使中华优秀传统文化成为涵养社会主义核心价值观的重要源泉”。

（一）讲仁爱

“仁爱”是儒家的核心思想和首要价值，也是中华民族的最高道德原则和核心价值理念。孔子第一次把“仁”界定为“爱人”，又提出了“泛爱众而亲仁”的思想。孔子讲“仁爱”讲得很平实，从每个人的亲情开始，“孝悌也者，其为仁之本与”，人们时刻要保持一颗孝悌之心，孝敬父母，尊重兄长。然后，孔子教会人们要理解关心他人，“己所不欲勿施于人”，“修己以安人”，“修己以安百姓”，“博施于民而能济众”。孟子继承孔子“仁爱”的思想，在孔子“亲亲”之“仁爱”的基础上，提出“仁民爱物”的思想，“亲亲而仁民，仁民而爱物”（《孟子·尽心上》），将“仁爱”的外延进一步扩大，突破了血缘亲情的界限。宋明时期理学家们进一步提出“万物一体”的观点，克服了孟子的“爱物”思想无法落实的缺陷，从而使得儒家的“仁爱”内涵真正达到了“爱物”，“仁者，以天地万物为一体，莫非己也”（《程颢遗书》卷二上）。

“仁爱”思想，其内涵大致为“亲亲”、“仁民”、“爱物”三个方面。“亲亲”在家庭层面表现为提倡“孝悌”，重手足之情，重亲情。在处理个人与他人的关系时，强调友善，为他人着想，理解，宽容。“仁民”在社会关系层面要求统治者实行仁政德政，反对暴政、苛政，主张“省刑罚，薄税敛”，“民贵君轻”，处处为百姓着想，“使民以时”。“爱物”在人与自然的关系层面上，表现为对“天人合一”观念的追求及实践。

在“中华民族多元一体格局”形成发展过程中，“仁爱”思想不但在中原大地成为文化核心，而且在汉族与各少数民族交流、沟通、融合的过程中，远播并植根于各少数民族之中，成为各少数民族的核心价值。“仁爱”是各民族士大夫知识分子的基本追求，是官员官德的中心内容，为官首先要知民、爱民、心中有民，关心百姓疾苦，切实为民办实事。“仁爱”是做人的根本，具有草根性，是各民族普通群众的基本诉求。“弟子入则孝，出则悌，谨而信，泛爱众而亲仁”，仁爱是孔子对学生最基本的要求，后世把这种大爱精神口耳相传于千家万户，世世代代传承不辍。

“仁爱”在今天社会主义核心价值观建设中有着巨大的生命力。“仁爱”讲究亲情、互尊互爱、父慈子孝的人性和仁爱之心，这是现代独生子女家庭中最为缺失的元素。“仁爱”主张“泛爱众”，强调以恭敬之心对待他人，可以矫正今天“一切向钱看”的功利主义人际关系，恢复社会应有的道德良心底线。“仁爱”强调人类友爱，为我们致力于全人类的福祉，提供了思想资源和历史借鉴。

“仁爱”是社会主义核心价值观的重要源泉。西方基督教文化强调“博爱”，从神爱世人中推衍出人人互爱。其实同样的问题中国古人早就进行了深入的思考，“仁爱”思想更符合中国社会，“仁者爱人”，“己欲立而立人，己欲达而达人”，“兼相爱”，等等，这些思想穿越时代、洞察入微、洞穿人心，放之于现代社会甚至后现代社会也一点不过时。“仁爱”是社会主义核心价值观的总的基础。

（二）重民本

民本思想在中华文化史上一脉相承、源远流长，是中华民族珍贵的历史遗产，是中国优秀传统文化宝库中的重要思想资源，是中国传统政治思想中最耀眼的思想明珠。民本意即民众是国家的根本，人民是国家的根基，国家和统治者要以人民的利益为出发点和落脚点，民本思想是儒家政治伦理的基石，它反照出儒家思想的终极关怀。

《尚书》记载了最早的民本思想：“民惟邦本，本固邦宁”。孔子继承了殷周至春秋的民本思想并作了进一步的发展，主张以民生为本，重视在惠民、富民的基础上，对人民大众进行道德教化。子适卫，冉有仆。子曰：“庶矣哉！”冉有曰：“既庶矣，又何加焉？”曰：“富之。”曰：“既富矣，又何加焉？”曰：“教之。”孟子在孔子思想的基础上，提出了“民为贵，社稷次之，君为轻”和“得乎丘民而为天子”的主张，确立了人民、国家和君主的轻重次序，认为人民是立国的基础，君主不好可以更换，社稷不灵可以变置，惟独人民是无法变换的。荀子吸收前人思想，坚持民众是国家的根本和基础，提出“尊君为民”，“天之生民，非为君也。天之立君，以为民本”，“君者，舟也；庶人者，水也。水则载舟，水则覆舟”。荀子看到了人民群众的巨大力量，君主不为民作主，人民可以推翻君主。难能可贵的是，在荀子那里已经有了君权民授的萌芽。汉代巨儒董仲舒提出“天之生民，非为王也，而天立王以为民也”，继有贾谊的“自古至于今，与民为仇者，有迟有速，而民必胜之”，又有王符“帝以天为制，天以民为心，民之所欲，天必从之”，他们都对民本思想作了进一步的阐发。唐代名相魏征常以“水可载舟,亦可覆舟”的道理劝谏太宗李世民。宋代宋祁认为:“民,国之基也。五仞之墙,所以不毁,基厚也;所以毁,基薄也。”这些都是民本思想的一脉相承。明末清初,黄宗羲在国破族亡的刺激下,写出了《明夷待访录》这部中国思想史上唯一阐释民本思想的专著,将民本思想发展到新的阶段。黄宗羲第一次直接提出“天下为主,君为客”的思想,认为“盖天下之治,不在一姓之兴亡,而在万民之忧乐”。他认为“万民之忧乐”是社会治理的首要目标,君臣之间是一种合作和平等的关系,“君之与臣,名异而实同”,君臣合作共同为人民服务。

传统民本思想以民为本位,以民为主体,主张重民、贵民、爱民、仁民、安民、保民,将人民的利益置于君主之上,它揭示了深刻的执政规律,不仅仅是一种统治的权术,更是一种治国安邦的指导思想。中国共产党对这一思想进行了批判地继承,坚持“全心全意为人民服务”,实现了传统思想的与时俱进。民本思想是我国优秀传统文化的重要理念,也是我们进行社会主义核心价值观建设的宝贵的思想资源。

(三)守诚信

诚信是中华民族的传统美德。言而有信、一诺千金是我们代代相传的人生准则。在中国传统文化中,“诚”是真诚、诚实、诚恳、实在,是人们发自内心的真实不欺、诚恳恭敬的态度。“信”是信用、信誉、真实无伪、确凿不疑,是人内心诚敬表现于外的说老实话,办老实事,做老实人。诚信,是待人接物、为人处世讲诚实,讲信用,守承诺,言行一致,忠诚老实,表里如一。“诚信者,天下之结也”。诚信是上至国家君王,下至平民百姓都应当遵守的道德规范。

诚信是个人立身处世之本,是个人修养的基本原则,是每个人都应有的基本道德品质。孔子指出:“人而无信,不知其可也”(《论语·为政》),“言忠信,行笃敬,虽蛮貊之邦行矣;言不忠信,行不笃敬,虽州里行乎哉?”(《论语·卫灵公》)意思是说,人决不可以失信,说话做事诚实守信,可以行万里而无难;说话做事不诚实守信,则寸步难行。孟子说:“诚者,天之道也;思诚者,人之道也”(《孟子·离娄上》)。墨子认为:“志不强者智不达,言不信者行不果”(墨子·修身)。朱熹把诚信看作是个人安身立命的根本,“人帷在忠信……人若不忠信,如木之无本,水之无源,更有甚的一身都空了”(《朱子全书》)。陆九渊把诚信看作是人区别于动物的根本标志,“人而不忠信,何以异于禽兽者乎?”(《陆九渊集·主忠信》)王安石断言:“人无信不立”(《辞同修起居注状·第四状》)。

诚信是国家长治久安之基,是国家治理的基本原则。以诚信治国,不仅可以取信于民,更能立信于民,得民心者得天下,得民信者王天下,国家是否讲诚信关系到政权稳定和兴衰存亡。《论语》中子贡问及孔子统治者应该如何治理政事,子曰:“足食,足兵,民信之矣。”子贡曰:“必不得已而去,于斯三者何先?”曰:“去兵。”子贡曰:“必不得已而去,于斯二者何先?”曰:“去食,自古皆有死,民无信不立”(《论语·颜渊》)。取信于民是处理好政事、治理国家的基本条件,是关系到国家生死存亡的大事,是国家稳定的基础。

诚信是民族精神之魂,是老祖宗留给我们的异常珍贵的精神文化资源,是培育和践行社会主义核心价值观的重要准则之一。在当今中国整体转型的阵痛中,越来越多的人认识到,诚信是高尚的人格力量,是宝贵的无形资产,是正常的社会秩序,是良好的国际形象。正视诚信缺失、吸收传统精华、建设诚信社会是我们迫切的战略任务,也是重振中华礼仪之邦的根本所在。

(四)崇正义

我国的“正义”学说源远流长、内涵丰富。先秦大师中,孔子曰“仁”曰“义”,孟子讲“仁义”,荀子首提“正义”。墨子也讲“义”,“义者,正也……,天下有义则治,无义则乱”。这是我们核心价值观的深厚土壤和牢固根基。

义是指公正、正当、正直、合理、适宜等,是人们思想、行为的道德原则。中国人历来崇尚正义,以义为上。子曰:“君子之于天下也,无适也,无莫也,义之与比”(《论语·里仁》)。意思是说,君子行事只以道义为准则,若合其正理,虽赴汤蹈火亦赴之;若不合正理,虽有大利大益亦不行也。孟子把“义”作为人之正路,“生亦我所欲也,义亦我所欲也,二者不可得兼,舍生而取义者也”(《孟子·告子上》)。荀子将“利”引入义的范畴,提出“先义而后利”的观点。后人不断丰富完善,提出“见利思义”,“不饮盗泉之水,不食嗟来之食”,“苟利国家生死以,岂因祸福避趋之”,等等,慷慨激昂,充满着正气。

正义是每个中国人的道德追求。孔子主张人应该花大力气追求自己的精神世界和层次提升,应该有超越于普通生活的精神境界,而不是斤斤计较于物质利益之得失,“君子谋道不谋食,君子忧道不忧贫”。为了维护“仁”道,即使牺牲自己的生命也在所不惜,“志士仁人,无求生以害仁,有杀身以成仁”(《论语·卫灵公》)。孟子以人性善为基本假设,提出“四端”说,论证了通过“养性”、“修身”、“养浩然之气”等途径,可以提高自己的人生层次,从而达到“富贵不能淫,贫贱不能移,威武不能屈”的人生境界。在此基础上,孟子还强调“舍生取义”,为了维护义的正当地位,人甚至可以舍弃自己的生命。君子廉洁修身,知耻养志,进退合义,而后可以正心、修身、齐家、立业。通过义来修身正己,把义作为判断一个人道德高尚或道德沦丧的分水岭,这是我国几千年来的主流。

正义是人的社会责任和义务。“义”的内涵规定性要求社会成员循正义而行,遵守人伦秩序。在《论语·荷蓧丈人》章,子路更是明确指出“不仕无义”,劝导人们作为社会角色主体,不要只是一味地洁身自好,而要有履行社会义务的自觉性、能动性。

正义是国家和社会的根本遵循,是平等、公正的根本前提,国家和社会的整体正义是个人遵循正义性原则的前提。社会整体正义和个人正义相辅相成,缺一不可,在弘扬传统精神重塑价值观的过程中,一方面我们应该致力于提倡个人正义,同时也应该花大力气营造社会整体正义。

(五)尚和合

和谐是中国古人的社会理想,是中国文化的独特价值追求。和谐是指人与人、人与社会、人与自然之间的特别协调、恰到好处的秩序井然的状态。和谐作为一种文化理念,是中国传统文化的重要命题与核心精神。

在人与自然的关系上,中国传统文化主张“顺天”前提下的天人合一:一方面,自然孕育了人,人是自然的儿子,人不能一味地征服自然和破坏自然,而要主动与自然和平共处;另一方面,自然是人类的母亲,自然会惩罚人类，但不是主宰人类的神秘力量，二者更多的是一种亲密相融的关系。《周易·乾卦·彖传》曰："乾道变化，各正性命，保合太和，乃利贞，首出庶物，万国咸宁。""太和"指的就是最高的和谐，它包括了"天人合一"的人与自然的和谐和"贵和尚中"的人与人之间的和谐，甚至还有人的自我修养，自律、内省的自我和谐。老子主张："人法地，地法天，天法道，道法自然"（《老子》第 25 章）。强调自然是最高准则，天地以效法自然为本，人更要以效法天地自然为基本依归。庄子强调人必须依循自然，顺应自然，与自然相通，达到"天地与我并生，而万物与我为一"的境界（《庄子·齐物论》）。

在人与人的关系上，提倡仁爱、厚德、宽容，追求以和谐的人际关系为特征的大同社会。儒家从人性本善出发，提出"德治、仁政、礼教"等政治主张作为处理人与人之间关系的准则，主张通过"礼"来调节和约束人与人之间关系，通过"修己"、"安人"、"安天下"的步骤，建立和谐的社会秩序，从而实现人的和谐和社会和谐。道家主张人与人之间相容相生，给我们描绘了一个"无欲、无为、无争"的理想社会，在那里人人"甘其食，美其服，安其居，乐其俗"，人们和谐相处，宽厚为怀。

在心与身的关系上，主张人之身心和谐，保持平和、恬淡的心态。儒家思想特别重视个人自我身心内外的和谐，主张保持心之平和，追求一种"穷则独善其身，达则兼济天下"、"厚德载物"的境界。道家也主张人之形体与精神的合一，老子说："载营魄抱一，能无离乎？"（《老子》第 10 章）"挫其锐，解其纷，和其光，同其尘"（《老子》第 56 章）。只有和谐的人格，才有开扩的心胸与无所偏的心境，才能消除自己的固蔽，超越世俗偏狭的人伦关系局限。

和合是中华文化的独特基因，和而不同，求同存异，"不同"而能够"和"，在追求个性的前提下实现多姿多彩的和谐统一，这些都是中国古人的生命智慧，这是真正的和谐，真正的自然本性，既百花齐放万紫千红，又秩序井然令人赏心悦目。和合是社会主义核心价值观的重要思想源泉。

（六）求大同

大同是中国人关于社会的理想状态和政治的最佳模型，是在借鉴夏商周三代礼乐文明、扬弃分封众建帝王制度的基础上提出的堪比西方民主文明的社会构想。在大同社会，没有财产私有，人人努力工作积累社会财富，个个争先劳动满足个体之需；没有特权，所有公职人员都由人民推选，为选民办事，以民为本；不抛弃不放弃，老弱病残社会照顾，儿童社会教养，人们充分发挥自己的聪明才智，实现自己的人生价值；社会秩序井然，夜不闭户，路不拾遗；对外讲信用修和睦，邻国互助，没有战争，没有国际阴谋。

大同思想在博大精深的中国传统文化中居于重要地位，它表达了人类的美好愿景，是整个人类矢志不渝的终极追求，尽管由于人的自然本性使它现在看起来像个未知数，但它的伟大价值却是不容置疑的。大同社会有三个基本特征：第一，公有的财产所有制。财货“不必藏于己”，相对于私有制这是一大进步，人人共同生产共同消费各取所需，这是一种更高的文明。与财产公有制相对应，人们爱惜公物，“恶其弃于地”。劳动已不是谋生必要的手段，却成为一种社会风尚、一种生命之必需。第二，民主的政治建构。在“大同”社会里，没有暴政，没有贪官污吏，没有剥削，没有压迫，公职人员由全民选举产生，德才兼备、为民服务、甘当公仆。第三，人民安居乐业。在大同社会里，“男有分，女有归”，“不独亲其亲，不独子其子”，“老吾老以及人之老，幼吾幼以及人之幼”，“讲信修睦”，“崇德向善”。在这样的社会里，没有战争，没有骚乱，没有社会丑恶现象，人人安居乐业、平安幸福。这三方面的特征，集中体现了大同的思想精髓，集中反映了人类对未来美好事物和美好社会的无限向往与孜孜追求，点燃了人类的激情之火与希望明灯，激励着人们不断向前再向前。

“大同”是中国传统社会的“中国梦”，是古人理想的社会政治模型，曾经激励众多仁人志士为其前仆后继，奋斗不息。习近平总书记指出：“实现中华民族伟大复兴的中国梦，就是要实现国家富强、民族振兴、人民幸福，既深深体现了今天中国人的理想，也深深反映了中国人自古以来不懈追求进步的光荣传统。”①今天，“大同”理想仍然激励着中国人继续前

① 习近平：《在十二届全国人大一次会议闭幕式上的讲话》，《习近平谈治国理政》，外文出版社 2014 年版，第 39 页。

行，它是“中国梦”的文化之根，为社会主义核心价值观提供丰富营养。

三、中国传统文化的学习和传播

中华优秀传统文化孕育着每个中国人安身立命的精神家园，体现了民族绵延不绝的精神基因，承载着海内外华人情感凝结的精神纽带，是培育和践行社会主义核心价值观的“发达根基”、“丰厚土壤”和“雨露阳光”。传播和弘扬中华优秀传统文化，是对社会主义核心价值观的培元固本。发展社会主义先进文化离不开中国传统文化，培育社会主义核心价值观更需要将传统文化作为重要的思想资源。中国传统文化与社会主义核心价值观有诸多共通之处，社会主义核心价值观完全可以而且应该从传统文化中借鉴很多内容。如果失去传统文化，社会主义核心价值观也会因为失去土壤而归于虚无。在培育核心价值观的历史进程中，我们应该充分重视用优秀传统文化来怡情养志、涵育文明。“中国现时的新政治新经济是从古代的旧政治旧经济发展而来的，中国现时的新文化也是从古代的旧文化发展而来，因此，我们必须尊重自己的历史，绝不能割断历史。”①

传统文化对一个国家、一个民族的生存发展异常重要。一个国家没有过硬的科技实力，可能会亡国；但如果一个国家丧失了自己的文化发展，那就面临着亡种的危险。传统文化对于我们整个国家和个人都有着很大的影响，具有凝聚民族力量、激励民族精神、整合各民族价值观念、规范人们行为的功能。然而，种种迹象表明，传统文化在我国当前的传承并不理想，甚至在一定程度上出现了文化的断层现象。探求原因，传统文化传承缺乏创新，枯燥乏味，传播方式缺乏吸引力，因而对广大受众，特别是对广大青少年群体没有吸引力是最为重要的方面。然而，传统文化的缺失，必将影响我国经济社会的持续健康发展，影响我国和谐社会的建立，是个极为值得关注的重大问题。

第一，把优秀传统文化融入国民教育、家庭教育和媒体教育。把优秀

① 《毛泽东选集》（第2卷），人民出版社1991年版，第708页。

传统文化融入国民教育。一般来说，越是优秀的文化越能抓住人心，传承的时间也就越长，历史悠久，历久弥新。但这条规律不完全适用于今天的中国。五千年中华文明源远流长，光辉灿烂，是人类文明长河中一颗耀眼的明珠。五千年薪火不断，这本身就是奇迹，其内部一定有诸多的合理内核。但由于众所周知的原因，今天的中国传统文化在西方文化的强大冲击下，正在遭受严重的传承危机，这种危机不来自传统文化本身，而来自于内忧外患时人们的短视和偏见。作为炎黄子孙，我们首先要对五千年薪火不断充满敬意，然后勇敢地担负起传承传统文化的历史重任，不但要将优秀传统文化传承下去，更要发扬光大。传承优秀传统文化的途径有很多，但最基础最管用的途径无疑是国民教育，从孩子抓起无疑比什么都强，国民教育的基础性作用无可替代。因此，我们必须把优秀传统文化融入国民教育，在学生年龄尚幼时就打下国学的坚实基础，随着年龄的增长对传统典籍要读得懂、看得进、喜欢上，这是治本之举。考察其他国家的教育，我们会发现一个基本的事实：国民教育才是传承优秀传统文化的根本途径。我国传统文化内含着太多值得弘扬的元素，国民教育是传承优秀传统文化的近水楼台。

把优秀传统文化融入家庭教育。家庭教育是传统文化传承的重要一环，其传承侧重点是传统文化的行为系统。加强家庭教育的传统文化传承功能，要转变家长的认知，使他们认识到传统文化在子女形成价值观、道德观中的重要作用，改变片面强调子女学习成绩的现状；要重视对子女进行“孝道”的熏陶，使其从小就认为孝敬老人、赡养父母是一种神圣的义务；要突出家长的言传身教和传统节庆日的熏陶。

把优秀传统文化融入媒体教育。弘扬中华传统文化，各种媒体义不容辞。文化的魅力和生命在于传承和传播，传统文化和核心价值观更需要传承与传播。媒体应主动承担起文化传承的重大责任，为提高传统文化在整个中华民族中的影响力，为保护并传承传统文化做出自己应有的贡献，重新唤起民众对于传统文化的热情和关注。政府应该与新媒体合作，利用新媒体的影响力，广泛宣传传统文化，使之深入人心。电视、报纸等大众传媒，不能被收视率、阅读率绑架，要让更多、更好的优秀作品通过多种渠道走进群众生活。媒体要坚持正确的舆论导向和核心价值观，通过对传统文化的有序传承，引导社会树立具有民族精神的价值体系和稳定的价值取向。

第二，创新传播手法，注重传播效果。传统文化要深深扎根于民众中、具有强大生命力，必须保证其良好的传播效果，而要保证良好的传播效果就必须善于对传播内容（信息）进行整理加工。优秀的民族传统文化应该有创新性、创造性，不管是艺术表现形式还是日常的传播形式都要避免老生常谈。首先，要善于在传播内容里添加催化剂，使之深入浅出，使受传者易于消化吸收。人的抽象思维来自于具象思维，当人遇到深奥晦涩的道理不能理解时，借助典型事例的启发，一下子就能明白过来。其次，要动之以情。情感是心灵的窗户。只有受众主动把心灵的大门打开，传播者才能把传播内容输送到受传者的心灵深处，从而达到理想的效果。否则，即使传播内容是真理，即使传播者说得天花乱坠，受传者也将视而不见、听而不闻，或者看了、听了也不会采纳，即使当时采纳了也不会长久。煽情的传播、真正让受传者动情的传播一定是有效的传播。最后，精心加工传播内容。把传播内容加工成浅显易懂、琅琅上口的韵文可以帮助受传者易记、牢记。《三字经》讲历史，只用了三百字就把上起伏羲、下至清朝几千年的历史脉络讲得清清楚楚明明白白。传播传统文化我们应该多借助《三字经》这种钥匙，学习《三字经》的手法，将传播内容加工提炼，使其便于受传者理解、记忆、践行。

第三，要坚持政府、精英和民间传播相统一。首先，政府要充分发挥自身的职能，确保传统文化学习和传播顺利开展。要从建构制度入手，通过制度给予优秀传统文化传承以政策支持和经费保障，使物质文化遗产和非物质文化遗产得到及时保护，使传统的精神文化全面进入和指导人们的现实生活。要把优秀传统文化纳入国民教育和各种教育系统，以知识传承为抓手，以力倡优秀传统文化精神为着眼点，致力于优秀传统文化的复兴。

其次，精英阶层（知识分子）是优秀传统文化传承和学习的依靠力量。精英分子对思想的诠释、护卫与创新是文化传承的基本前提，精英分子对某种思想文化的认可、钟爱和倡导是群众的标杆,群众流行的背后一定有精英的引导。当下知识分子对传统文化的学习、继承和传播,要有发自内心的喜爱,要有创新的能力、勇气和智慧,要有社会担当与公共关怀,自觉担起教化的责任。在文化软实力致胜的当今时代,实现中华优秀传统文化的创造性转化传播,知识分子必须当仁不让。

再次,优秀传统文化的民间化传承是文化传承最接地气的方式。文化民间化传承的主体是普通群众,他们往往缺乏自觉性和自主性,但文化价值认同形成后,普通大众的自觉践行却会让文化传承异常稳固。传统文化民间化传承的早期,社会治理者和知识分子扮演主角,他们的教化、启蒙必不可少,后期主要是普通大众对规范的践行。当前,对于优秀传统文化在民间的传播还处于早期阶段,政府和知识分子应做好引导工作,让普通群众能感受到草上之风向。其实在很多方面政府做的不错,例如动员广大民众积极参与传统文化的传承,充分发挥人民群众传播传统文化的作用;倡导“中国风”音乐,在一吟一唱中完成对受众,尤其是年轻人的传统文化教育;赋予北京奥运奖牌设计(金属镶嵌玉璧)强烈的中国传统文化意蕴;提高导游的传统文化素养,让游客在旅游中也能受到传统文化教育;将传统文化融入民间艺术,借助民间艺术形式使群众潜移默化地受到传统文化的熏陶;等等。这些都是传统文化在民间传播的有效形式。只要我们开动脑筋,积极引导,传统文化在民间必将出现燎原之势。

最后,切勿走入传统文化传承误区。传承传统文化、从传统文化中汲取养料,已经成为当今社会的共识,现代性紧张、中西文化冲突更让传承传统异常紧迫。近年来的一些传统文化传承活动却让人担忧,甚至啼笑皆非。如解读诠释古典文化的书籍、影视作品等,许多都是赚取眼球的标题党,内容漏洞百出;有的断章取义,别有用心;有的哗众取宠,只重销量;有的片面强调传统文化中的阴暗面,为迎合西方猎奇,自挖老底出丑卖乖;有的为博观众一看不惜无限放大尔虞我诈、人心叵测;还有的以为争了个名人故里、修了几座亭台楼榭、申报成了几处“遗产”,就大功告成,就传承了传统文化。孰不知,传承传统文化,最根本的在于去粗取精、古为今用,传承精髓、指导现实。传统文化精髓到底是什么?现代文明如何与传统文化整合相融？如何在传承传统文化中培育和践行社会主义核心价值观？这些才是我们传承中华优秀传统文化应该重点考虑的问题。只有古为今用，传承精髓，创造性地转化，才能远离传统文化传承的误区。

第三节　科学对待并深入挖掘西藏传统文化

中央民族工作会议指出，社会主义核心价值观决定着各民族共有精神家园的发展方向，一定要在全社会、在各民族中大力培育和践行。中华民族为什么几千年能够生生不息、不断发展？很重要的原因是我们有以爱国主义为核心的民族精神，有一脉相承的价值追求。这个民族精神和价值追求在当代的集中体现，就是社会主义核心价值观。培育和践行社会主义核心价值观，要注意从少数民族文化传统中汲取营养。少数民族文化强调崇尚自然、爱惜生灵，热爱生活、勤劳俭仆，各族相亲、敬重长者，热情好客、守望相助，讲求道义、勇敢无畏，信守承诺、非义不取，自尊自爱、重情重理，等等。对这样的理念，要加强提炼、阐发、弘扬。这一深刻论述为我们科学对待并深入挖掘西藏传统文化资源提供了基本指南。

一、西藏宗教文化的演变[①]

“早在四五千年前的初民时代，西藏高原就与黄土高原、三江流域古道相通，人群迁徙其上，文化交流其上，共同生息繁衍在古代中国的土地上，共同参与着中华民族的形成发展过程。历经吐蕃王朝时期的扩张，元朝正式纳入中央政府管辖之下，从明代清代到近现代，藏民族与各兄弟民族相互依存，休戚与共，沿着波澜壮阔的历史一路走来，在高寒的自然环境中，坚守在祖国的西南边陲，以其生存智慧，开创了风格独具的西藏文化。”[②]

西藏文化的发展，经历了一个漫长而又复杂的深化过程。西藏在漫

① 本节一些内容引自乔根锁：《西藏的文化与宗教哲学》，高等教育出版社 2004 年版，参阅该书第 3 – 40 页。
② 拉巴平措：《弥漫在雪域高原的精神生活》，《光明日报》2009 年 2 月 11 日。

长的原始社会就产生了宗教文化，后来经过逐步的演变和发展，形成了以苯教为中心的原始宗教文化。苯教相信万物有灵，以自然崇拜为其主要特征，凡与人们生活有关的自然物均被当作神灵来崇拜。人们一方面通过祭祀活动来祈祷禳灾，一方面通过生活禁忌来规范和限定行为，以免触犯神灵。这两方面的活动几乎贯穿在人们生产、生活的整个过程中，并在此基础上逐渐形成了人们的社会心理、价值取向、思维方式、审美情趣等，标志着西藏社会的整体文化观念已经基本定型。

西藏社会发展到原始社会向奴隶制社会过渡之际，由于社会变革所产生的强大作用，苯教逐步由自然宗教转化为人为宗教，苯教文化亦逐步由自发的文化观念转化为奴隶社会上层建筑的重要组成部分。在此期间，苯教巫师的权势非常大，甚至直接参与部落内部政治军事等大事的决策。至此，苯教文化在群众世代沿袭的土壤基础上，再加上上层统治集团的浇灌培育，已经根深叶茂，从而形成了西藏文化的第一个高峰期。

公元7世纪，佛教传入西藏，“统一后的吐蕃帝国内部要对付‘臣民叛离’等难题，对外要处理与四周信佛邻国的各种政治军事矛盾。在这种情况下，原来发源于氏族部落社会基础上的原始苯教信仰，已经远远不能满足需要。他们需要一个具备更完整体系的宗教来作为他们对内统治人民，对外征讨邻国的精神武器，于是佛教首先被吐蕃王室所采纳。”①为了巩固吐蕃奴隶主阶级的统治，从松赞干布执政时开始，吐蕃最高统治集团便有意识地引入佛教文化，以后的几代赞普以及王室的部分重要成员也大力倡佛。佛教是一种一神教，在佛教教义中，佛的形象是至高无上的，像这样一个完全按照人间君主模样而确立的尊神，对吐蕃最高统治者来说，确实是很理想的东西。加之佛教那一套因果报应、生死轮回、忍辱无争、天堂地狱等说教，对调整各种社会矛盾，无疑要比苯教高明和缜密得多。在这种情况下，佛教乘虚而入，并逐步在西藏占据了一席之地，从而使西藏文化出现了苯佛文化的结合。

佛教作为一种外来文化，从开始进入西藏的那一天起，便与西藏的本

① 格勒：《藏族早期历史与文化》，商务印书馆2006年版，第464页。

土文化——苯教文化发生相互冲撞和相互渗透。撞击和渗透的结果,使两种文化在互补的基础上出现了新的文化系统的整合。佛教文化与苯教文化从相互撞击到相互融合,经历了一个漫长的过程。这一过程中,在公元7世纪中期从吐蕃赞普引入佛教开始,到9世纪中期吐蕃奴隶制开始崩溃的约二百年时间内,双方主要是以公开冲撞为主,这种冲撞同时还夹杂着复杂的社会政治斗争因素。双方之间的融合,更多的则是从公元10世纪以后才开始出现。9世纪中期,由于苯教势力借助吐蕃赞普朗达玛之手大搞灭佛斗争,使佛教失去了最高统治阶级的支持,不得不被迫转入地下活动。这一形势的变化,固然使佛教文化受到巨大的打击,但同时也给它带来了新的生机。佛教文化从此"飞入寻常百姓家",这不仅为它提供了接触社会基层的条件,同时也为它创造了更多的了解、熟悉和吸取苯教文化的机会。由于佛教文化不断地融入了许多苯教文化的因素,除基本教义外,在内容和形式上都发生了很大的变化,使其较多地具有了地区和民族特色,消除了人们对它的陌生感,从而逐步得到了民众的认可。此后,随着西藏封建农奴制度的兴起,出现在西藏各地的封建领主为了强化新的社会秩序和扩展统治范围,需要物质力量也需要精神力量,所以看中和支持已经拥有相当群众的佛教文化是很自然的事情。另外,广大群众由于亲身经历了由奴隶制社会向封建农奴制社会的变革,饱尝了动乱之苦,也更能从佛教中找到精神寄托和思想安慰。这些都为佛教文化在西藏的发展奠定了深厚的社会基础和群众基础。

9世纪后半叶,吐蕃奴隶制政权在内外因素作用下迅速崩溃,随后开始了藏族历史上持续近四百年之久的"分裂割据时期"。这一时期,佛教再次在西藏广大地区复兴并以燎原之势快速发展。公元978年,山南桑耶寺寺主益希坚赞派遣鲁梅·楚成喜饶等10人,到当时佛教比较兴盛的今青海东部一带学佛,学成归藏后在卫藏各地建寺授徒。这就是西藏佛教史上的"下路弘法"。同时,阿里古格首领益希沃资助仁钦桑布等人到印度、克什米尔等地学佛,还从印度请来阿底峡大师等高僧大德到阿里传播佛教。这是西藏佛教史上的"上路弘法"。1076年,古格托林寺举办"火龙年大法会",上下两路在此汇合,成千上万的僧人云集于此,佛教重兴的火焰在雪域大地已成燎原之势。藏文典籍中把吐蕃时期称为佛教的“前弘期”、10世纪后半期以后为“后弘期”。后弘期的佛教,逐渐实现了真正的本土化。佛教本土化是一个和苯教长期相互斗争、接近、吸收、融合的过程,佛教立足自身教义,大量吸收了苯教中的有利因素,使之更契合藏族人民的心理特点,更容易被普通群众所接受,佛苯斗争融合最终形成了独具藏地特色和藏地魅力的“藏传佛教”。其后,藏传佛教迅速发展,到11世纪中叶,宁玛、噶当、萨迦、噶举等各主要教派及其支系相继形成。至此,佛教文化成为西藏文化的主体,苯佛并存的文化结构被佛教内部不同派系的结构组合所取代。

13世纪元朝统一西藏后,借萨迦派管理西藏地方,西藏社会以藏传佛教萨迦派为核心的政教合一权力模式也开始成形,大体上奠定和构成了此后西藏社会发展的基本模式的雏形。此后,一直到1751年清中央正式授权七世达赖和驻藏大臣一起领导新建立的噶厦地方政府,管理西藏地方的政教事务,中央正式承认并最终在制度上确立了西藏的政教合一体制。其间15世纪初,宗喀巴进行宗教改革,藏传佛教最后一个也是最大的一个派系——格鲁派应运而生。格鲁派并不反对其他教派的教义,相反对其他教派是兼收并蓄集其大成,又特别强调修行戒律和修行次第,凭借强大的信众基础,很快取得了意识形态的统治地位。格鲁派强化了西藏庄园制经济,不仅以其众多的寺院占有巨大财富组成了一种独特的社会经济实力,而且利用世俗的政治权力和达赖、班禅两大活佛转世系统,把政教合一的封建农奴制度推向了它的发展顶峰。它还以巨大的包容性囊括了西藏社会文化的方方面面,使宗教文化世俗化,同时又把世俗文化严格控制在自己的手中,使世俗文化宗教化,藏传佛教最终创造出了西藏文化发展进程中的第二个高峰。

但是,任何一种文化形态都是历史的范畴,它必然要受时代和社会变化的制约。随着新时代的到来,西藏封建农奴制社会寿终正寝,西藏佛教文化越过它的顶峰之后,不可避免地走上下坡路。在所谓无所不包、无所不容的西藏佛教文化体系一经形成以后,封闭和僵化就一直伴随着它。它的色调越来越单一,形式越来越繁冗,内容却一再重复几乎没有创新。

它不仅越来越丧失了内部的发展活力,而且容不得现代科技文化的半点掺入。当世界早已被近现代文明所笼罩之后,西藏文化却仍在野蛮落后的中世纪文化发展水平上原地踏步,它掉队太久了,掉得太远了。然而这样一个小小的文化圈,在现代化席卷全球的大背景下,要完全封闭也是不可能的,它毕竟难以阻止和抗拒来自现实世界的各种强大文化势力的冲击。

二、科学对待西藏传统文化

西藏传统文化独具特色,精彩纷呈,魅力非凡,是西藏各族人民生活方式、价值理念和精神追求的集中体现。西藏传统文化是中华传统文化的有机组成部分,在中华传统文化中占有重要地位。在西藏培育和践行社会主义核心价值观,一方面要找准对接点和突破口,充分发挥中华优秀传统文化的化人育人作用,另一方面也要立足西藏实际,重视发挥本地优秀传统文化契合西藏人民的特点,以文化和风细雨润物无声的方式达到涵养社会主义核心价值观的目的。

(一)西藏传统文化的精华

关于西藏文化,阿沛·阿旺晋美曾言:西藏独特的地理位置、气候条件、资源环境、宗教传承以及民风民俗养育了独树一帜的民族文化,它是雪域高原的一颗明珠,是西藏人民的宝贵财富,是中华民族的宝贵财富,也是人类文化的宝贵财富。

强调伦理道德是西藏传统文化的重要特点。早在松赞干布时期吐蕃就制定了“十善法”与“十六净法”,用以规范人们的思想道德行为。《十善法》规定:“不许杀生造孽,不许偷抢针线般大的财物,不许邪淫,不许谎言,不许挑拨离间,不许恶言骂人,不许造谣,不许贪欲,不许有害人之心,不许做违背因果的事”等等。《十六净法》中包括“报父母恩,敬重有德,远虑高瞻,饮食有节,不听邪说,自持主见,担当重任,宽宏大度”等,这些都是人们为人处事的基本准则,是比较完善的人际伦理道德规范。敦煌出土藏文写卷《礼仪问答写卷》、《兄弟教诲录》中有劝导人们改恶从善的道德说辞与描述,后世的诸多经典注释、格言、故事等文学作品,用充满人性味的语言不厌其烦地规劝人们趋善扬善。《格萨尔王传》赞美英雄的同时，更让英雄身上的美德广泛流传。《萨迦格言》教导人们诚实守信、正直无欺、与人为善、遵守诺言、尊老敬贤。《四部医典》教育人们“修身先修德，注重德行修养”，“人与人之间必须保持良好的关系，互相友爱、互相尊重、互相关心，对病人和穷人要有同情心”。藏传佛教中“庄严国土”、“护国利民”的进步思想，也被人们广泛遵从，等等。所有这些，都是西藏传统文化的精髓，是大可汲取丰富营养的精神文明遗产。悠久的道德文化传统，造就了勤劳、勇敢、善良、智慧的藏民族思想道德品质和乐观向上、开放包容、和谐敦厚、乐善悲悯的西藏文化特征。“西藏特有的文化价值取向，就是注重精神追求、淡泊物欲；注重众生平等、保护生态；注重与人为善、乐善好施；注重自强不息、乐观进取；注重爱国爱教、民族团结。”[①]这些精神文化品格，是我们今天仍可汲取丰富营养的精神文明宝贵遗产，在培育和践行社会主义核心价值观中仍然具有非常重要的价值。

众多的文物古迹名胜，浩瀚的古籍档案文献，是西藏传统文化的重要载体和极大优势。西藏是我国文物大区之一，历史文物和名胜古迹极其丰富。几千年来生活在这片热土上的人们，为我们留下了宝贵的历史文化遗产。悠久的卡若文化遗址、第一座宫殿雍布拉康、神秘的古格王朝遗址、第一座寺庙桑耶寺、雄伟的布达拉宫、壮丽的大昭寺，不胜枚举，是我国乃至世界历史文化遗产中的瑰宝，既是西藏传统文化的象征性标志，更是中华民族文化百花园中绚丽的奇葩。西藏的古籍经卷和档案文献历史之长、数量之巨、门类之多、分布之广，仅次于汉文，属各少数民族之最。世所罕见的梵文贝叶经、敦煌出土的 8 世纪藏文原始写卷、殿墙十数米高的萨迦寺藏书等等，一直令世人惊叹。

西藏传统文化中，宗教哲学、语言文字和文学艺术成就斐然，史诗《格萨尔王传》、藏戏、歌舞、唐卡、服饰等特色文化珍品享誉海内外。藏族古典文学和民间文学艺术多姿多彩源远流长，许多古典名著被译成汉文和多种外文，如藏文木刻版《仓央嘉措情歌》，已被译成 20 多种文字，几乎传

① 洛桑江村：《以文化为魂推进大旅游大产业大发展》，《西藏日报(汉)》2014 年 9 月 28 日。

遍了全世界。西藏说唱艺术已有上千年历史，说唱英雄史诗《格萨尔王传》是我国三大史诗之一，也是世界上篇幅最长、至今仍在传唱的惟一活的史诗。藏戏比京剧历史还久远，面具独具特色，唱腔高亢雄浑，被誉为世界古老戏剧的活化石。西藏素有“歌舞的海洋”之称，欣赏西藏歌舞如饮浓郁的美酒，神舒身轻，陶醉其中。西藏服饰文化亦丰富多彩，别有特色，让人过目不忘。西藏的建筑、雕塑、铸造、绘画、工艺等技术都达到了精湛水平，取得了惊人成就。

（二）西藏传统文化与中华传统文化①

“西藏自古与祖国内地息息相关，血肉相连，早已有了中华民族文化形成过程中日益密切的精神文化沟通与物质文化交往，即有着深入厚实的共性文化基础。举凡数万年前石器时代文化的同属性，藏族先民与古羌人的血亲融合关系，文成、金城两公主对吐蕃经济文化发展的杰出贡献等，这些始自远古、历久弥坚、与日俱增的历史积淀，最有力地证实了藏族文化的真正亲缘关系存在于中原内地，藏族文化发展的根本方向是向东汇聚。这种倾内东向的文化心理和强劲发展势头，为最终归属国家统一和促进中华民族多元一体文化的繁荣发展提供了思想文化前提，这正是元朝统一西藏的坚实的民族心理基础和历史归宿大势。”②

西藏传统文化植根于西藏本土地区，又不局限于西藏本土地区。在漫长的岁月长河中，西藏文化不但从中华母文化的躯体上吸收了各种养分，也受到周边其他民族文化的影响。同其他少数民族文化一样，西藏文化是中华文化的有机组成部分。同时，西藏文化还不完全等同于中华文化，他们之中有一种共生关系，既相互影响相互渗透，又具有相对独立性。这种共生关系，一方面是中原文化的强大吸引力和凝聚力，中原文化是中华文化的凝聚核心，起着类似中枢神经的作用，这就决定了西藏文化对中华母体文化具有强烈的向心倾向；另一方面，西藏特殊的自然社会环境造就了独特的西藏文化，西藏文化受中原文化影响的同时，也向中华文化母体及其他民族文化输送了新鲜血液，西藏文化汇入中华文化的大海。这

① 参阅徐国宝：《藏文化的特点及其所蕴涵的中华母文化的共性》，《中国藏学》2002 年第 3 期。
② 措姆：《科学地认识和扬弃藏族传统文化》，《西藏民族学院学报（哲社版）》，2003 年第 4 期。

种母子共生的模型是理解西藏传统文化的一把钥匙。

从一般和个别的关系看,西藏文化作为中华文化的有机组成部分,内含着其文化母体的共性。从物质、观念、行为三个层面,我们可以更清楚地看出西藏文化和中华文化的这种“种属”关系。从物质层面看,近年来的考古发现已有确凿证据表明,石器时代、铁器时代等各个时代西藏与周边、中原有物质等方面的沟通与交流,昌都卡若遗址出土的10枚穿孔贝饰被定为产于南海,在仰韶文化、龙山文化以及黄河中上游诸石器时代文化中常见。从行为层面看,中原地区的许多礼仪文化、节日文化、制度文化也为西藏人民所接受。例如藏历新年和汉历新年往往比较接近甚至有时是同一天,这是由藏历和汉历的渊源造成的,藏历也采用干支记年法但以五行代替十干。从观念层面看,中华传统文化在西藏传统文化中的表现尤其显著。儒家文化所提倡的上下尊卑观念、忠孝思想、家族一体制度等,对西藏地区的家庭和社会都起到了规范作用。元代以后,“藏传佛教与汉传佛教、南传佛教一起融入中华文化的血脉之中,成为民族关系的精神纽带和中华民族共同文化心理中的结构要件之一。中华传统文化中所凝聚的各民族的共同精神,如‘天人合一’、‘协和万邦’、‘自强不息’、‘厚德载物’、‘以人为本’、‘以德为上’、‘以整体利益为重’、‘中庸之道’、‘义利之辨’、‘爱国主义’等思想观念,在藏文化这个子系统中都全息地包藏着。”①特别需要强调的是,源远流长的爱国主义传统,是藏族文化历史发展的一根主线。《格萨尔王传·加岭传奇》反复歌颂汉藏友谊,从一个侧面突出地反映了爱国主义思想。例如挤奶姑娘为穆弯圆梦时唱道:“……大臣向宛的帐顶上,有一匹汉绸飘起,那汉地白绸出现在藏地,象征着汉藏两家的友谊……”②

关于正确认识西藏文化与中华文化关系上,中央民族工作会议指出,中华文化是各民族文化的集大成。少数民族文化是中华文化不可分割的重要组成部分,各民族都对中华文化作出了重要贡献。各民族文化枝繁叶茂,中华文化根深干壮,这是中华民族生生不息的动力,是中华民族认

---

① 徐国宝:《藏文化的特点及其所蕴涵的中华母文化的共性》,《中国藏学》2002年第3期。

② 阿图、徐国琼、解世毅翻译整理:《格萨尔王传·加岭传奇之部》,中国民间文艺出版社1984年版,第208页。

同、中华民族精神的血脉。要向各族人民反复讲，各民族都对中华文化的形成和发展作出了贡献，各民族要相互欣赏、相互学习。现在，有一些不正确的看法：有的把汉文化等同于中华文化、忽略少数民族文化；有的把本民族文化自外于中华文化、对中华文化缺乏认同。这些，都是不对的，都不利于我们构筑共有的精神家园，都要坚决克服。①

（三）科学对待西藏传统文化

中央民族工作会议指出，少数民族文化块头小，抵抗市场经济冲击的能力弱，一些非物质文化遗产流失严重，不能等到失去才懂得珍惜。要弘扬和保护各民族传统文化，去粗取精、推陈出新，努力实现创造性转化和创新性发展。科学对待西藏传统文化，需要我们实实在在地做出努力。

首先，要正确估价西藏传统文化，正确区分传统文化中哪些是“糟粕”，哪些是“精华”，对于糟粕的东西要坚决予以抛弃，对于精华的东西要为西藏培育和践行社会主义核心价值观服务，为西藏现代化建设服务。“西藏传统文化中，其物质文化与现代化相比已是很陈旧的，其制度文化和精神文化中的许多成分与现代化是格格不入的。但是，她源远流长，千百年来汇聚于多样统一的中华民族文化中，保持了民族世代绵延和发展，而且培育了民族的优良品质和气质，今天仍是民族团结、祖国统一的纽带，是现代化建设的重要精神力量之一。”②一方面，西藏现代化建设必须立足于西藏自身，传统文化是西藏现代化建设必须面对的重要“参数”，是西藏区情的重要有机组成部分，现代化建设中不考虑自身区情中的传统文化因素是不合适的。另一方面，对西藏传统文化，也要辩证地对待，“以藏传佛教为核心的西藏传统文化其世界观是唯心主义的，其思维方式是神秘直觉式的，其价值尺度是宗教道德与原则，其心理倾向是颠倒的和扭曲的，如果对这些过时的东西都持完全保留的赞赏态度，把其吹捧的好上加好，无以复加，那么其社会后果将十分严重。把传统文化作为最高级最完美的东西加以赞赏和膜拜，实际上就是对封建农牧制的赞赏和膜拜。”③

---

① 《中央民族工作会议精神学习辅导读本》，http://www.seac.gov.cn/art/2015/6/1/art_143_228926_74.html

② 于乃昌：《西藏传统文化与现代化》，《中国藏学》1999 年第 3 期。

③ 乔根锁：《藏族传统思维方式管窥》，《中国藏学》1993 年第 2 期。

所以，对传统文化要加强鉴别，合理扬弃，取其精华，去其糟粕，真正把传统文化这个宝库发掘好，利用好。

其次，坚持对传统文化进行改革和创新。对传统文化中的优秀部分，我们既要继承，又要发展，相对于继承，发展显得更加重要和迫切。某种程度上说，发展创新才是对传统文化的真正继承和发扬光大。列宁曾经指出："只有确切地了解人类全部发展过程所创造的文化，只有对这种文化加以改造，才能建设无产阶级的文化。"①这里的"无产阶级的文化"，显然指的是现代文化。传统文化总会或多或少地脱离当下的时代，这是传统与现代冲突的必然结果。优秀传统文化的核心理念一般可以穿越时代，形式却大多跟不上时代的发展。在继承和发扬传统文化的过程中，我们要做的更多的是根据时代的需要对传统文化的外在形式进行必要的改革与创新，使之与时代相契合，与现代人的审美情趣和价值取向相一致。西藏传统文化中有诸多优秀的合理内核，其形式却大多是宗教的和神秘的。在继承和弘扬西藏传统文化的进程中，我们要花大力气剥去其宗教主义和神秘主义的外衣，拯救其中的合理内核，使传统为现代服务。从落后形式中剥离出来的宽容、和谐、乐观等核心理念正是西藏文化的精髓和魅力之所在，摆脱宗教形式束缚的西藏文化重获自由之身心，将在更大的舞台上迎来新的更大的发展。

三、利用西藏文化资源弘扬社会主义核心价值观

习近平总书记指出："不忘本来才能开辟未来，善于继承才能更好地创新。对历史文化特别是先人传承下来的价值理念和道德规范，要坚持古为今用、推陈出新，有鉴别地加以对待，有扬弃地予以继承。"②在西藏培育和践行社会主义核心价值观，同样要以优秀传统文化为根基，增添文化的内涵，实现文化的关照，努力做到以文化人、以文育人，增强我们的文化自信、价值观自信。

第一，充分发挥传统文化艺术对社会主义核心价值观的传播作用。

① 《列宁选集》(第4卷)，人民出版社，第348页。

② 习近平：《习近平谈治国理政》，外文出版社2014年版，第164页。

西藏具有丰富的传统文化艺术资源,有遍及雪域的建筑艺术,丰姿多彩的音乐和舞蹈艺术,根植于民间的藏戏、曲艺艺术,民间实用装饰艺术,独树一帜的绘画、雕刻艺术,特色鲜明的传统风俗,浩大广泛的民间文学,体裁多样的文人文学,神秘深沉的藏传佛教文化艺术,等等。传统文化艺术以其独特的神韵、隽永的魅力广泛影响于全国和全球各地。它有着深广的历史根基、淳厚的民族韵味和凝重的艺术积淀,它是可供我们以及子孙后代都取之不尽的优秀文化的源泉。

西藏传统文化艺术中蕴含着丰富的精神价值,这些精神价值在许多方面与社会主义核心价值观直接相通,继承弘扬这些传统文化艺术,本身就是对社会主义核心价值观的传播和践行。西藏传统文化艺术中蕴含着藏民族积极进取、乐观向上、与人为善、英勇顽强、自强不息、爱好和平、尊重生命、宽容大度等精神追求。阿古顿巴——西藏的阿凡提,其故事家喻户晓,人们传颂赞扬他的足智多谋、扶危济困和助人为乐。《格萨尔王拴住太阳下棋》、《火焰虎神》等神话故事,鞭策激励人们奋发向上、自强不息。松赞干布、禄东赞、萨迦·贡噶坚赞、八思巴、五世达赖罗桑嘉措等历史名人,都是藏民族的精英,他们的英雄业绩一直震撼着藏民族的心灵。"与其躺着死,不如站着死"、"英雄胆气壮,不惧怕死亡;贤者智慧高,知识难不倒",这些充满激情、鼓舞人心的至理名言,多以神话或诗歌、小说的形式表现出来,感染人、激励人、鼓舞人们去为正义而献身。粗犷的歌舞、优美的音乐以及逼真的绘画等传统的艺术门类,不仅生动地再现了藏民族各个历史时期的生活情况,而且显示出藏族先民单纯朴素的审美心理,蕴含着他们追求美好生活、向往理想世界的精神追求。其中羌姆、锅庄、弦子等以其单纯、柔和的旋律,形象、直朴的舞蹈,表现人们在生产劳动过程中的乐趣,从而唤起人们对劳动的热爱,增强人们的生活信念和意志。今天许多以西藏为主题的音乐作品对现代社会的穿透力,证明了藏族传统文化精神价值所固有的震撼力和感召力。① 等等。这些传统文化艺术,都给人以美的享受和高度的精神满足。享用这些文化大餐,人们心情舒

① 谢热:《藏族传统文化的价值结构分析》,《青海民族学院学报》2004 年第 2 期。

畅,精神振奋。传统文化艺术不但能提高人的文化层次、陶冶人的精神情操,而且能提高人的道德境界、促进个性健康全面发展、推动社会整体和谐。对这些蕴含正面精神价值的传统文化艺术进行原汁原味的继承和弘扬,是我们用传统文化涵养社会主义核心价值观的有效抓手,将这些传统文化艺术进行创造性的转换,用现代化的形式讲述传统的故事,则是我们现在和今后努力的方向。

第二,利用传统礼仪传达核心价值观。“礼多人不怪”在西藏被视作理所当然,人们在各种社会交往中,处处以礼待人,彬彬有礼,忌讳不雅之习。西藏的礼仪多种多样,婚丧嫁娶、饮食起居、待人接物等等都讲礼仪,在众多的藏族礼仪中,哈达礼仪最具代表性,最能体现西藏人民的生活状态和精神追求。哈达纯净洁白,代表人们的诚挚之心;哈达状似萦绕的祥云,象征着神的光辉和神的护佑;哈达表示崇高的祝福,吉祥如意,幸福无边。哈达是雪域高原的象征,是雅鲁藏布江与黄河长江源的象征,是藏民族纯洁心灵的象征。哈达礼节内涵丰富,应用范围极广,敬献方式多种多样:

“在表达上级对下级的表场,长辈对晚辈的爱心时,将哈达直接挂在对方的颈上,说一声扎西德勒!受礼者应将身体微微前倾,哈达挂在颈上。须特别注意的是,不可当面退还哈达或把已挂在颈上的哈达送给别人。”

“调解矛盾敬献哈达:表示愧悔、致歉、谅解,如对方接受了哈达,意思是愿意重归于好,化干戈为玉帛,照常往来。”

“会见客人敬献哈达:会客方将哈达裹成一把,突然抛向空中,如同从空中飘来的彩云献给客人,以表热烈欢迎前来光临,祝白昼吉祥夜吉祥,日照中天亦吉祥,日日夜夜呈吉祥,愿得三宝赐吉祥等。”

“拜会尊长敬献哈达:学生将哈达捧在双手托起,身体微微前倾,恭敬尊长,然后将哈达挂在尊长的颈上,以表敬意,感谢师长的教诲。”

“婚礼节庆敬献哈达:传统的进门仪式是十分讲究的,从下马(上车),进门,上楼到入厅每次都得唱一次颂歌,献一条哈达。新娘入厅后,坐在新郎下首,迎亲、送亲的队伍也入厅依次坐定,接着便献‘切玛’,敬酒,给佛像唱敬酒歌，父母献上哈达，再在柱头上挂哈达。参加婚礼的人唱谐钦，以示祝贺；主人献哈达，感谢众人。做完这些礼节后，新郎送新娘入洞房，其他人便尽情吃喝玩乐到天明。亲朋好友都可陆续送哈达和礼物，表示恩爱夫妻，白头到老，祝新婚夫妇犹如哈达剪不断、理不乱，纯洁地恩爱；祝新郎新娘万事如意。”

“送亲朋好友远行敬献哈达：当自己的亲朋好友远行探亲、经商、朝拜、学习、出差等，送别时敬献一条哈达，表示一路平安、万事顺风、心情愉快，我们的心就像哈达一样纯洁美丽，我们的感情就像哈达一样心心相印，祝愿亲朋好友万事如意，心想事成。”①

哈达礼轻情意重，内涵异常丰富，献哈达并不看重形式上是否高雅精致，更重要的是要体会背后的价值理念，哈达是尊敬、是祝福、是感恩、是致歉、是吉祥如意，通过敬献哈达能学会尊重人、学会与人相处、学会人伦秩序，不仅如此，被献哈达者更能体会到美好的祝愿和心理的享受。从传统中走来的哈达礼仪如今已实现与现代社会的无缝衔接，成为西藏人民交际中的行为规范，体现了西藏传统文化巨大的适应性和生命力。

除了敬献哈达，藏族还有很多礼仪。藏族历来以重情义而著称。他们不管对朋友、对客人特别重义气、不说假话，不做违背誓言的事。对于办不到的事，不轻易许愿。出远门的人回家，要给左邻右舍送点礼物，以表世代相邻，有福同享。敬老爱幼是藏族人民的一大特点。对家庭里的老人，要特别照顾好。对和睦的、特别爱戴老人的家庭，要受到人们的尊敬和称赞。反之，那些对老人不敬或有怠慢现象的家庭，要受到人们的鄙视和谴责。家庭主妇在倒茶、舀饭、上菜、分食，第一碗要先给老人，并且要双手端上。不管在任何时候，每个人都要这样。家有重大事情，先要与老人商量。各种场所，特别讲究长幼有序，依次就坐。由于藏族人民特别看重人际交往中的礼节，表现在语言上也极为突出。藏语分敬语和非敬语，使用语言上也就特别讲究。敬语的主要使用对象是：父母长老、远方来客，以及僧人活佛的交往，而平常交往中也较普遍。如平时相逢互称：

① 索忠、秀花：《浅议雪域藏族哈达礼仪的文化内涵》，《阿坝师范高等专科学校学报》2002 年第 1 期。

"曲德么"(您好)、"俄杂德"(辛苦了)、"扎西德勒"(吉祥如意)等。与他人道别称:"德么参波"(顺安)、"示呢撇"(慢去)等。如是给长辈或师长招呼,必须在语句的末尾带"啦"字。如:"扎西格根啦"(扎西老师)。这里的"啦",表示敬意、吉祥、至上的意思。[①]

从以上可以看出,西藏传统礼仪文化其实已经内含着许多社会主义核心价值观的内容,通过传统礼仪的代代相传,社会主义核心价值观也将在不知不觉中得到涵养和壮大。

第三,传承融合传统节日文化。传统节日是对人民生活状态的一种反映,其中所蕴含的节日元素已成为民族文化的特殊符号,融入整个民族的血脉之中,对社会的发展、人们的日常生活产生了极其深刻的影响。传统节日是传承传统文化的载体。作为传统文化中的重要组成部分,传统节日总是以独特的表现形态呈现在人们面前,濡染风俗,浸润文化,千百年传承不辍。传统节日以潜移默化、寓教于乐的形式,展示着民族的精神世界,表达着人们对美好理想、伦理道德以及聪明才智的追求与向往。

西藏是一个民族文化资源极为丰富的地区,传统节日内涵丰富而形式多样。西藏节日不仅数量多、时间长、内涵丰富,而且历史悠久、源远流长、历久弥新,极具生机和活力。藏民族的节日按照其内涵可分为祭祀类、纪念类、丰收类、祈福类、保健类、娱乐类和庆祝类。

藏历除夕和新年是藏族人民一年中最大的节日,备受重视。进入藏历十二月,人们就开始做着过年的一系列准备。藏历二十九的晚上,各家各户吃"古突"(即面疙瘩)驱鬼。大年初一的一早,人们在民间说唱老人祝福吉祥的"扎嘎"声中(现在多用音响播放)迎来藏历新年。这天,各家各户把祝愿吉祥如意的青稞幼苗、"卡赛"(油炸果)、"隆过"(羊头)、"切玛"(五谷丰收斗)、各种糖果摆于佛龛或藏柜上,全家人换上新衣,坐在崭新的卡垫上,吃用人参果、酥油、糖等做的"吉祥饭"。饭后长辈端来五谷斗,每人依次抓上几粒撒向天空表示祭神,然后拈一点放进嘴里。这时长辈祝大家"扎西德勒",晚辈回贺"祝你身体健康,永远幸福"。这一天各

① 参阅达尔基:《漫谈藏族礼仪文化》,《文史杂志》1989 年第 4 期。

家基本上闭门欢聚，邻里互不走访。初二开始亲朋好友彼此走访，拜年祝贺，持续半个月。

雪顿节。在藏语中“雪”是酸奶的意思，“顿”是宴的意思，“雪顿”节就是吃酸奶的节日。现在雪顿节期间主要有哲蚌寺展佛、藏戏表演和逛林卡等活动。藏戏会演的雪顿节，是各国游客汇聚雪域高原观光旅游的最好季节，届时旅游者在节日期间可一睹“东方戏剧活化石”的风采。

莫朗钦波，即传召大法会，在藏历正月十五日举行。此会是由宗喀巴于1409年在拉萨发起的一次祈祷大会延续而来的。传召期间，拉萨三大寺及其他寺庙的僧侣集中市内，团体诵经，还要举行“格西”学位的考试。

望果节，是藏族民间预祝丰收的节日，历时1－3天，于秋收前择吉日举行，至今已有1500多年的历史。“望”藏语意为“田地”，“果”意为“转圈”，“望果”即意为“转田垄”。望果节时，男女老幼身着节日盛装，或手持青稞穗，或背负经书，打着彩旗，抬着由青稞穗、麦穗扎成的系着洁白哈达的丰收箭，敲锣打鼓，唱着颂歌，绕行于田间地头。之后集会于河坝林间，饮酥油茶、青稞酒，唱歌跳舞，预祝丰收吉祥。现在有些地方还举行赛马、射箭、竞技、藏戏表演等。

燃灯节，于藏历正月十五日在拉萨举行。届时，各寺庙的僧侣及百姓，用五彩酥油捏塑成各式各样的酥油花，挂在大昭寺两边事先搭好的花架上。夜幕降临，花灯点燃之后，宛如群星降落。花灯上绘有花卉、神仙人物、飞禽走兽等。观灯的人群在灯下欢歌起舞，通宵达旦。

萨嘎达瓦节，藏历四月十五日，是西藏一个特有的节日。相传佛主释迦牟尼降生、成道、圆寂都是在四月十五日，因此这个月要举行各种活动加以纪念。久而久之，这些活动会集成了规模盛大的转经。从萨嘎达瓦的第一天开始，林廓路上就出现了成群结队的转经人流。到藏历十五这天，转经达到高峰，从凌晨2点直到晚上，人流如潮，川涌不息。

沐浴节，藏语叫“嘎玛日吉”，是藏族人民特有的节日。每年藏历七月六日至十二日举行，历时7天，又名“沐浴周”。每年夏末初秋，当“嘎玛日吉”（金星）出现的七天里，城市、农村和牧区的男女老少全家出动，纷纷走向江、湖、河、溪畔，搭起帐篷，围上帷幕，铺上卡垫，在溪水中嬉戏、游泳。

中午一家人在外野餐，品尝醇厚的青稞酒和喷香的酥油茶。每天日出而出，日落而归，尽情欢度这一年一度的传统节日。

林卡节。酷爱户外生活的藏族人民，夏天纷纷进入山林河谷的林卡游乐避暑，称为“逛林卡”，又叫“林卡节”。林卡节的活动内容非常丰富，总的来看离不开两个主题：敬神和娱乐。近年来拉萨林卡里的活动更加丰富，电视机、录像机、电脑、电子游戏机也搬进了帐篷，传统文化与现代娱乐在这里相处融洽。①

传统节日就像强力粘合剂，将西藏各族人民紧紧地凝聚在一起。每逢节日，无论男女老少，自信乐观的西藏人民皆举家出动享受自然的馈赠和节日的快乐。尽管背景不同生活各异，但节日期间大家集聚在一起，尽情地畅饮，尽情地歌唱，尽情地欢跳，通过各种娱乐活动，使劳累困顿的身心得到放松，将缠绕不休的烦恼抛之脑后，最大限度地张扬自我。其乐融融的节日气氛，消除了彼此的误解和隔阂，加深了相互的了解和信任。

西藏节日文化体现了西藏人民应对自然考验、不断超越自我的生存方式。青藏高原空气稀薄，高寒缺氧，自然压迫异常残酷，生活环境相当恶劣。在严酷的自然环境中艰苦生活的人们，并没有臣服于大自然的威压，相反，他们有强大的内心，他们自信、旷达、乐观，他们享受大自然的阳光雨露，与自然和谐相处，他们在愉悦的节日中找到了最佳的生存之道，在艰难困苦的自然环境中坚忍不拔地开拓了雪域高原。

西藏节日文化是西藏民间文化的重要载体。为增加传统节日的吸引力和感召力，人们往往会在节日里加入文化内容，让节日更有看点，这时民间艺术家的拿手绝活、文化珍品就有了展示自己的机会，观众在这里领略到艺术的美妙，艺术家在这里实现了自己的存在价值。同时，节日又像一个文化大熔炉，它为各种民间艺术提供了同台竞技的机会，也将各种民间艺术熔于一炉进行千锤百炼，锻造出一批又一批诸如藏戏、唐卡、雕塑、歌舞等文化精品。这个民间艺术锻造机制，在锻出精品的同时也不断地扬弃、摒去糟粕，实现优胜劣汰，最终精品越来越精，精华日积月累，西藏

① 《藏族节庆》，《互联网文档资源（http://www.360doc.co）》，2014。

传统文化越来越璀璨夺目。此外,西藏节日文化还以其独特的魅力,让外来者产生文化惊诧的同时过目不忘,成为外界认识西藏的重要窗口,这扇窗口对外扩大了藏文化在世界范围的影响,对内又使人们重新审视传统文化的重要价值,成为保护传统民族文化的一道天然屏障。

传统节日是传承民族文化、寄托民族感情、体现民族认同感的舞台,是植根于民间的文化瑰宝。西藏传统节日能够增强民族的凝聚力、延续民族历史的发展,能够积淀、弘扬优秀的民族文化,是展示民族文化的生动载体,是维护社会稳定的有效途径,是对青少年进行思想道德教育的宝贵资源,是促进文化资源保护与发展的内在驱动力,也是建构西藏社会主义核心价值观的重要途径。在传统节日中涵养价值观,我们就要以文化的视野、现代的理念,通过民众喜闻乐见的方式,让现代人爱上传统节日,在过节中凝聚爱国心,振奋民族精神,为培育和弘扬社会主义核心价值观提供文化助推力。

总之,西藏传统文化精彩纷呈,典籍文献、文学艺术、礼仪文化、节日文化等都独具魅力,特别是蕴藏于其中的文化理念和价值追求更具穿越时空的属性而直接与现代社会接轨,在西藏培育社会主义核心价值观,传统文化是绕不过的"卡夫丁峡谷",我们要善于发掘传统文化中的积极因素,善于利用传统文化为核心价值观建设服务。要认真汲取传统文化的思想道德精华,深入挖掘西藏传统文化注重精神追求、淡泊物欲,注重众生平等、保护生态,注重与人为善、乐善好施,注重自强不息、乐观进取,注重爱国爱教、民族团结的内在价值,使传统价值实现创造性转化、创新性发展,在传统文化的土壤中实现社会主义核心价值观的不断发展弘扬。同时,我们也应该认识到,西藏传统文化包裹着一层严密的宗教外衣,这层外衣有许多内容已经与当下不合时宜,我们要引导宗教与社会主义社会相适应,对藏传佛教教义做出与社会主义核心价值观相一致的阐释,充分发挥宗教净化心灵、导人向善、宽容和谐的积极作用,将宗教的负面影响降到最低。

第四节　在文化产业建设中培育和践行社会主义核心价值观

一般而言，文化产业是指生产文化产品、提供文化服务的经营性行业。以文化为标的、以营利为目的，是文化产业的突出特点。为了获利，文化产业必须提供受众喜欢、有质量、有美感的文化产品和服务，从这个角度说，文化产业是文化建设的重要组成部分，客观上成为人们精神家园的建设者。与其他单纯生产物质产品的产业相比较，文化产业更多生产的是无形形态的文化产品，具有强烈的意识形态属性。文化产业通过新闻出版、综艺节目、影视作品、文学作品等形象生动的形式，直接影响人们的思想认识、道德水平、价值选择和审美情趣。发展文化产业是满足人民精神文化需求的有效手段，也是推动社会主义文化大发展大繁荣，培育社会主义核心价值观的重要途径。

文化产业发展与社会主义核心价值观建构之间存在着深度的逻辑关联。一方面，文化产业是核心价值观建设的新载体，核心价值观的传播依赖于文化产业。电视、电脑、网络等新媒体的发展和新技术的应用，使传统文化艺术的小范围传播变为一种更广泛、更专业、更系统的产业体系，新媒体的发展使文化产业成为可能，文化产业一旦形成反过来又极大地放大了新媒体的威力，甚至本身也成为一种新媒体，以其自身的传播方式向各类人群、向各个空间不间断输送着文化符号和价值理念。发展文化产业，不仅能创造经济效益，更能引导和控制社会意识形态。在欣赏中认同，在享受中内化，在理解中坚守，润物无声，莫之能御，文化产业对核心价值观的传播具有先天优势和无可替代的作用。另一方面，核心价值观是文化产业的航标灯，文化产业需要核心价值观引领方向。为了追求物质收益，文化产业如果千方百计地讨好受众，一味围着受众转，文化产品就可能出现低俗化倾向，甚至立场不清、是非不明、敌我不分。因此，文化产业在生产、消费、服务等各个环节，必须有核心价值观的导航和引领，否则，文化产业就会迷失方向。为群众提供积极向上、健康有益，能陶冶情操、提高素质的文化产品和文化服务是文化产业的基本责任。

一、文化产业在核心价值观传播中的作用

文化产业是社会主义核心价值观的重要载体，文化产业可以拓展社会主义核心价值观建设的范围和途径。文化产业的受众导向，使其必须时时处处关注各个人群的精神文化需求，设身处地地为受众着想，因而最能反映社会现实，最能倾听人民群众声音，最能引导社会发展趋势，最能搜集核心价值观培育的有关信息，最能满足人们多样化、多层次、多方面的精神文化需求，最能让核心价值观的传播有的放矢。文化产业拥有诸多的传播手段和传播途径，新闻、出版、网络、电视、广播、广告、手机等都是其传播平台，通过这些平台，文化产业拓展了人们的信息传播渠道，扩大了社会成员的交往范围，使文化产品的影响渗透到家庭生活、学校教育、群体交往、个体反省的各个阶段和各个方面，将社会主义核心价值观的培育贯穿到整个社会化过程之中，从广度和深度上为核心价值观建设提供了无限的想象空间。

文化产业可以从根本上提高社会主义核心价值观培育和传播的效果。文化产业可以改变社会主义核心价值观建设中传统的说教方式，以文化民主和文化权利为导向，关注受教育者的文化需求，尊重受众的文化特征，以喜闻乐见的途径达到寓教于乐的效果。不仅如此，文化产品蕴含的思想价值，一旦被社会成员掌握和内化，就会产生自觉的行动，价值观的传播范围和传播效果也就会呈几何级数增长，社会主义核心价值观的培育和践行将变得事半功倍。

文化产业可以扩大社会主义核心价值观的凝聚力和影响力，有效抵制发达国家的文化演变，是维护我国文化主权、保障文化安全的重要条件。我国的文化产业也具有重要的国家使命，承担着抵制西方文化进攻的重任，这就需要我们用中国特色、中国风格、中国气派的文化产品，传播中国的声音，表达中国的话语，塑造中国的核心价值观，增强社会主义核心价值观在国内乃至国际上的影响力，很好地维护我国的文化主权，保障

我国的文化安全。近年来,我们坚持对外开放,在世界范围内共同发展。一些发达国家依托话语霸权,以影视作品、书籍等为载体将价值观念和生活方式强力输往我国,对我国主流意识形态形成巨大的侵蚀和挑战。文化贸易中的巨大逆差,让我们清晰地看到:我们的文化软实力还太弱小,社会主义核心价值观的凝聚力还不够强大。当前全球文化产业竞争中,我们可以暂时不计较市场份额,但决不能让意识形态由他人来主导。如果不能通过弘扬社会主义核心价值观提升文化产业竞争力,从而摆脱西方价值观的影响,建设社会主义文化强国就会沦为一句口号。

二、当前文化产业发展中存在的问题

第一,功利主义严重,核心价值观迷失,是我国文化产业面临的最大问题。当前,在我国经济社会等各个领域弥漫着一种功利主义情绪,文化产业也未能幸免。如果为了在最短的时间内实现利益的最大化,核心价值观就会被抛弃在一旁无人问津。大量低俗、无厘头、无主流价值支撑的文化产品充斥市场就会给文化产业发展带来诸多乱象。如果没有稳定清晰的价值诉求,市场不认可,群众更不认可,失去市场支撑的文化产业就会萎缩,失去群众认同的文化产业就没有生命力,以功利主义为中心→文化产品急功近利→文化市场无序萎缩,所有这些都与核心价值观建设与否直接相关。

第二,西方国家在全球化浪潮中借助文化产品推销自身的意识形态和价值观念,对我国核心价值观建设的可控性提出挑战。当前,文化全球化并不是每个民族文化平等交流、共同展现、和谐共处的舞台,而是世界文化各种力量相互竞争与冲突、并不断洗牌和重塑的过程。西方文化的全球性扩张导致不同文化之间的紧张矛盾。西方的文化产业正在成为全球文化的压路机,以压倒性的优势成为风靡全球的文化力量,它不仅在世界文化市场上销售着西方的文化产品与服务,而且还天然地传播着西方的意识形态和核心价值观。世界各地的人们在消费西方文化产品、追崇西方文化时尚的同时,不知不觉认同了西方的价值观。而我国文化产品未能充分确立和表达自身的价值立场和话语权,缺少文化自觉、文化自信和文化自强的立场与态度，存在着“失语症”和“他者化”的倾向。

第三，西藏发展文化产业面临一些制约因素。由于人口少、市场小、政府财力有限等原因，西藏文化产业非常落后，目前基本上处于萌芽阶段，与全国相比还有很长的路要走。“西藏的文化资源虽然丰富，但经营管理水平较低，文化资源的商品转化率很低，文化产品的精神内涵和艺术精致程度也很低，没有深度开发市场需求，也很难适应市场的竞争需要。”“除人文景观的开发已初具产业化规模以外，其他文化类别的产业，如影视、新闻出版、艺术、体育等行业则大多还在传统计划经济模式下，依赖国家事业经费支持；或小打小闹，形成不了规模化经营和规模效益。”①西藏在文化产业发展过程中主要存在以下问题：一是宏观管理混乱，文化产业多头管理、政出多门、各自为政，尚未形成协同办文化的合力。二是与文化产业相关的学术研究还非常落后。三是观念滞后，缺乏创新意识。有非常丰富的文化资源，对文化资源的开发利用却很不充分，还没有形成现代意义上的文化产业。四是资金投入不足，投资主体单一，行业限制过多，市场对人才、资金、技术等资源的配置没有起到基础性作用。五是缺乏产业化的生产经验，没有形成体系完整的市场运作程序，缺乏集约化的文化产业集团，缺乏现代文化策划、中介机构，没有具有影响力的文化产品品牌。六是情节设计、主题表达能力不强，对市场条件下通过文化产业培育核心价值观的客观规律认识和把握不够。七是人才奇缺。

三、在文化产业建设中培育社会主义核心价值观

第一，借鉴别国经验，文化产品生产要融入社会主义核心价值观。我们过去在倡导社会主流价值观过程中，往往存在与个人脱节、与市场脱节、与产业脱节的现象和问题。这使得我们的宣传只停留在墙上的标语和口号上，没有深入到每个人的内心。美国在这方面能够给我们提供比较好的借鉴。他们比任何国家都更讲意识形态，但在意识形态的宣传上则更富于策略。他们往往是用潜移默化的方式把要宣扬的理念融入到生

① 陈君里：《西藏文化产业的现状、问题与发展思路》，《开发研究》2005年第3期。

动活泼、形式优美的各种文化艺术表现形式之中。在文化产业的市场化运行轨道中,美国巧妙地将其所倡导的价值观融合到文化产品之中,同时充分利用当代科技的优势以及商业资本运作的成熟性,通过影视作品、新闻资讯、音乐、书籍等不同文化形式,讨巧地为自己贴上了“自由、民主、平等”这些价值标签,在全世界范围内塑造了一个“美妙美国”的印象。

30多年的改革开放中,我们更多的忙于发展经济,无暇在意识形态创新和整合上过多努力,致使文化发展相对滞后,进而成为发展的短板。当前,我们最急需要做的是要把社会主义核心价值观融入到文化产品生产中,以引导人们树立科学的世界观、正确的价值观和积极的人生观,并促进人们形成健康、文明、科学的生活方式,追求崇高的理想和高尚的道德。要特别注重文化产品所能承载的文化内涵,通过文化逻辑的转移和文化生态的变迁,形成明晰的主流价值诉求。这方面要多动脑筋,要将社会主义核心价值观融入得更自然一些,不要像“抗日神剧”那样以“弹弓打飞机”、“手撕鬼子”、“裤裆里藏炸弹”等情节来考验国人的智商,从而沦为笑柄;也不要分不清优劣和主次,如让后宫争斗、多角滥爱、凶杀暴力等和社会主义核心价值观毫不相干甚至背道而驰的价值观成为大众文化市场消费的主流;更不要用西方的价值观来解释中国传统文化,如用个人英雄主义来理解孔子、老子等,要深入对传统文化优秀道德和价值进行挖掘。习近平总书记在文艺工作座谈会上的讲话中指出:“文艺不能在市场经济大潮中迷失方向,文艺不能当市场的奴隶,不要沾染铜臭气。”[①]也就是说,文化产业发展要改变片面功利化的倾向,要有意识地将社会主义核心价值观自然而巧妙地融入多元的文化产品,抵御欧美的文化霸权,维护文化安全,确保文化主权,增强中国在全球的影响力。

第二,加强党和政府对文化产业的领导。目前,西藏文化产业尚处于起步阶段,特别需要政府的支持和庇护。政府要像对待自己的儿女一样珍视文化产业,真心呵护和引导文化产业健康发展。要立足西藏实际,放眼世界和未来,明确目标,落实责任,制定优惠的文化产业政策,加大投资

---

① 人民网,http://culture.people.com.cn/n/2014/1015/c22219-25841870.html.

力度，加强价值引导，积极培育文化市场；同时要做好监管，管理而不越权，服务而不包揽，在与市场分工合作互相取长补短中实现文化产业和社会主义核心价值观的双重大发展。

加强引导。文化产业有自己特殊的产业属性和运行规律，政府要充分重视和认真研究这些规律，综合运用经济、行政、法律、税收等多种手段，打好组合拳，引导多种主体加大对文化产业的投资，引导文化企业树立长远眼光，用心经营，诚信服务，引导文化产业把核心价值观作为产品的灵魂，提高产品质量，增强市场竞争力，对宣扬核心价值观成效显著的文化产品要重奖，并扶持这样的企业做大做强，做成龙头，做成“大品牌”。同时，防止无内在价值、反主流价值或低俗的文化产品的传播，对片面宣扬资本主义价值的外来文化产品要予以限制，对刻意丑化民族传统文化迎合西方价值的文化产品要予以教育，对宣扬暴力、色情、犯罪等反人类价值的文化产品要予以坚决取缔。

做好监管。在做好扶持引导的前提下，政府也不能放松对文化产业的“管教”，要念好“紧箍咒”，加强对文化产业的监管。一要理顺关系，文化、宣传、新闻出版、工商等部门要依法管理，精准管理，避免职责不清、推诿扯皮和以部门利益为重。二要切实转变职能，从过去“办文化”的大包大揽的职能中解放出来，把文化产业推入市场，让文化产业自主地在市场这个广阔天地里自由翱翔；从柴米油盐吃喝拉撒的微观管理中解放出来，采用法律的手段，充分利用市场机制，进行宏观调控；从敲敲打打横眉冷对的直接管理中解放出来，充分发挥协会、社区、同行等的管理作用，实现文化企业的自主管理。三要培育竞争、开放、统一、有序的文化市场，充分发挥市场的基础性作用，促进文化资源健康流动。四要加强对文化企业违法犯罪的打击力度，营造公平正义和谐稳定的法治环境，确保文化产业规范、有序发展。

第三，扎实推进文化体制改革。十八届三中全会吹响了全面深化改革的号角，文化体制改革是我国全方位改革事业的重要组成部分，是发展文化产业、提高文化软实力的根本。按照思想性、知识性、艺术性、观赏性相统一的要求，加强对文化产品创作生产的引导，更好地发挥文化引导社会、教育人民、推动发展的功能;按照体现公益性、基本性、均等性、便利性的要求,加快构建公共文化服务体系,更好地保障人民群众基本文化权益;按照规模化、集约化、专业化发展的要求,加快发展文化产业,不断提升我国文化的整体实力和竞争力,扎实推进文化体制机制改革创新。一是要通过“服务、咨询、监督、协调”等方式把文化市场的管理纳入规范化、法制化轨道,做到有法可依,依法监管,为文化产业的健康发展提供宽松有序的环境,让文化产业从小到大、从弱到强,踏踏实实、一步一个脚印地稳健发展。二是要建立多元化的投资融资体制,拓宽融资渠道,加大文化援藏力度,加快建立和发展文化产业基金组织、文化投资公司、资本市场融资和文化对口援藏等多元投资主体尤其是民间资本的参与。三是按照政企分开、政事分开原则,积极推进经营性文化事业单位的企业化改造。

第四,加强人才队伍建设,重视人才引进和培养。人才是文化产业发展的源动力。随着文化产业的快速发展,西藏文化产业发展中的人才短板已经充分暴露,成为制约文化产业发展的最大障碍。从西藏文化产业实际出发,加强人才队伍建设:一是要加大对高层次、复合型、营销型人才的引进。坚持“事业留人、感情留人、待遇留人”的原则,设立“人才发展专项资金”,建立健全分配激励和人才奖励制度,鼓励并积极推动用人单位利用股权、期权激励等形式,采取将人才的收入与业绩、贡献挂钩的绩效分配方法,使人才“引得进、留得住、用得上”,真正体现人才的价值。二是与单纯引进人才相比,本土人才的培养才是固本之举。文化企业要主动与高等院校或专业技校合作,企业提供资金,学校提供场所和智力支持,对企业现有人才或有志于文化产业的学生,进行系统培训,使他们尽可能比较全面地了解西藏传统文化知识。在西藏学习结束后到内地或国外继续学习,了解熟悉其他民族其他国家的文化,熟悉当今世界的流行文化,熟悉文化传播手法。这样培养造就的人才,既有深厚的民族文化功底又有开阔的世界眼光,既能传承传统文化的精髓又有寻找文化新的增长点的能力,只需为数不多的几人就足以带动整个西藏文化产业的巨大发展。三是要充分利用大学、科研机构、民间组织等加强对文化产业与核心价值观协同发展的研究。可整合西藏大学、西藏民族大学、西藏党校、社科院等各种力量，组建研究基地，专门从事文化产品价值观植入机制研究，为文化产业的构思、开发、制作、流通、营销以及开拓国内外市场等方面提供价值观支持，从而推动西藏文化产业和社会主义核心价值观协同发展。

第五节　在道德建设中加强社会主义核心价值观的培育

道德是人们心中的法律，是推动良好社会风气形成的重要基础。核心价值观和道德紧密相连、不可分割。核心价值观是社会道德的有机组成部分，又是社会道德的基本价值理念，道德教育是实现核心价值观向实践转化的基本途径。

一、把社会主义核心价值观作为道德建设的主线

习近平总书记指出："核心价值观，其实就是一种德，既是个人的德，也是一种大德，就是国家的德、社会的德。国无德不兴，人无德不立。如果一个民族、一个国家没有共同的核心价值观，莫衷一是，行无依归，那这个民族、这个国家就无法前进。这样的情形，在我国历史上，在当今世界上，都屡见不鲜。"[①]近年来，随着全球化浪潮的到来，以理性主义为代表的西方文化和以功利主义为代表的西方价值观等多元思想对中国传统的道德文化产生了巨大冲击，使得我国现代社会出现了一系列的价值问题，其中最重要的是国人价值观的混乱、价值共识的不足和核心价值观导向的缺失，这为公民道德建设带来巨大的困难。另一方面，由于市场经济过度强调利益追求、感官快乐和个人主义，否定主流价值，不断进行价值解构，导致价值观的碎片化。整个社会缺乏客观的、统一的价值标准，"价值多元论"和"道德相对主义"盛行，人的道德原则、道德价值，作为主观自由选择与创造的产物，丧失了绝对的、普遍的、合理的权威性，从而加剧了道德危机，导致了人们价值的紊乱和道德意识的沦丧。

现阶段的中国社会，物质力量急速膨胀，在某些领域已经挤压了道德

① 习近平：《在北京大学师生座谈会上的讲话》，《习近平谈治国理政》，外文出版社2014年版，第168页。

伦理,导致亲情、爱情、友情,以及各种美好的人性空间萎缩。几年前,广东佛山发生了轰动一时的“小悦悦事件”,2 岁女童小悦悦在佛山某五金城先后被两车碾压,7 分钟内 18 名路人路过,却都视而不见,最后是一位拾荒老人上前施以援手。这起有些出乎意料的“集体冷漠”事件,在中国社会引起热议,也引发舆论对中国社会一些领域道德滑坡的担忧。现实中暴露的精神贫瘠、道德荒漠化现象,让人揪心,有的人患上了严重的冷漠症,事不关己,高高挂起,能躲多远躲多远;有的人“围观心态”浓厚,凡事看看热闹足矣,只观望不参与;有的人遇事明哲保身,能不出头决不出头;有的人精于功利计算,时刻权衡利弊得失,只求个人利益最大化。种种不担当、不作为,为一些领域道德底线屡屡失守、道德问题层出不穷提供了温床。当前,不少中国人陷入了“扶不扶”和“救不救”的纠结,其根源来自于核心价值观的迷茫和困惑。一些恶性事件的发生,既牵涉到个别人的职业道德和守法意识问题,也与中国社会传统的孝亲、邻里、伙伴关系受到冲击有直接关系。

因此,我们最应当做的,也是最为重要的是用社会主义核心价值观统领不同社会主体的多样价值,使社会主义核心价值观成为我国公民的共同价值,增强中华民族的整体价值认同。公民道德建设的关键就是培育与增强公民的价值共识,即实现公民对社会主义核心价值观的认同。公民道德建设必须以社会主义核心价值观为核心与灵魂,社会主义核心价值观教育必须贯穿于公民道德建设的始终。当前西藏经济高速发展的过程中,也出现了道德滑坡的问题,解决经济快速发展背景下的道德领域问题,让灵魂跟上发展的脚步,是我们不得不做的一项艰巨工程。

二、形成目标一致、功能互补、全民参与的道德教育体系

西藏加强公民道德建设,政府要扮演好主要角色,发挥好旗帜和引领作用;学校、家庭、社会要协调一致,共同努力,做好道德教育工作;要调动广泛的社会力量,让每个社会成员积极主动地参与,使人人都成为道德建设的主体;要发挥社会先进分子的模范带头作用,形成人人争先积极向上的道德建设良好氛围。

公民道德建设离不开政府引领。在公民道德建设中，各级党委和政府承担着倡导者和推动者的角色，为整个活动提供思想指导、组织规划、协调推进和评审激励。公民道德的提升不光是个人的责任，更是政府的责任。首先，政府应对道德建设进行“顶层设计”，引导全社会加强道德基础理论的研究工作，将道德基础理论问题阐释透彻，让“人性自私”、“经济人假设”、“集体主义、爱国主义是假、大、空”、“拜金主义”、“享乐主义”、“人为财死、鸟为食亡”等错误观念原形毕露，让负面的道德论调无处藏身，不给负面的道德论调提供生存空间。其次，政府可以根据社会发展的需要，运用经济手段、法律手段，甚至是行政手段对核心价值观进行强有力的植入，运用各种手段组织、激励、引导公民积极参与到道德建设中来，从而增强道德建设的成效，推动社会不断进步。最后，政府在公民道德教育中应避免“不作为”、“短期行为”和“唱高调”。政府如果只是开展一些短期的一阵风似的活动，只会引起群众对形式主义的反感和对作秀的厌倦。在现实生活中，我们往往发现政府倡导的道德标准太高，与现实脱节，而且越讲越高，或只讲理想道德，不讲现实责任，从而导致公民对于政府的信任下降，使人们失去了完善道德品质的动机和动力。因此，政府应该利用掌控的社会资源，重视和引导公民道德教育，使人民在享受物质文明的同时，能够感受到道德文明带来的愉悦。

公民道德建设需要全民参与。公民道德建设中受教育者既是道德教育客体，又是道德教育的主体。以公民道德教育为载体培育社会主义核心价值观，离不开每个社会成员积极主动地参与，培育和践行核心价值观仰赖于唤起每一位公民的责任感和担当精神。只要从一点一滴开始、从日常小事做起，“勿以善小而不为，勿以恶小而为之”，人人都能散发道德的光芒，播撒道德的种子，让社会充满向上的正能量。光明前进一分，黑暗便后退一分。有更多人崇德向善、明德惟馨，核心价值观就会真正像空气一样无所不在、无时不有。不仅如此，以公民道德教育为载体培育社会主义核心价值观，还要求我们做到“真知”、“真行”、“知行合一”，把道德认知转化为自觉行动。文明，不去实践就不可能抵达。法治，不去奉行就无以彰显其公正。诚信，不去坚守就难以成其为风尚。一个社会的道德水平,从来不会取决于道德的看客,而是取决于择善而从的行动者。

公民道德建设还要社会协同。培育社会主义核心价值观需要家庭、社区、教育机构、德育工作者等共同努力。近年来,同全国一样,西藏的道德教育也出现了一些令人忧虑的现象。学校道德教育目标定位失当,重智育、轻德育,重课堂教育、轻社会实践,重校内教育、轻校外教育等现象比较突出,特别是内地西藏中学这根指挥棒,让学校更重视分数教育;一些家庭教育受学校"分数教育"导向的影响,片面强调能力,忽视美德教育;社会不良文化、大众传媒中的错误导向,社会不良风气的泛滥,对思想道德建设产生了极其恶劣的负面影响;道德教育的内容陈旧,缺乏针对性和时代性,没有充分考虑受众的心理特点,从而缺乏吸引力。等等。有鉴于此,我们必须要让家庭、学校、社会在道德教育方面达成一致,在道德教育的内容、手段、目标等方面达成一致,推动形成学校、家庭、社会既协同一致又互为补充的教育格局,消除矛盾,消除内耗,通过全社会共同努力,将公民道德教育做实,将社会主义核心价值观的培育做实。

三、加强制度建设,提供制度保障

加强制度建设尤其是法制建设,是纠正道德失范的最有力保障。如果没有制度这一硬约束机制的支撑,道德建设很难取得实效。"制度好可以使坏人无法任意横行,制度不好可以使好人无法充分做好事,甚至走向反面。"①现在我国道德滑坡、道德失范等问题,虽然与人的道德素养有关,但从根本上讲,则在于制度设计特别是诚信体系上存在漏洞,使得这些丑恶现象有机可乘、有空可钻。因此,加强制度设计,完善奖惩机制,形成一种"不敢为之"的环境,对保证道德底线、改善道德环境、传播道德文明具有十分重要的意义。

中国古代形成了以儒学经典为内容、以礼制规范为保障的德育制度。《诗经》、《尚书》、《仪礼》、《周易》、《春秋》、《孟子》、《大学》、《中庸》等经典确立了基本的道德内容,仁义礼智信、温良恭俭让、忠孝节勇廉成为人

---

① 邓小平:《党和国家领导制度的改革》,《邓小平文选》(第2卷),人民出版社1994年版。

们信守的基本价值和道德准则,纲常名教、乡规民约、族规家训等礼仪制度以强制性和规范性使婚姻、血统、长幼、尊卑等社会关系进一步巩固。在道德建设过程中,德国也曾出现过“扶不扶”、“救不救”的问题,最后通过立法得以解决。德国人很少吵架,德国已经立法惩治恶意骂人,比如“你是一头猪”就得罚款500欧元。德国人乐于助人,其中一个重要原因是见死不救要受罚。《德国刑法典》第323条C项规定:“意外事故、公共危险或困境发生时需要救助,根据行为人当时的情况急救有可能,尤其对自己无重大危险且又不违背其他重要义务而不进行急救的,处1年以下自由刑或罚金。”新加坡道德建设坚持教育与法治双管齐下,一方面大力倡导公民道德教育,由政府、社区、学校和家庭四方编织起了一道密集的网络,为公民道德建设营造了良好的社会环境。另一方面,奉行以法治国、以德育人的政策,加强对不良道德行为的惩治,比如乱丢垃圾被发现,除了要课以20至1000新元的罚款外,违者还可能要穿上标有“我是垃圾虫”的黄马甲,参加扫大街的强制劳动。

以上事例启发我们:社会主义核心价值观的培育需要一定的社会制度作为保障。社会制度具有决定意义,不仅能协调社会行为、调适人际关系、建立社会正常秩序,而且能影响人们的价值观念和道德状况,为个体提供思想和行为模式。一套符合时代要求、公平正义的社会制度,可以借助其强制性,公开倡导和弘扬某种伦理道德,把道德规范固定下来,给社会成员以基本的行为准则,让社会成员明白该做什么,不该做什么,长期以往人们的行为便会由不适而习惯,由习惯而成自然,在潜移默化的影响下道德成为人的无意识存在。好的制度可以引人向善。

从西藏实际出发加强道德制度建设,可以从以下几个方面着手:一要建立一整套切实可行的道德教育制度,对教学内容、学习时间、考核方式等作出明确要求。坚持政府、学校、家庭、社区、工作单位、社会团体六位一体,六方相互协调,积极互动,让道德教育渗透于社会的各个角落,让社会主义核心价值观成为道德教育的必要和核心内容。二要坚持道德法律化,加强道德立法,严格道德执法。对见死不救、不尊老爱幼、暴粗口、行人闯红灯、不讲公共秩序、不尊重民族风俗习惯等不文明不道德行为以法律的方式予以惩戒，通过法律的强制功能引领社会大众形成良好的道德风貌。三要建立道德奖惩机制。春秋时期，鲁国制定了一道法律，如果鲁国人在外国看见同胞被卖为奴婢，只要他们肯出钱把人赎回来，那么回到鲁国后，国家就会给他们以赔偿和奖励。这道法律执行了很多年，很多流落他乡的鲁国人因此得以重返故国。后来孔子有一个弟子叫子贡，他是一个很有钱的商人，他从国外赎回来了很多鲁国人，但却拒绝了国家的赔偿，他觉得这件事对于他是举手之劳，不用政府给予奖励，就当做了一回好事。孔子知道了这件事，非常生气，骂了子贡一通，他说："你救回了那些鲁国人，不要政府的奖励，你觉得做了一件好事，但是你这样做会使别人的救援成本上升，别人会觉得救了人再去政府领取奖励是可耻的行为，这样会形成恶性循环，最后就没有人去救鲁国人了。你这是好心办了坏事啊!"孔子的另外一个学生子路家没钱，有一次救起一个落水的农夫，该农夫非常感激，愿意回报一头牛，子路家正好缺劳动力，欣然受之。这事传到孔子耳里，孔子大喜，说："今后再有人落水，愿意救人的必定会多起来"。道德本身的力量常常无法鼓励所有人从善，一定程度地运用利益手段可以激励公民的善行，强化公民道德认同并践行道德行为。对于公民个体来说，讲道德（如救死扶伤）常常伴随着一定的利益牺牲，国家应建立一套制度，使奉献者得到应有的奖励和补偿，达到德福统一。同时，也应建立一套制度，使不良的道德行为、使损人利己者得到应有的惩罚。四是尝试建立公民道德诚信档案。西藏人口少、受市场功利主义的影响相对比较小，可以尝试先其他省市一步建立公民道德诚信档案。公民道德诚信档案应当附加在公民身份信息的内容中，按身份管理程序，由法律授权部门负责管理。对于出现违反公民道德行为规范和诚信品德操守的行为者，经授权的文明管理部门确认或鉴定，由其所在的单位或户籍管理部门对本人予以告诫，因失德失信造成其他公民利益损失或危害社会的，由授权部门在告知本人的前提下，录入个人道德诚信档案。此记录可作为其就业、晋职、贷款、社会购买行为、出入境行为、享受社会养老保险、医疗保险及经贸合同行为的可信度参考。[①]

四、创新方式方法，增强实际效果

针对当前西藏道德领域存在的新情况新问题，要使各族群众发自内心地践行社会主义核心价值观，增强社会主义核心价值观培育的实际效果，我们必须改革道德建设方式方法，缩短社会主义核心价值观与人民大众的距离，不断与时俱进、改进创新，提高道德建设的针对性和实效性。

第一，要提高科学性。最高明的宣传最不像宣传。要克服盛气凌人的官僚主义作风，跳出居高临下的说教口吻和生硬呆板的叙述方式，坚持宣传工作与现实生活接轨、与时代脉搏共振、与各族群众连心，实现宣教工作的艺术化和审美化。要充分发挥群众的积极性、主动性和创造性，充分利用藏民族传统文化、传统节日、风俗习惯等形式，引导群众在自我教育中提升思想觉悟。要善于将宣传理念融入各类催人向上的科教、体育、文艺、娱乐活动，注重润物无声、以情感人、循序渐进，让人们在各种文娱活动中不知不觉地将社会主义核心价值观入脑入心。要敏锐把握各族群众思想活动的新特点、新变化和新趋势，善于运用网络、微信、微博、手机短信等新媒体新平台，增强道德教育的针对性，提高社会主义核心价值观培育的实际效果。

道德教育必须充分把握教育对象的心理，不能施加超越教育对象承受范围的道德要求。道德教育要坚持先进性与普及性相结合的方针，区分不同的人群和教育对象，根据不同年龄、不同思维发展水平的人群，因人、因时、因事地进行施教，做到有的放矢。要多用鲜活通俗的语言，多用生动典型的事例，多用喜闻乐见的形式，多用疏导的方法、参与的方法、讨论的方法，进一步增强工作的针对性和实效性，增强吸引力和感染力。道德建设要从最基础的层次开始，要抓好社会公德教育，从身边事做起，从身边人学起，坚持在日常生活和工作中从我做起、从现在做起、从身边小事做起，自尊自爱、关爱他人、诚信为本，真正做到将核心价值观内化于

---

① 尹雪梅：《公民道德诚信档案亟待建立》，《工人日报》2014年3月11日。

心、外化于行。

第二，注重实践养成。道德建设不应是空洞的说教，而重在实践的养成。重视社会实践在道德教育中的重要作用，应紧密联系人们的生产生活实际，把道德建设融入日常工作学习中，鼓励人们由近及远、由浅入深，自觉遵守社会公德、职业道德、家庭美德、个人品德的要求。开展喜闻乐见的道德实践活动，让人们在为家庭谋幸福、为他人送温暖、为社会作奉献的过程中，领悟崇高、感受光荣，提升精神境界、培育文明风尚。要挖掘并利用各种资源，为培养公民良好道德素质创造良好条件，把道德教育的重心转移到对实践的指导上来，促使人们把自觉实践作为道德教育的出发点和归宿，促使道德建设实现由“知”到“行”的稳步过渡。

第三，积极开展群众性精神文明创建活动。通过“道德讲堂”、“百姓故事会”等活动，使道德典型让大家看得到、学得到，让抽象、枯燥的理论具体化、形象化。通过建立覆盖各个领域的道德讲堂，传播凡人善举，传播凡人道德故事，讲述身边人的模范事迹，把身边人的道德事迹传播到广大群众中，让更多平凡英雄和凡人善举进入人们的视野，使人们见贤思齐，使道德模范可亲、可敬、可信、可学，推动先进道德理念入脑入心、外化于行，在全社会营造“讲道德、做好人、树新风”的浓厚氛围，形成“好人有好报”的社会共识，推动“知行合一”的道德实践，将先进的道德理念内化为群体意识，在行为上由他律转向自律，从而实现知行合一，让社会充满正能量。

参考文献：

1. 陈来：《回向传统》，北京师范大学出版社 2011 年版。

2. 张岂之：《中国思想史》，西北大学出版社 1993 年版。

3. 李景林：《教化的哲学》，黑龙江人民出版社 2006 年版。

4. 多杰才旦：《西藏封建农奴制社会形态》，中国藏学出版社 1996 年版。

6. 葛兆光：《中国思想史》，复旦大学出版社 2001 年版。

7. 乔根锁：《西藏的文化与宗教哲学》，高等教育出版社 2004 年版。

8. 格勒:《藏族早期历史与文化》,商务印书馆 2006 年版。

9. 马丽华:《风化成典:西藏文史故事十五讲》,中国藏学出版社 2009 年版。

10.《邓小平文选》(1－3 卷),人民出版社 1983 年版。

11. [法]石泰安:《西藏的文明》,耿昇译、王尧审订,中国藏学出版社 1999 年版。

12. 班班多杰:《拈花微笑》,青海人民出版社 1996 年版。

13. 王森:《西藏佛教发展史略》,中国藏学出版社 2002 年版。

14. 王辅仁:《西藏佛教史略》,青海人民出版社 2005 年版。

15. [意]图齐:《西藏宗教之旅》,耿昇译、王尧校订,中国藏学出版社 2005 年版。

16. 赵萍、续文辉:《简明西藏地方史》,民族出版社 2000 年版。

第四章　通过教育传播和培育社会主义核心价值观

国民教育是积极培育和践行社会主义核心价值观的主渠道、主阵地。习近平总书记在第六次西藏工作座谈会上指出："要把社会主义核心价值观教育融入各级各类学校课程，推广国家通用语言文字，努力培养爱党爱国的社会主义事业建设者和接班人。"西藏应把社会主义核心价值观纳入国民教育体系中，通过系统科学的传播方式，使社会主义核心价值观真正成为整个社会主导的、主流价值标准和价值导向。引导广大学生自觉追求富强、民主、文明、和谐的国家理想，弘扬自由、平等、公正、法治的社会价值，遵守爱国、敬业、诚信、友善的道德规范，使其自觉践行和传播社会主义核心价值观，是培育和传播社会主义核心价值观主要途径。

第一节　把社会主义核心价值观纳入国民教育的重大意义

面对全球思想文化交流、交融、交锋的新形势，面对思想意识多元、多样、多变的新特点，面对西藏反分裂斗争的严峻形势和封建思想还有一定残余的现实状况，在大、中、小学积极开展社会主义核心价值观教育，对巩固马克思主义在意识形态领域的指导地位，巩固全党全国人民团结奋斗的共同思想基础，促进西藏社会健康发展，引领西藏经济社会全面进步，实现西藏长治久安，实现中华民族伟大复兴的中国梦，都具有非常重要的意义。

第一，把核心价值观培育与养成纳入国民教育，是实现中华民族伟大复兴中国梦的现实需要。习近平总书记指出："实现中华民族伟大复兴的中国梦,就是要实现国家富强、民族振兴、人民幸福。”①西藏作为中国西部欠发达地区,经济、文化、社会等各方面的发展都相对落后,又处于反分裂斗争的第一线,要与全国一道建成小康社会、实现中华民族伟大复兴的中国梦,西藏人民就必须要在社会主义核心价值观的引领下,坚持走中国道路,弘扬中国精神,凝聚实现中华民族伟大复兴中国梦的强大正能量,激发经济、文化、社会的发展动力,在经济社会发展新的起点上,进一步推进改革开放和社会主义现代化建设。而青少年必将成为西藏建设和发展的主力军,必将承担西藏发展稳定和社会主义事业的重任。所以,对青少年进行社会主义核心价值观教育,既有利于他们的健康成长和全面发展,使他们成为合格的社会主义事业的建设者和接班人,也是实现中华民族伟大复兴中国梦的现实需要。

第二,把核心价值观培育与养成纳入国民教育,是巩固马克思主义在意识形态领域指导地位的迫切需要。意识形态工作是党的一项极端重要的工作。面对当前日趋复杂的国际、国内环境和西藏反分裂、反渗透的严峻形势,能否做好意识形态工作,事关党的前途命运,事关国家长治久安,事关民族凝聚力和向心力。西方敌对势力、反华势力、十四世达赖集团长期以来利用各种途径和手段对西藏进行资本主义意识形态输入和文化渗透,学校成为敌对势力进行渗透活动的重要对象之一,敌对势力的渗透活动对青少年学生的健康成长在某种程度上构成了严重威胁,西藏教育系统尤其是高校成为反分裂、反渗透的前沿阵地。再加高校毕业生职业选择的多样性和巨大的就业压力,青年学生原有的道德标准和价值理念受到冲击,致使一些学生在价值评判和行为准则选择上,感到迷茫困惑。社会主义意识形态面临着异常复杂的新考验、新挑战,社会主义意识形态的吸引力和凝聚力受到了前所未有的严峻挑战。在这种背景下,把社会主义核心价值观纳入国民教育,就能正确引领各种社会思潮,自觉抵制西方资本主义国家意识形态的传播和敌对势力的思想渗透,进一步巩固马克思主义在意识形态领域的指导地位。

---

① 习近平:《习近平谈治国理政》,外文出版社 2014 年版,第 39 页。

第三，把核心价值观培育与养成纳入国民教育，是巩固全国各族人民团结奋斗共同思想基础的基本要求。共同的思想基础，是一个党、一个国家、一个民族赖以存在和发展的根本前提，没有共同的思想基础，党就要瓦解、国家就要分裂、民族就要解体。在当今社会人们思想观念和价值取向日益多样多变的情况下，把社会主义核心价值观纳入国民教育，加强青少年学生的理想信念教育、爱国主义教育和思想道德教育，对于青少年树立正确的世界观、人生观、价值观，树立正确的马克思主义祖国观、民族观、宗教观和文化观，树立“三个离不开思想”（即汉族离不开少数民族，少数民族离不开汉族，各少数民族之间也互相离不开），珍视民族团结生命线，自觉维护全国各族人民团结奋斗的共同思想基础，都有重要现实意义。

第四，把核心价值观培育与养成纳入国民教育，是西藏文化发展的客观要求。西藏文化是中华民族多元文化的重要组成部分，是中华文化和人类文化宝库中的一颗璀璨明珠。但西藏传统文化尤其是宗教文化非常庞杂，在这些文化中积极思想和消极思想同在、精华与糟粕共存。那些优秀的西藏传统文化蕴含着丰厚的民族精神和道德理念，是青少年思想道德建设的重要养分，它对青少年人生观、价值观以及理想信念、思想道德的教育都有着积极作用；同时，那些封建的、落后的、迷信的文化糟粕对青少年的思想毒害作用也不可小觑。因此，把培育和践行社会主义核心价值观纳入西藏自治区国民教育，以社会主义核心价值观为指引，对于西藏传统文化取其精华、去其糟粕，发挥其积极因素，使精华部分广泛传播，不断扩大影响力，使其在西藏青少年思想道德教育中发挥积极作用，并促进西藏传统文化积极健康发展。

第五，把核心价值观培育与养成纳入国民教育，是贯彻党的教育方针和实现社会主义教育根本任务的迫切要求。西藏青少年是社会主义事业建设者和接班人的重要组成部分，是西藏未来社会发展的主力军，就目前情况看来，西藏青少年思想政治状况主流是好的，是积极、健康、向上的，但也存在着理想信念不坚定、人生追求模糊、道德追求淡漠、封建残余思想仍存、诚信意识缺失等现象。所以，在西藏把社会主义核心价值观融入国民教育体系，是培养合格的社会主义建设者和接班人的迫切要求。

第二节　把核心价值观教育与养成纳入国民教育的基本途径

习近平总书记强调："要从娃娃抓起、从学校抓起，做到进教材、进课堂、进头脑。要润物细无声，运用各类文化形式，生动具体地表现社会主义核心价值观，用高质量高水平的作品形象地告诉人们什么是真善美，什么是假恶丑，什么是值得肯定和赞扬的，什么是必须反对和否定的。"[①]这一论述为培育和践行社会主义核心价值观指明了基本途径和方法。

就目前情况来看，西藏各级各类教育主要分为义务教务（普通小学和普通初中）、高中阶段教育和高等教育三个阶段，学前教育在西藏整体发展水平较低。本文把国民教育分为中小学阶段（包括小学、初中和高中3个阶段，大约12年的时期）和高等教育阶段（大专、本科、研究生3个阶段）两个大的阶段。

一、把社会主义核心价值观教育纳入西藏中小学教育

青少年是中国特色社会主义事业的接班人，在青少年群体中培育和践行社会主义核心价值观，不仅关系到下一代人的健康成长，也关系到社会主义和谐社会建设的百年大计。[②] 进行社会主义核心价值观教育，应该把青少年群体作为重要对象。中共中央办公厅印发的《关于培育和践行社会主义核心价值观的意见》明确提出，"把培育和践行社会主义核心价值观融入国民教育全过程"。[③] 对现代公民来讲，中小学（包括小学、初中和高中3个阶段，大约12年的时期）是绝大部分青少年都要经历的重要阶段，这一时期是人的世界观、人生观、价值观形成的关键时期，具有非常强的可塑性。在西藏中小学学生中开展社会主义核心价值观教育，会受

---

① 新华网，http://news.xinhuanet.com/mrdx/2014-02/26/c_133143867.htm.

② 陆士祯：《如何开展社会主义核心价值观教育》，《人民教育》2007年第7期。

③《关于培育和践行社会主义核心价值观的意见》，《人民日报》2013年12月24日。

到多种因素的影响和制约,这些因素包括经济社会因素(教育环境)、中小学学生群体的特征(教育客体)以及教师队伍的整体能力和水平(教育主体)等等。

(一)西藏中小学学生群体的特点

在西藏中小学学生中推行社会主义核心价值观教育,必须要对西藏中小学学生群体的总体特征有着较为深入的了解和认识。作为核心价值观教育的对象和接受者,当今西藏中小学学生群体与以前相比、与国内其他省区市相比,既有共点也有特殊性。主要表现在:

第一,中小学时期的学生处在快速成长的阶段。中小学时期,正是一个人从儿童时期向青年时期过渡的阶段,身体快速发育、心智不断成熟,这一时期的学生,思维活跃、接受知识的能力强,同时也处于叛逆期,鉴别力较弱,易于接受一些新奇的思想和观念。

第二,家庭和学校是中小学学生群体的主要活动场所。这一时期的学生,大部分的活动都是在家庭和学校中完成的,家长和教师、同学是他们主要的交往对象。家庭生活对于青少年的伦理意识和道德意识会产生较大的影响,学校生活则会促使他们产生规则意识和集体观念,尤其到中学以后,部分学生开始住校,集体生活更是对学生的价值观产生重大影响。

第三,网络文化对城市中小学学生群体产生深刻影响。在当代社会条件下,生活在城市的中小学生从小接触电视、网络、手机等现代信息传播手段,能够快速地接受和传播各类信息,尤其是在网络文化影响下,城市的中小学生更为开放,思想更为多元化。

第四,农牧区中小学学生群体观念相对保守和封闭。相对于城市的青少年,农牧区尤其是处于牧区的青少年接触外界信息的能力相对较弱,机会较少,传统生活方式、传统观念和佛教文化对他们的影响更大。

(二)西藏中小学教育发展的总体情况

中小学学生群体的社会主义核心价值观教育,是整个中小学教育的内容之一,是包含在整个中小学教育过程之中的,所以,西藏中小学教育发展的总体情况,也会在一定程度上影响到核心价值观教育的效果。

长久以来，在中央的大力支持和各兄弟省市的无私援助下，西藏自治区大力发展教育事业，取得长足进步，但相比较而言，城乡中小学教育的发展水平相差较大，城市中小学教育在资金、基础设施建设、师资培养、教材和教学设备配备等方面，都发展较快，教学质量较高；而农牧区中小学教育则相对落后，基础设施建设较差，教材和教学设备配备不足，教师水平较低且教师流动性很大，由于受农忙、虫草采挖季节和传统观念等因素的影响学生上课时间也无法保证，这些问题的存在，限制了农牧区中小学教学质量的提高，在一些地区，中小学学生的入学率、升学率都比较低。可以看出，在城市的中小学中开展核心价值观教育，相对容易，而在农牧区的中小学开展核心价值观教育，由于一些现实条件的制约，存在一定困难。

（三）西藏所处的整体社会环境

一个地区所处的社会环境，决定了这一地区的社会文化氛围，从而在很大程度上影响到核心价值观教育的开展。西藏是一个经济发展较为落后的民族地区，有着非常独特的经济社会环境和社会文化。主要表现在：

第一，作为一个以藏族为主体的少数民族地区，有着独特的民族文化和传统习俗。藏民族作为中华民族大家庭的重要组成部分，独特的藏族传统文化也同中华传统文化一样，既有其优秀的部分，也有其糟粕的部分，会影响到核心价值观教育的开展。同时，各族群众的宗教信仰传统，尤其是农牧区的中小学生，从小耳濡目染佛教文化，其中有些成分定会对核心价值观教育的开展产生冲击。

第二，西藏经济发展水平较低。市场经济发育程度较低，尤其是在农牧区，由于环境的封闭而造成的信息交流的滞后，经济方式转变的速度也相对较慢，还存在着较为落后的生产生活方式，在相对封闭的环境下，与传统生产生活方式相适应的价值观念也会产生较大影响，将不利于社会主义核心价值观的推广和传播。

第三，西藏面临着比较严峻的维稳形势。以十四世达赖集团为代表的分裂势力不断进行破坏活动，打着宗教的旗号传播与社会主义核心价值观相对立的封建农奴制残余思想，甚至在个别地区，这些思想还有着一定的影响力,这对开展社会主义核心价值观教育造成了一定的阻碍。在中小学教育阶段推行社会主义核心价值观教育,要在认真分析当前社会主义核心价值观教育所处的内外部环境和教育对象(中小学学生群体)特征的基础上,充分发挥学校、家庭和社会在核心价值观教育中的积极作用,采取各类文化形式,运用生动具体有效的教育方式,激发受教育者的积极性和自主性,以求取得最好的教育效果。

(四)充分发挥学校、家庭和社会三者的积极作用

开展社会主义核心价值观教育是一项艰巨的系统工程,需要多种社会力量共同承担。中共中央办公厅印发的《关于培育和践行社会主义核心价值观的意见》明确提出,"完善学校、家庭、社会三结合的教育网络,引导广大家庭和社会各方面主动配合学校教育,以良好的家庭氛围和社会风气巩固学校教育成果,形成家庭、社会与学校携手育人的强大合力。"①

首先,学校应该成为传播和灌输价值观的主要场所。一是要加强教师队伍建设。拥有一支品行端正、政治可靠、素质优良、知识丰富、专业过硬的教师队伍,在学校中不仅能够给学生传授各类专业知识,同时能够言传身教、为人师表,成为学生学习的榜样。各级学校教师要根据不同阶段学生的心理特点,引导学生自觉接受和践行社会主义核心价值观,成为社会主义核心价值观的践行者和传播者。二是要加强校园文化建设。利用文字、图片、板报、横幅、口号、手机、网络等形式,将社会主义核心价值观的宣传融入校园文化建设之中。三是加强课程体系建设。不论是思想品德课还是专业课,都要进行科学的设计和实施,针对不同年龄阶段、不同特点的学生设计不同的授课内容和授课方式,形成科学合理的社会主义核心价值观教育体系,增强对中小学学生的吸引力和感染力,使他们肯听、肯信、肯接受、肯传播、肯践行。四是注重教材的编写和使用。教材是开展核心价值观教育的重要工具,目前,虽然在全国范围内已经编辑和出版了一些针对青少年的社会主义核心价值观教材,但在西藏区内还没有适合西藏区情、适合西藏中小学学生特点的本土教材,尤其没有藏文核心

①《关于培育和践行社会主义核心价值观的意见》,《人民日报》2013年12月24日。

价值观教材。所以，编写适合西藏青少年的教材，应该成为一项重点工作。

其次，家庭应该重视对中小学学生的言传身教。父母是孩子的第一任老师，家庭是孩子的第一课堂，家长的个人文化素养、道德情操的水平直接影响孩子价值观的建立。作为家长，一方面要重视对孩子的思想教育、品德教育、人格教育、心理健康教育和文明礼貌教育，积极引导他们树立正确的世界观、人生观、价值观、道德观、是非观和荣辱观。另一方面需要为青少年率先垂范，从自身做起，从小事做起，要求孩子做到的自己一定首先做到，要以自身良好的品行修养为青少年做出表率，奠定良好的基础。

最后，社会应该成为开展核心价值观教育的大讲堂。对社会而言，应该注重良好社会风气和社会氛围的营造，有效利用各类媒体传播渠道，尤其注重网络媒体和微博、微信等新兴媒体的使用，在全社会范围内开展社会主义核心价值观的宣传，营造崇尚真善美的社会氛围，提高社会成员对于社会主义核心价值观的认同度，对青少年产生潜移默化的影响。

（五）重视社会实践对核心价值观教育的重要作用

从本质来说，核心价值观教育不仅是知识的传授，更要寓学于行、躬行实践，不断地将社会要求、标准、理想转化为个人的需要、准则、信念，并用来支配自己的行动，养成良好的行为习惯，达到知行合一的效果。① 对于当前的青少年来说，社会实践对于价值观的形成具有重要的影响，如果说内化于心是前提和手段，那么外化于行才是结果和目的。德洛什认为，“学校的课外活动能够帮助学生体验和践行自律和自爱、合作与团队精神、尊重与责任感、归属感和奉献精神等道德价值。在许多情况下，课外活动计划有助于学生实践和运用共识性价值，以及发展良好品格特质。”②

第一，可以利用各类参观考察对学生进行教育。有许多可以对学生进行社会教育的场所，包括文化馆、青少年宫、美术馆、图书馆、科技馆、博

① 邱国勇：《社会主义核心价值观教育研究》，武汉大学博士学位论文 2013 年。

② EdwardF. Deroche, MarryM. Williams. EducationHeartsandMinds: AcomprehensiveCharacterEducationFramework [M]. CorwinPress, Inc, 1998: 74.

物馆、体育场馆、风景名胜、历史事件纪念馆、纪念塔、烈士陵园、历史文化遗迹、动植物园、名山大川、江河湖海等等。由于这些场所自身的特殊性，它往往能够使置身于其中的个体在潜移默化中受到各种积极影响。[1] 为加强对学生的教育，有条件的学校或者家庭可以组织学生到这些场所进行参观考察。

第二，可以组织学生参加各类课外组织和集体活动。目前中小学中有少先队、共青团以及各类兴趣小组等学生组织，同时学校也会组织演讲比赛、歌唱比赛、运动会、公益活动等集体活动。参加这些组织和活动，能够丰富学生的课余生活，锻炼学生的组织和交往能力，从不同维度影响学生的责任意识、集体意识、义务意识、服务意识、审美意识等，培养学生形成一定的价值观。

（六）深入研究青少年的生理心理特征和成长规律

青少年正处于感性主导其生活方式、理性尚未成熟的阶段，在这个阶段实施核心价值观教育必须考虑到中小学学生群体的特征，尊重并深入研究这一群体特殊的生活方式、心理成长与理解规律、价值观形成规律。[2]

首先，改变传统灌输式的教育方式。社会主义核心价值观的教育，关键的问题是如何将那些大的、抽象的、理论性的、与孩子现实生活有一定距离的，甚至是相对较为空洞的观点、理论转化为孩子们切实需要、乐意接受、能够理解的东西。[3] 未成年人核心价值观教育不能囿于课堂说教，可以通过情景预设、问题引入、两难故事、价值论辩、价值践行等灵活多样的形式实施核心价值观的启迪、融合与导引，把未成年人的价值认知、价值情感、价值态度、价值选择以及价值行为等作为一个整体，综合考虑到核心价值观教育的过程之中。

其次，要重视和运用新媒体和网络手段。网络以及手机在中小学学生群体中的普遍使用，使得学生在家长和老师的教育之外，有了其他的了解社会、认识世界的工具和手段，新媒体中存在的信息，会对他们世界观、

---

① 邱国勇：《社会主义核心价值观教育研究》，武汉大学博士学位论文2013年。
② 参见崔振成：《未成年人核心价值观教育的三个基本问题》，《中国德育》2014年第5期。
③ 陆士祯：《如何开展社会主义核心价值观教育》，《人民教育》2007年第7期。

人生观和价值观的形成产生重大的影响。在进行社会主义核心价值观教育时不能忽视网络和新媒体的影响力，应该有效运用这些工具，通过这些工具传播核心价值观。当然，还要加大对网络和新媒体的监管，引导学生对不良信息进行甄别，防止对学生产生不良影响。

二、把社会主义核心价值观教育融入西藏高等教育

价值观的培育是高校教育的首要任务。在中国古代教育形成之初，便以礼乐为教育之首，礼乐教育便是古代高等教育重要的价值观教育。在高等教育阶段，如何使得社会主义核心价值观教育贯穿其中，并引领整个国民教育之价值观教育是一个不可回避的问题。高等学校在承担教学育人、科学研究、服务社会等基本职能的基础上，以思想育人为基础，将社会主义核心价值观教育内容贯彻其中，是非常重要的任务。

当代社会，因社会思潮的多元化、价值多元化和信息网络化，大学生思想活动的独立性、选择性、多变性、差异性明显增强，再加上西藏各类高校是敌对势力进行渗透活动的重要对象之一，高等学校社会主义核心价值观教育自然面临严峻挑战。我国目前价值教育方面存在以下几个影响因素。

（一）自媒体时代的信息失真与信息不平衡对学生个体的影响

科技发展以惊人的速度充实着现代人们的生活，网络以其信息交流便捷的特征和信息集散于一体的独特特征影响着人们的生活方式和信息选择。在多样化的网络信息时代，自媒体又以其快速集散的特征吸引着广大青少年的眼球，并在极大程度上影响着青少年生活方式、信息接收方式、甚至是信息分析渠道。在多样的自媒体传播过程中，多样化的信息相互交融，其中有正面的，也充斥着一些反面的消极的，甚至是违反社会公德和法律法规的信息。加上自媒体超时空的信息传播方式，无疑是对传统宣传思想教育的重大挑战。[①] 由于人具有对奇特信息的猎奇心理，众多媒体机构为了获取较高的点击率和金钱效益，极力寻求一些暴力、色情等

① 参见邵璀菊：《微信对大学生核心价值观教育的冲击与应对》，《当代教育理论与实践》2013 年第 11 期。

消极信息，这样的信息影响着个体的价值选择，并影响着个体在某些方面的行为倾向，是一种对社会正能量的削弱。其次是信息快餐式、消费化的倾向严重影响着信息的均衡性，信息的均衡一旦被打破，就会使得青年学子将信息选择指向趣味化和低俗化，必然影响着核心价值观的养成。

（二）基础教育与中等教育阶段思想政治教育的失衡与概念疲劳对学生个体的影响

教育的目标指向性和结果延后性特征，从一定程度上要求各级各层教育必须有一以贯之的教育价值选择和统一的目标导向。虽然教育法规定我国的教育方针是培养社会主义事业的建设者和接班人，但具体到不同层次的教育环境之下，这个目标显得与整体目标脱节，尤其是价值观教育方面更是出现严重脱节的倾向。

在高等教育前，因升学等各种客观因素的影响，不管是小学升初中、初中升高中还是高中升大学，所有基础教育和中等教育的学校教育目标和家庭教育目标都指向升学成绩，社会对于高等教育前的教育层次目标评价和个体评价都是升学成绩，忽视了真正意义上的价值观教育和理想信念教育。那么进入大学后，价值观教育就显得有点乏力，后劲不足。进入高等教育后，众多学校以应用型人才培养为目标诉求，忽略了价值观教育的地位或者被动地做出一些教育行为，不利于学生正确价值观的养成。另外，纵然有某些所谓价值观教育，也仅仅是停留在概念传授、概念解析等层面。从基础教育到中等教育，再到高等教育，在思想政治教育和道德教育层面的概念解析太泛且过于概念化，导致学生对相应的价值理念产生概念的疲劳感，进而反感大学进一步的价值观教育。

（三）利益分配格局分层的影响

现代社会是一个经济形态多样化的社会，在多样化的经济社会中，由于社会层面的实用性价值导向作用和对于经济利益的过度追求，使得个体在成长过程中受到了过多经济利益的价值影响，并以此经济效应来分析其遇到的各类事件，处理相关关系和问题。在社会上，由于市场经济的开放性和生产力分配与生产资料再分配等方式的影响，社会经济利益分配上出现了若干以经济地位为基础纽带的社会分层，这种社会分层影响着各自的价值呈现。独特的价值选择和价值倾向对特定的群体产生了先天的职业价值、伦理价值影响，而这些明显地、鲜明地影响其利益构成的经济分配格局状态下的价值氛围，也当然地影响着在这种环境下成长起来的青年学生个体。

改革开放带来的社会经济成分、组织形式、就业方式、分配形式和利益关系的多样化，使人们思想活动的独立性、选择性、多变性和差异性不断增强，一些历史与现实的、复杂的逻辑构成，对大学生的价值观念形成带来一定冲击，使得大学生在思想上出现困惑与疑问，认为市场经济讲求利益、崇尚个性，对学校正面倡导的“核心价值观”不以为然。[①] 这种不以为然是一种先天的对于自己成长环境和影响环境的价值的维护，当这种价值观与社会主流价值观念相冲突时，便以一种自然状态的方式排斥主流价值形态。尤其是在信息社会对某些以经济形态为基础的社会事件的宣传之后，青年学生个体更以一种稚嫩的“英雄情结”来维护自己成长环境的价值观念。这种现象在西藏高等学校的学生中，尤其是中小学阶段在相对落后的地区上学的学生中表现更为突出。

（四）价值多元冲击的影响

进入高等学校的大学生个体必然受到学校校园文化、教师授课理念、课程价值等的影响，而由于高校的文化阵地性质，决定了进入高等学校的文化形态、课堂知识结构、课程价值等都是一种价值迁移与价值运行的探索者和积极表现者，常常具有价值形态的开放性、价值内容的探索性、价值倾向的重新评估性。在这种价值的探索与重新评估的过程中，就自然而然地接受到外部各类附加价值的信息载体的价值传播，或者以同化或者以异化的方式进行着价值的选择。在此价值选择中，青年个体便自然地进行着自我价值与社会价值的双重选择和矛盾抉择。一般来讲，大学生价值观中日益重视社会价值，但在社会价值与自我价值的选择中表现出了矛盾性，在政治观、职业观、道德观、心理健康观、婚恋与家庭观等基本价值观方面，都呈现出鲜明的两重性色彩，并因对个人价值的最优化实

① 参见范洁波:《大学生社会主义核心价值观教育的困境及对策》,《高教探索》2014 年第 2 期。

现追求，价值体系中鲜明地体现出了实用性特征。[①] 这种实用性的价值取向则对社会主义核心价值观构成了一种冲击与挑战。

在意识形态斗争领域，西方意识形态通过各种方式寻求对我国民众的文化渗透与价值诱导。我国大学历来是西方思想文化渗透的重要目标，大学生面临着西方文化思潮和价值观念的冲击，在价值观形成阶段，大学生容易受资产阶级自由化思潮的左右，缺乏远大理想、学习目标不明确、诚信意识淡薄、利己思想严重、缺乏社会公德等。[②] 西藏高等学校面对西方思想文化的渗透挑战更为严峻，因为西方国家利用十四世达赖这个忠实的工具，以宗教为外衣，利用各种手段对大学生进行渗透和价值诱导的活动从未停止过。

（五）高等院校教师队伍存在的局限

高校教师是承载学校校园文化引领、思想宣传、文化研究与内容创新的重要载体，对于青年学生起着潜移默化甚至是直接的价值影响作用。但是目前从价值引领角度来看，高校相当一部分教师存在着育人不力的状态。很多教师的课堂教学以取悦学生、赢取所谓活跃的课堂氛围为目标，并以此取得学生评教的高分数，而忽略了对于学生知识结构的真正梳理与解析，没有对学生的专业知识进行有益的引导和架构创新，从专业养成方面就对学生形成了非敬业等价值导向。

从思想教育方式来看，因为追求科研任务和校外社会职务等原因，部分教师失去了思想政治教育的阵地。教师党员和教职工的党团基层组织无组织状态时有出现，很少看到教师基层党组织在思想引领、先锋作用发挥中的具体作为，这类现象的出现便是一个严重影响教师传授价值教育的挑战所在。

社会主义核心价值观作为教育的思想价值基础，对于大学生的成长具有非常重要的意义。因此，在西藏各高等学校的课堂教学过程中、第二三课堂以及学生社会实践中都应当强化社会主义核心价值观的养成和培

---

① 宋英巨、周德芹：《当代大学生的价值观现状及社会主义核心价值观教育》，《渤海大学学报（哲学社会科学版）》，2009 年第 2 期。

② 崔海涛：《多元文化背景下的大学生社会主义核心价值观教育》，《江苏高教》2010 年第 5 期。

育。同时要以实践环节为主要途径，通过多种渠道在全区大学生中培育和弘扬社会主义核心价值观。

1. 改革两课课程结构。马克思主义理论课和思想品德课（简称“两课”），是国家教育部规定的高校学生必修课。“两课”课程一般情况下占有整个课程资源的比重相对较大，学生从进入大学之时便会有系列课程安排进学生的课程表之中，一般都以集中考试的方式完成课程考试。整个高等学校在此方面所投入的人力、物力和精力不可谓不大，但是就教育效果而言，则实在有限。在平时的课程教学中，还会出现学生不理解课程意义，甚至任课教师也讲不清楚的现象。这是全国高校思政教育课的通病，西藏高校同样存在。由此可见，必须对两课的课程结构、课程内容及时改革，教学方式亟待创新。在改革目标上首先应注重知识结构的严谨性和思想方法论的掌握；其次，在内容结构上应更加注重实践性内容的挖掘和资源整合，注重隐性教育价值实现，注重课程环境、教师人格、大众文化等元素在内的隐性教育资源的运用。[①] 将隐性教育资源与实践性教育教学内容相结合，真正让学生通过课程感同身受，理解基本概念、认同基本理念、践行基本价值。

2. 转变教育教学方法。教育教学方式一般情况下只有在教学改革研究中会被提到，但是为了更好地实现社会主义核心价值观教育，真正将社会主义核心价值观教育的内涵贯穿到高等学校的育人体系中，就不得不对高校的教育教学方式进行宏观梳理与微观改进。

在教育手段中，高校应经常性地对大学生参与核心价值观理论教育和实践教育的情况和效果，进行记载和综合评价，及时总结理论教育和实践教育结合中取得的成绩、存在问题，不断提高教育实效。通过教育反馈和教育评价相结合，以问题促改进，以成效付出改进教育教学方式，以正确、合理的教育教学方式带动学生思想政治教育的实际成效。

3. 占领网络教育阵地。信息社会的发展随着网络科技的进步越来越显得信息特征明显，尤其是自媒体的发展必然要求高等学校适应社会需

---

① 龙一平、沈绍睿：《论美国学校核心价值观教育的途径及对我国的启示》，《教育探索》2009 年第 6 期。

求进行自我创新和自我解剖，充分利用信息技术，占领网络思想政治教育阵地。

占领网络思想教育阵地，首先得认知、认同自媒体的信息传播、信息沟通、信息交流和信息挖掘功能。自媒体因其独特的运作方式，使得其自主性、开放性、随意性和不确定性相对明显，并因而使得其对于部分信息的交互性作用显得更加突出。所以，高校在运用自媒体方面应积极发挥其自主性特征，发挥青年学子在价值创造方面的主动性，并做出积极回应；同时也应当密切注意自媒体的随意性和不确定性特征，对青年学子的关注热点及时梳理、及时跟踪、及时反馈与信息发布，做到信息交流的对称性和均衡性，及时对舆论进行正面价值引导；还要有效利用自媒体的高度交互性特征，将社会主义核心价值体系的内容以青年学子喜欢的方式呈现出来，并在互助交流中实现价值渗透和理念融合。

4. 激发教师课堂创新。课堂是高等学校教学育人的主要阵地，也是思想育人的前沿，就思想宣传教育来讲，在课堂里面一般情况下主要通过马克思主义基本理论、中国历史、党史与党的政策理论、形势与政策等课程为载体呈现。国家规定了该类课程的基本任务、课时要求，课时要求里面还规定了一定量的实践性课程比例，但是学校为了节省资源等，极大程度上削减了实践性课程的比重要求，有的则以极小部分人做某些活动代替整个课程的实践内容。另外，在非思政类课程的众多课程中，极少有思想育人的内容被呈现出来，甚至是被忽视的。

因此，高等学校在思想育人方面要着力于教学内容的创新、课程结构的创新、教育教学方法的创新。就内容方面来讲，在解析一些基本概念的基础上应大力推进学生对于社会问题的理性解读和深层问题研讨，而不只是停留在概念之中引起概念疲劳；就课程结构来讲，在大学生进入大学到大学毕业的不同阶段，合理设置思想理论教育课程与专业课程的比例、合理调配思想理论课程与通识教育课程的比例、合理创新出专业课程中情感目标的任务达成方式和内容；就方法与评价来讲，适当应用兴趣学习法、研讨式教学方法等，避免因追求课程气氛而造成教学效果的下滑，甚至将大学课程教学方法倒退到小学甚至幼儿园的幼稚方法，合理利用形成性评价手段，做到对学生思想修养行为的及时跟进、及时记录、及时评估和及时反馈；就实践性教学内容来讲，夯实实践性教学内容的任务要求，不但教师要知晓相关思想理论修养类课程的实践教学目标，更要让学生理解课程实践教学的任务要求，让学生自己及时进行实践认知，通过课程外实践、暑期社会实践等具体手段进行社会认知与思想修养，充分发挥高校思想政治社会实践基地在学生思想养成方面的灵魂引领作用；发挥高校专业课程实践性教学目标的任务达成，并极力将知识目标、技能目标、情感目标三者相结合，尤其重点达成情感目标。

5. 引领学生自我探索。进入高等学校的大学生是一个从法律层面来讲可以独立承担民事责任能力的人，从生理发育与心理发育来讲，是一个基本趋向成熟的个体人，其思想与思维模式既呈现出相对理性的一面，同时因为被社会复杂的现象所影响又具有了一定的感性思维，在感性与理性的结构关系中要让学生正确树立良好价值观和人生观，就需要充分挖掘其理性思维在思维结构中的比重。从个体的思想认识与思想解析层面来分析，他们不再喜欢灌输式的教育方式，而是希望通过自我探索、自我解析、自我研究的方式获得认知，进而重构自己的思想观念，这种思想观念的养成与突破是一种内化的情绪体现，通过内化的方式更能实现教育教学效果的有效。

从思想的形成规律来看，大学生价值观念的形成主要是他们根据自己的需要有选择地接受教育的结果，这种选择是大学生通过主题认知、思考实践后完成的，即他人无法替代的“内化”的心理过程。这就要求教育者必须引导学生充分发挥主观能动性，通过自我教育提高思想认识，进而实践教育目标。[①] 个体的主观能动性一方面是通过各自有目标的内化形成，另一方面更是由学校教育教学目标的设置而引领的。

6. 探索有效评价方式。一个完善的教育教学过程是目标设立、内容构建、手段认同、进程合理和评价到位的集合体，评价将左右着整个内容的把握和手段的应用。对于社会主义核心价值观是否被学生所接受是一

---

① 田永静、陈树文：《加强大学生社会主义核心价值观教育有效途径探究》，《思想教育研究》2010年第5期。

个难以通过考试等方式简单评价得以实现的,其评价应该是一个全面系统的整体。一方面要通过评价目标让学生接受核心价值观的基本内容和目标实现机制,另一方面还要通过特定的评价模式,全面把握大学生接受信息的外部认同循环系统和对信息的选择、整合、内化、外化和再认识的内部循环系统,深入分析以价值需求为基础的动力机制、以认知经验结构为图式的加工机制、以情感意志等非理性因素为工具的调节机制,使社会主义核心价值体系成为大学生自身价值标准和共同价值信念。①

通过有意义的评价模式寻求学生在核心价值观信息接受方面的循环系统,做到信息接受和信息选择方面的动力评价运行构造;通过探索有意义的评价模式真正形成学生价值需求的模型分析,通过模型分析学生需求,分析学生认知结构中对于价值选择的图式加工方式,并通过评价及时调整学生感性思维直至理性思维。

7. 创新社会实践。通过对社会实践课程化的方式加强学生对于社会实践的目标认知和内容认同,通过团体性社会实践完成学生思想引领,形成一定社会效应;通过个体化的社会实践模式,让个体能够充分理解社会、认同社会主流价值,并在主流价值的导向下进行志愿服务和专业技能的服务。社会实践不能只停留在表面,而应更多地体现社会主义核心价值体系的价值主题,价值主题必须明晰才能避免社会实践流于形式。同时,对于社会价值主题的社会实践还应在内容构成方面做到紧跟党的政策方针,及时针对社会上的热点问题进行合理疏导,通过开展一定的活动纠正社会上的不良思想风气,对错误的言论进行巧妙的击破,如此才能实现大学生专业性社会实践与思想性社会实践的有效结合,进而实现社会实践在思想育人中的积极作用。

8. 营造价值文化校园。高校思想育人的目标除了以课堂教学和社会实践的方式得以实现外,很大程度上还通过校园文化的文化影响和文化迁移形成。经过长期沉淀而形成的校园文化在文化育人方面具有积极作用。但是,目前不少高校的校园文化建设,还缺少规划和引导,体现不出

① 高地:《中国共产党社会主义核心价值观教育的历程、规律与经验》,《思想教育研究》2011 年第 8 期。

价值观在校园文化中的价值渗透作用。[①] 所以,要使社会主义核心价值观融入高等学校的校园文化之中,必须营造良好的校园文化成长机制,合理建设有益的校园文化。

有价值的文化校园建设必须以该高等学校的学科特色为基础,紧密结合育人的本质,将学科特色渗透进社会主义核心价值观内容,将我国传统文化与现代学科知识有机结合,将爱国主义精神与专业学习创新有机结合,形成国家层面价值理念的价值目标、社会层面价值理念的价值手段和个体层面价值理念的价值评价融为一体的文化校园。

把培育和践行社会主义核心价值观融入高等教育不但需要进行课程结构与内容的创新、转变教育方式、占领网络教育阵地、探索有益评价方式、激发学生探索、营造文化校园等举措,而且要处理好以下几个方面的关系:

第一,主动作为与被动授予的关系。高等学校独特的文化气质和思想气质特征,决定其在文化育人和思想育人过程中必然存在着高等学校自身的主动性作为。这种主动作为是高等学校根据社会发展规律和国家经济、政治、文化、社会、思想等建设需要而主动研发相关内容,并将之付诸于自己的教育教学过程之中,由此影响着受教育者的思维养成。另一方面,作为被教育行政机构管辖下的学校,又在很大程度上制约于教育行政机构的行政命令和行政效力,这种行政影响力对高等学校的价值观教育来讲是一种被动的行为过程。如何发挥高校自身的优势主动作为,又能满足于某些行政指令,从而使高校获得外部资源支持,是必须解决的关键问题。

第二,知识建构与价值观引领的关系。在高等学校接受教育的知识分子拥有其独立的人格,这种人格既是思想、文化、性格方面的自然人人格,更是作为社会的个体存在其身上的强烈的政治人格特征。这种政治人格的养成与高校的教育教学存在密不可分的关系。一方面,高校在知识育人的过程中不断通过评价方式和模式来促进个体进行知识建构,这

① 阚和庆:《大学生社会主义核心价值观教育的有效途径》,《思想政治工作研究》2011 年第 3 期。

种知识建构过程是学校自身在研究社会主义核心价值体系基础上,影响其学生形成相应的知识建构过程。另一方面,为了个体职业发展与未来社会需求相适应,就必须对个体知识建构过程中的价值理念做出价值引领,以此来形成学校知识建构和个体知识建构过程中正确的价值导向。

第三,价值观普及与逻辑批判的关系。社会主义核心价值观融入高等教育中的一个重要指标,是高校能够对社会主义核心价值观通过知识普及的方式进行呈现,这种普及一方面是对在高等学校接受全日制教育的学生的普及,另一方面是高校作为社会文化引领的阵地对社会的知识普及。在知识普及过程中,高校根据一定的社会价值需求,有选择地针对受教育者个体、针对校园外社会,进行不同层面和不同方式的价值观知识的呈现。而价值观知识作为价值判断和价值选择能力的基础,在个体价值观发展中起着至关重要的作用,对价值目标和价值评价具有知识普及的意义。根据教育内外化规律,将外在的价值观转化为内在的需求,再外化为行为的过程,在认知核心价值观知识的基础上,通过实践教育让学生感受、体验、理解,实现其核心价值观的内化,从而使其内心建立真正认可的、稳定的核心价值观。① 为了使个体能够建立可持续的、科学的价值体系,除了对于价值观知识的普及,还得让受教育者学会对其他价值观念的逻辑批判,懂得知识普及与知识建构的逻辑批判的方法论。如此,才能使个体对于社会主义核心价值观具有较为深刻的理解。

第四,价值理性与教育感性的关系。社会主义核心价值观必须根植于个体的生活逻辑之中,才有可能实现对于核心价值观的理解与解构的具体化行为。价值观教育必须以大学生的生活为依托,以学生生活中遭遇的、体验的价值冲突问题为切入点,积极面对学生生活中的价值困惑,在大学生的现实生活中而不仅仅是在概念的演绎中进行社会主义核心价值观教育。② 这是一种教育的行为选择艺术。

在长期的教育实践过程中往往会出现对于逻辑价值的理性感悟和理

---

① 邓福蓉:《"中国梦"视域下大学生核心价值观教育重点及方法创新》,《学校党建与思想教育》2013 年第 12 期。

② 石海兵、刘继平:《论大学生生活与社会主义核心价值观教育》,《思想理论教育》2013 年第 2 期。

性思维，同时高校也在强调通过教育者个体的个人魅力等影响受教育者的思想行为，这就是一种感性的教育方式。当理性的教育价值理念与感性的教育方式发生碰撞时，人们往往一边倒的选择感性教育方式，以此来适应社会的感性选择和感性评价。为了使社会主义核心价值体系真正融入高等教育序列的价值逻辑系列，就必须在价值理性的选择和教育感性的选择之间寻找一定的平衡点，以此来避免人们对于价值观念的概念疲劳，进而实现社会主义核心价值观教育的有效呈现。

第五，教育活动与长效机制的关系。社会主义核心价值观是一种长效的、有选择的、有作为的价值体系，是在中国革命和中国建设时期长期形成的符合我国社会主义建设和社会主义建设者培养过程的良好价值理念，是对中国优秀传统文化的继承与创新。社会主义核心价值观的教育应该是一个积极的、有效的、长效的过程，而高校是社会思潮的重要阵地，不但要在大学生中积极培育和践行社会主义核心价值观，更需要把这个任务贯彻于大学生学习各个阶段之中，使社会主义核心价值观成为大学生的自觉追求，保障思想政治教育的连贯性和稳定性。①

第三节　家庭教育、学校教育、社会教育三者良好互动

将社会主义核心价值观教育融入国民教育和社会生活全过程，需要加强家庭教育、学校教育、社会教育之间相互配合和分工协作，全社会积极参与，良性互动，强化家庭、学校、社会“三位一体”的教育格局，充分发挥新闻媒体传播社会主流价值的主渠道作用，形成培育和践行社会主义核心价值观的强大合力，增强核心价值观教育的实效性。

一、加强家庭教育的基础性作用

一般来讲，教育由家庭教育、学校教育和社会教育三部分组成。家庭教育是学校教育与社会教育的基础和起点，对个人的一生起着奠基的作

① 欧融：《高校培育和践行社会主义核心价值观教育全程化研究》，《前沿》2014 年第 3 期。

用。在少年儿童入学之前，家庭教育是“人之初”的教育，祖父母、父母的身教言传对少年儿童养成良好的行为习惯和道德品质起着至关重要的作用。同时，家庭教育又是学校教育的连续和补充，因为青少年在家里度过的时间要比在学校的时间多得多，父母能随时对孩子不正确的言行进行纠正。家庭教育是真正的终身教育，是对人的一生影响最深的一种教育，它直接或者间接地影响着一个人人生目标的实现。因此，家庭教育在培育社会主义核心价值观方面发挥的作用是学校和社会不可替代的，家庭灌输、渗透、潜移默化的教育功能是核心价值观教育的重要渠道。因此，要充分发挥家庭在青少年社会主义核心价值观塑造中的基础性作用。

二、强化学校教育的主阵地作用

学校教育专指由专业教师承担，教育目的明确、教学组织严密、教学计划系统完善的各类学校开展的各种教育活动，主要包括基础教育、中等教育和高等教育。学校是系统地学习文化知识、社会规范、道德准则和价值观念的主阵地。

首先，积极培育和践行社会主义核心价值观各级各类学校责无旁贷。如前所述，不论是中小学还是大学都要把社会主义核心价值观教育融入到各类教学活动和日常教学管理中去，针对不同阶段学生的心理特点，用学生自己经常说的话、学生身边发生的事、学生能明白的现实故事，讲清楚社会主义核心价值观的意义，真正把社会主义核心价值观教育落细、落小、落实。

其次，教师要身体力行，积极践行社会主义核心价值观。教育者先受教育是铁律，教师首先要真信、真懂、力行，只有结合西藏实际把核心价值观讲好、讲透，并身体力行地做一个核心价值观的引领者和践行者，才能充分发挥育人的作用。

最后，要创新学校社会主义核心价值观教育的途径和方法，积极开展社会道德实践活动和核心价值观践行活动，注重实践育人，巩固学校教育成果，注重各级学校核心价值观教育的延续性，与家庭、社会教育形成良性互动。

三、充分发挥社会教育的补充作用

社会教育的概念有广义和狭义之分，广义的指一切社会生活影响于个人身心发展的教育；狭义的则指学校教育以外的社会文化机构以及有关的社会团体或组织，对社会成员所进行的各种教育活动。现代社会教育作为学校教育的重要补充，作为培育和践行社会主义核心价值观的重要途径，我们应该从广义去理解。在西藏这样一个边疆少数民族地区，同时又受整体教育水平、藏传佛教文化和分裂势力的影响，培育和践行社会主义核心价值观，需要多种途径和力量共同发挥作用。一是整个自治区要成立核心价值观建设领导小组，负责工作指导，各基层党组织、党政机关、企事业单位认真贯彻落实，形成强大合力。二是要充分发挥党员领导干部这个群体的榜样示范作用。榜样示范具有很强的引导作用，党员领导干部应走在引领社会风尚前边。把培育和践行社会主义核心价值观纳入党员干部学习、选人用人和党的基层组织全过程，使党员干部自觉成为社会主义核心价值观的引领者、传播者、践行者、守护者、建设者。三是各级党委宣传部、乡镇街道办等部门要创新方式方法。用西藏人民喜闻乐见的形式进行宣传，把社会主义核心价值观融入藏历年、雪顿节、百万农奴解放纪念日、西藏和平解放纪念日等民族节日以及国庆节、元旦、中国传统节日等喜庆活动；用藏汉双语制作具有西藏民族文化特色的宣传栏、画报、宣传册和标语横幅，策划出版系列普及读物，积极探索艺术团下乡、进农牧区演出活动和文化惠民工程；充分发挥博物馆、纪念馆、文化馆、少年宫等社会教育机构的作用，充分发挥电视台、广播电台、网络、手机微信等新闻媒体的主渠道作用，形成各方面工作与核心价值观建设同频共振、同向同行的强大社会合力。

四、充分发挥媒体宣传的作用

坚持党管媒体不动摇，坚持马克思主义新闻观，牢固树立政治意识、大局意识、责任意识、阵地意识，展示昂扬向上的社会主流，严格把握正确的舆论导向，以优质的内容和真诚贴心的服务，把社会主义核心价值观，融入日常报道、形势宣传、成就宣传、典型宣传、主题宣传、热点引导和舆论监督中，体现到每一条稿件、每一块版面、每一个节目之中。

新媒体的出现和运用使人类的生产方式、生活方式和思维方式发生了深刻变化，尤其是对青少年的生活方式、思维方式、行为方式和思想心理产生了很大影响。青少年已经成为新兴媒体中最主要和最活跃的群体，作为身心正处于发展过程中的青少年，新媒体对其影响是双面的，既有积极的作用也有消极的影响。积极作用在于：新媒体的海量信息和方便快捷的特点为青少年提供了学习、生活和娱乐的新渠道，极大地开阔了青少年的视野，不断增强青少年的社会参与意识和社会交往能力，有利于青少年创造性和主体性的发挥，有利于青少年走向思想成熟和人格独立。消极影响在于：由于新媒体同时具有隐蔽性、虚拟性和娱乐性的特点，不利于青少年形成正确的世界观、人生观、价值观和价值取向。青少年身心正处于发展过程，缺乏敏锐的判断力和较强的自控能力，很容易被大量的虚假信息、错误舆论蒙蔽，更易被色情、暴力、游戏等视频吸引，以至于对网络产生依恋、成瘾，严重影响身心健康。面对日新月异的新媒体，政府部门要加大监管力度，切断非法网站利益链，屏蔽色情淫秽网站，规范青少年网络行为。家庭、学校、社会应形成合力，引导青少年树立正确的马克思主义世界观、人生观、价值观，积极践行社会主义核心价值观。

新闻媒体要旗帜鲜明地弘扬主旋律，传播正能量。“明辨是非才能立场坚定，激浊扬清才能彰显主流。形成风清气正的舆论环境，要求我们在价值认知层面毫不含糊。形成万众归心的价值共识，需要我们在对接现实方面不遗余力。”因此，要在众声喧哗中凸显社会主流价值，强化社会热点难点问题的引导。党报党刊、广播电视、新闻网站要拿出重要版面时段，推出专栏专题、访谈节目等形式传播社会主义核心价值观。弘扬主旋律、传播正能量，不断巩固壮大主流舆论阵地。同时，宣传业务骨干要不断增强理论学习能力和业务能力，认真准确把握宣传方针政策，不断深入实际、调查研究新情况新问题，探索新思路新办法，切实增强传播社会主义核心价值观的责任意识和能力，将个人道德修养作为从业资格考评的重要内容。

要加强新媒体传播阵地建设。新的传播技术和终端展现形式对传统媒体领域产生极大的冲击,新媒体的影响力和传播力远远超过传统媒体。从广度上来说,新媒体已经渗透到社会生活的方方面面,可以说是无处不在,无时不在。新媒体平民化的传播特点,可使社会主义核心价值观进入基层,入心入脑。因此,要积极探索适应移动互联网传播特点和符合新媒体传播展示形态的新产品、新办法、新路径。充分利用影视、动漫、游戏等新媒体形式,开展社会主义核心价值观的宣传教育。通过组织社会团体制作体现社会主义核心价值观的诸如漫画、动画、游戏、微电影等,丰富新媒体的价值内涵。新媒体时代,每个人都可以在不同的社交媒介发出自己的声音,新媒体利用文字、音频、视频等多样化的表现形式,使人的主体意识得到极大释放。新媒体深入人际的传播特点,可避免社会主义核心价值观的传播流于形式。通过多种途径发表自己的观点,畅所欲言,改变了过去政治宣传教育单向、被动的特点,可以提高公民认知、参与的积极性,建立一种良性的传播机制,增强核心价值观传播的实效。

参考文献:

1. 陆士祯:《如何开展社会主义核心价值观教育》,《人民教育》2007年第7期。

2.《关于培育和践行社会主义核心价值观的意见》,《人民日报》2013年12月24日。

3. 邱国勇:《社会主义核心价值观教育研究》,武汉大学博士学位论文2013年。

4. EdwardF. Deroche, MarryM. Williams. EducationHeartsandMinds: AcomprehensiveCharacterEducationFramework [M]. CorwinPress, Inc, 1998: 74.

5. 崔振成:《未成年人核心价值观教育的三个基本问题》,《中国德育》2014年第5期。

6. 邵璀菊:《微信对大学生核心价值观教育的冲击与应对》,《当代教育理论与实践》2013年第11期。

7. 范洁波:《大学生社会主义核心价值观教育的困境及对策》,《高教探索》2014 年第 2 期。

8. 宋英巨、周德芹:《当代大学生的价值观现状及社会主义核心价值观教育》,《渤海大学学报》(哲学社会科学版),2009 年第 2 期。

9. 崔海涛:《多元文化背景下的大学生社会主义核心价值观教育》,《江苏高教》2010 年第 5 期。

10. 龙一平、沈绍睿:《论美国学校核心价值观教育的途径及对我国的启示》,《教育探索》2009 年第 6 期。

11. 田永静、陈树文:《加强大学生社会主义核心价值观教育有效途径探究》,《思想教育研究》2010 年第 5 期。

12. 高地:《中国共产党社会主义核心价值观教育的历程、规律与经验》,《思想教育研究》2011 年第 8 期。

13. 费拥军:《高校社会主义核心价值观教育路径探究》,《学术探索》2012 年第 12 期。

14. 阚和庆:《大学生社会主义核心价值观教育的有效途径》,《思想政治工作研究》2011 年第 3 期。

15. 石海兵、刘继平:《论大学生生活与社会主义核心价值观教育》,《思想理论教育》2013 年第 2 期。

16. 邓福蓉:《"中国梦"视域下大学生核心价值观教育重点及方法创新》,《学校党建与思想教育》2013 年第 12 期。

17. 欧融:《高校培育和践行社会主义核心价值观教育全程化研究》,《前沿》2014 年第 3 期。

第五章　社会主义核心价值观的宣传与传播

社会主义核心价值观的提出,对于发挥其引领社会思潮,凝聚社会共识的功能和作用,具有非常重要的意义。社会主义核心价值观作为一种意识形态,其宣传与传播并不是仅仅为了“求同”或“制造统一”,而是要通过有意识的传播,使其为最广大社会成员真正接受。一个理论,抑或是一种价值观念,不管它有多么深厚的现实基础和独特的理论魅力,只有被人民群众普遍接受、理解和认同,才能转化为社会群体意识,才能真正发挥价值引领和价值追求的功能,这就需要有好的宣传方法和传播艺术。

第一节　让核心价值观融入社会生活

习近平总书记对如何践行核心价值观有独到的见解和指示。教育是经济社会发展的根本,社会主义核心价值观的养成重点要从教育入手,通过教育、舆论进行引导和宣传,从而在文化上创造出一种良好的价值氛围。继而通过日常实践来养成,最后利用制度加以巩固。“社会主义核心价值体系属于精神层面,它不仅能从制度层面加以规范,而更应该从文化方面进行引导教育,使其成为一种自觉的行动和追求。”①一种价值观,只有贯穿于社会生活的方方面面,融入人们的日常生活,才能成为真正引导人们行为的价值观。

一、让核心价值观无所不在无时不有

习近平总书记指出:“一种价值观要真正发挥作用,必须融入社会生

① 习近平:《习近平谈治国理政》,外文出版社2014年版,第164页。

活，让人们在实践中感知它、领悟它”，“要利用各种时机和场合，形成有利于培育和弘扬社会主义核心价值观的生活情景和社会氛围，使核心价值观的影响像空气一样无所不在、无时不有。”[①]核心价值观的培育，贵在知行统一，知是前提、是基础，“知之愈深，行之愈笃”。只有内心认同，才会自觉践行；只有达成共识，才会最大可能地引领社会思潮，共同建设中华民族的共有精神家园。要让核心价值观的影响无所不在、无时不有，除了以最大的可能将社会主义核心价值观变成一种具有法律约束力的规章条例，利用强制甚至暴力手段进行规范和整治外，还要在宣传、教育、传播上下大力气，使其在社会上成为一个大的舆论磁场，切实获得人们在内心上的认同，只有这样，社会主义核心价值观的提法才能切实落到实处。社会主义的发展需要多方努力。在工作中，要做到万事以人民群众为先，切实做到以人为本，才能在实践中不背离党的宗旨和要求。社会主义核心价值观要从实践上着手努力，使其无所不在、无时不有，从而内化为人们的精神追求，外化为人们的自觉行动。

观照我国主流价值观的传播状况，存在以下几个方面的制约因素：

（一）传播主体的制约

社会主义宣传传播主体的整体素质，真信、真学、真用社会主义核心价值观的马克思主义素养还欠缺，对普及对象的主体性、差异性、广泛性认识不够深入，对宣传普及的内容有泛化、僵化的倾向，进而影响传播效果。各级党政机关及其领导干部人员的言行举止和工作作风展现了其道德素质水平，是否真学、真信、真用社会主义核心价值观，对广大人民群众的社会认同程度具有直接影响。尤其是各级党政机关及其领导干部作为社会主义核心价值观的模范践行者与普及宣传者，理应在思想信念信仰中、党和政府实践中、社会交往活动中积极培育和践行社会主义核心价值观。如果各级党政机关及其领导干部不恪尽职守，自觉践行社会主义核心价值观，那么群众就会对社会主义的实践和理想持怀疑态度，这将严重影响党和政府形象以及社会主义核心价值观的社会认同。

---

① 习近平：《习近平谈治国理政》，外文出版社2014年版，第165页。

（二）意识形态领域复杂情况的制约

当前利益格局的变动与价值观念的多元化，意识形态领域社会思潮多元并存极其活跃，使得人们面临更多的选择和诱惑，社会主义凝聚力和认同感出现空前危机。当今世界呈现出经济全球化、政治多极化和文化多元化格局，加之我国社会处于转型时期，所引发的社会阶层多元化，生活方式多样化，利益格局复杂化等问题，使得我国意识形态领域的境况纷繁复杂。复杂的社会现实以及各种思想、社会思潮、文化现象的激流交锋，一方面有利于人们思想观念的解放、文化的发展繁荣，另一方面，“普世价值”理论、新自由主义、历史虚无主义、民主社会主义，以及马克思主义“过时论”、社会主义“失败论”、意识形态“终结论”等非马克思主义思潮都在宣传战中同马克思主义争夺话语权，不仅影响了人们对社会主义核心价值观的传播、信仰和接受，而且在一定程度上动摇了中国特色社会主义的理想信念与精神支柱。

（三）社会因素的制约

一是社会转型时期产生的住房、医疗、教育、就业、食品安全、贫富差距、社会保障等关系群众切身生存发展利益的新问题，在很大程度上削弱了社会主义核心价值观的理论说服力和社会认同度；二是贫富差距悬殊与社会利益分配格局不合理同共同富裕的社会主义自由平等、公正法治的社会主义核心价值观反差过大，在很大程度上制约着社会主义核心价值观的社会认同，因为这些问题关系着广大人民群众的切身利益。

（四）信息传播理念和方式的影响

传统的传播方式存在一个弊端，即习惯于从传播者的角度来向群众宣传灌输某种思想或理念，这种单向的信息灌输方式常常会引发受众产生逆反心理。显而易见，这种所谓的“传播者本位”的宣传思维并不能起到预期中的效果，反而还会加剧群众对宣传内容的排斥和反感，从而导致其宣传结果大打折扣。此外，长久的意识形态的宣传模式似乎已经形成了路径依赖，而受众对此也有一定程度的“疲软”状态。

基于以上几点，培育社会主义核心价值观，要从一个更加全面宏观的角度进行把握。社会主义核心价值观的落实要从宏观、全面的角度入手，既要切实发挥教育的根本作用，提高舆论宣传力度，更要从文化上加以弘扬。政府要从实践上对全体人民群众进行引导规范，并进一步通过制度来加以巩固。同时还应创新宣传、传播模式，学会将社会主义核心价值观融入日常生活的认知图式和情感认同中。要将宣传理论逐渐转化为平实易懂的群众话语，实现从理论到道理的转变，将一些晦涩难懂的专业术语转变成人民群众耳熟能详的大众口语；还要组织开展形式多样的纪念庆典和文明创建活动，形成有利于培育和弘扬社会主义核心价值观的生活情景和社会氛围。

二、核心价值观与人们社会生活相结合

建设社会主义核心价值观应该在实践上成为一种习惯。只有将某种良好的行为变成一种习惯，并让这种习惯延续成为一种生活原则和行为准则时，它便是最成功、最可靠的。社会主义核心价值观的建设应该深入到群众生活，这样才能有长盛不衰的活力。日常生活作为个体再生产的各种活动，包含和渗透着文化价值，是价值观形成的根基，一个社会主流价值观的价值高低，在很大程度上取决于它和社会的契合度。长期以来，我国主流价值观建设主要偏重于政治生活领域，而忽视向社会生活的渗透，致使主流价值观没有很好地为更广大的人民群众所接受和遵行。核心价值观的含义并不是某些人所认为的那样，它所指的进入群众生活不是要求人民群众被动地去接受适应这一理念，更不是说要让核心价值去扼杀人民群众的独立精神。历史地看，当一种思想和价值观念无法融入人们的生活实际，它也就必将远离人们的精神世界。价值共识只有从观念形态方面自觉转变成文化、政治层面的规章制度和行为准则时，才能真正获得人民群众的赞同和认可，也才能成为一种强大的精神武器。当制度和理念转变为日常生活习惯时，那么才是真正将社会主义道德建设和核心价值观完美地结合起来了。

第一，将社会主义核心价值观和群众的现实需求结合起来。要践行社会主义核心价值观最主要的是要让其成为一种群众行为习惯，并让这种习惯延续成为一种生活原则和行为准则。要把小我与大我相结合，把个体利益与社会利益、国家利益相结合,这样它才能避免落入政治说教的窠臼之中。从马斯洛的“需求层次理论”便知,人们在社会生活中总是有各种需求,目前党和国家应该对这种群众需求予以高度重视。人民群众的利益诉求实际上也就是我们常常提到的民生问题,因而建设社会主义核心价值观必须做到以民生为基础,尤其是对人民群众特别关心的医疗、住房、教育等问题,党和政府不仅要从政策上加以维护,而且还要让人民群众切实参与其中。

第二,将社会主义核心价值观与群众的社会认知结合起来。社会主义核心价值观只有真正深入人心、能够起到为人民群众谋福利的作用,才能赢得广大群众的信任和认可。在日常生活中,民众的认知方式常常是简单、易懂的,因而要让群众更好地认识核心价值观最主要的就是将这一概念简单直接化。如果能够以一种创新的方式,将社会主义核心价值观以一种通俗易懂、生动有趣的方式表现出来,那么就有望将这一概念从理论层次上升到实践层面。如果在建设社会主义和谐社会的过程中,我们能不断地将那么高深莫测、晦涩难懂的理论术语转变为通俗易懂的日常用语,那么人民群众对学习党和国家理论政策的热情就会大为提高。将理论方针以及政策制度融入到人民群众的生活中并不意味着将这些深刻难懂的理论变得庸俗化,而是在通俗易懂的情况下去表达抽象难懂的道理,这实际上是对党员干部语言表达能力的一种更高要求的考验。简洁平实的语言诠释出来的是深刻严肃的理论知识以及规章政策,这是做到理论与实践真正结合的必然要求。

在农牧民占80%以上的少数民族地区,把核心价值观融入到本土社会生活的认知图式中,需要在语境和语言、修辞上下功夫,如此,方能把核心价值观的内核传播到位。这就要求在翻译过程中要特别注重挖掘与核心价值观相适应的藏文化经典中的一些词汇,以达到文化语境上的契合点;要多用善用日常用语,尽可能少地涉及新词术语,语言要贴切、易懂、深入人心。

第三,将社会主义核心价值观和群众的情感诉求结合起来。每个人都是矛盾体,人们对事物的认知一方面受理性因素的影响,但同时也摆脱不了感性因素的制约。社会主义核心价值体系的建立要充分利用感性因素和理性因素，既要从理性方面让群众认识到其重要性，又要从情感角度进行引导说明。另外，需要重视榜样的示范带头作用，通过楷模榜样来增加群众对核心价值观的信任度和认同感。对党和国家干部而言，最重要的是要保持与人民群众的血肉联系，始终做到全心全意为人民服务，只有这样才能将人民群众紧紧团结在一起，才能进一步加强社会凝聚力。在这方面要注重平民化取材，多报道“凡人善举”。人民群众在选择社会关注点时通常都会考虑地域和情感以及利害相关度等因素。通过对普通群众先进事迹进行宣传报道，用生动平实的语言和行动来感化引导社会价值，这对于创造符合时代主流的社会主义核心价值意义重大。很多时候，那些晦涩难懂的理论政策反而会让人民群众敬而远之，而一些平实易懂的话语则更能激起人民群众的共鸣。于当下的西藏而言，可以把近年来发生的极具正能量、受到人民群众极力赞扬的先进事迹作为传播社会主义核心价值观的载体，如为救落水儿童献出年轻生命的舍己救人的感人故事、把生命奉献于藏北最艰苦地带的80后乡长的敬业事迹、救助并领养贫困单亲妈妈生下的患有食道闭锁疾病的婴儿的爱心事例等与西藏社会生活最贴切、与百姓生活最贴近的接地气的本土故事。

在激发情感期待方面，要提高民众对建设社会主义和谐社会的信心和期望。在这个信息大爆炸的时代，人们可以轻而易举地获得各种信息资讯，这在很大程度上无疑增加了人民群众在价值选择上的多元化。多元化的价值选择固然有可喜之处，但是其危害程度之大也是不言而喻的。在这种情况下，最有效的方法是对舆论媒体进行合理监管，只有让媒体将关注点更多地放在一些正面的社会案例上，才能提高民众对建设社会主义和谐社会的信心和热情。

第四，将社会主义核心价值观融入到社会生活实践中。理论只是实践工作的指示器，要将社会主义核心理念以实践行动的方式展现出来。细节决定成败，在践行社会主义核心价值观时更是要注重细节，因为正确的价值观常常就体现在生活中的一些小事情当中。

建立社会主义核心价值体系是一个需要多方努力的过程，要充分利用感性因素和理性因素，让普通群众参与其中使其成为普遍价值，这样才能提高民众的使命感和行动力。

第二节 社会主义核心价值观宣传与传播

社会主义核心价值观的传播具有多种方式，具体而言，涉及的领域包括文化、政治、组织以及人际交往等各个方面。

一、政治传播与政治宣传

社会的发展日新月异，国内外政治形势风起云涌，各种国际关系错综复杂，在这种情况下，如何才能让社会主义核心价值观赢得群众的信任和认可是一个艰巨的任务。事实上，民众对政治的关注为社会主义核心价值观的宣传方式提供了一个很好的思路，即政治传播和政治宣传。党和政府可以进一步规范报纸媒体的宣传内容和宣传理念，在报道重大政治事件时可以将社会主义核心价值观植入其中，这种方式更容易让民众接受和认可。通过政治传播和政治宣传方式的革新，将社会主义核心价值观与政治事件和政治理念融合在一起，这是一种极为简洁且极为有效的方式。从政治传播视角来看待社会主义核心价值观的传播于内于外都极为迫切和重要。纳入政治传播视域的社会主义核心价值观的传播，在实际操作中既要政治宣传也需政治传播，二者要保持适度的张力。

政治宣传有利有弊，在曾经的社会主义建设实践中，我们也因为对政治宣传这一手段的使用不当而遭受过巨大的挫折和损失，以致现在一些人对“宣传”二字带有情绪。事实上，我们不应该盲目排斥“宣传”一词，宣传这一说法本身并不存在任何对错之分，它仅仅只是作为一种文化符号、表达方式而存在。我们排斥“宣传”，主要原因便在于宣传的具体内容是否有触犯到自身利益或侵害到个人坚守的价值取向。无论如何，我们不能因为历史原因或个人喜好就完全看不到政治宣传的可取之处，更不能就此完全拒斥或放弃它的品质和优势。对我区目前的状况而言，政治宣传完全可以运用到对社会主义核心价值理念的倡导和宣传工作当中。

民众的自觉性以及对社会主义的认同感目前都存在一定的缺陷,因而政治宣传显得十分有必要。现代政治传播并不是由我国首创,它由西方创立并且在发展过程中被证明是高效合理的,因此我国才在借鉴西方基础上引入了这一宣传模式。之所以说政治宣传对建设社会主义核心价值体系意义重大,其原因在于我区特殊的区情。随着经济社会的发展,互联网成为引领时代发展的新潮流,这使得人民群众的价值观日益多元化和复杂化。不同文明的交流和渗透一方面推动了社会的发展,解放了人们的思想,但同时也为社会主义建设事业的发展留下了巨大的隐患。当然,现时代政治宣传所指代的含义和传统意义上有很大的不同,它不再是一种单向性的灌输式宣传方式,而是在充分纳入人民群众利益诉求和现实诉求的基础上进行的一种互动交流式传播。

二、社会主义核心价值观宣传与传播的路径

(一)发挥党的舆论宣传渠道在核心价值观传播中的作用

首先,明确党的领导作用。西方国家,执政党在宣传社会形态与价值观念时,多利用政党骨干的演说来获取公民的支持,或者直接将核心理念写入本党的纲领中,引导公民践行该项价值观。值得我们借鉴的是,在宣传社会主义核心价值观时,也可以充分利用党对社会和人民的引导作用,借助领导人讲话和党委报刊等渠道,来实现对党员干部和普通群众践行价值观的知识普及和行动号召。其次,把机关作为宣传的核心。党政机关的政治教育和传播融入核心价值观,能够保证广大党员和干部始终在理想目标、道路路线以及理论上保持自信。再次,要纳入各级讲师团经常性宣讲内容。在西藏地区,因涉及民族语言问题,培养一支政治素质硬、理论功底强、兼通藏汉语的讲师团队伍显得格外重要。最后,优秀党员及干部要以身作则。从中央到地方的党组织是建设社会主义核心价值体系的主要团体,党员干部更是要担起首要的责任。因此,党员干部要从自身做起,发挥践行核心价值观的引导和示范作用,并能正确运用自己所拥有的"话语权",主动和有效地对国内外各种干扰性或者错误的价值观进行回击,合理运用自身拥有的权利,在工作和生活中践行和传播社会主义核

心价值观，这是他们作为社会主义核心价值体系传播主体的义不容辞的责任。此外，在清廉公正的党风引导下，群众更容易对共产党的执政产生共鸣和理解，从而能加强群众和执政党之间的纽带关系，也能使党传播的价值观念更易于被群众接受。

（二）发挥国民教育在核心价值观传播中的作用

国民教育是全国范围内的社会主义核心价值观的宣传媒介，而各地的学校更是核心价值观推广的重要场所，是青少年养成重要价值观的所在。青少年是中国未来的希望，是国民教育的重要对象，也是社会主义核心价值观的接受主体，他们的生理和心理尚未成熟，各方面的观念和认识不够客观，因此其人格和道德观念还具有较强的可塑性，世界观、人生观和价值观刚开始萌芽，并处于即将形成的重要阶段。通过义务教育的方式，做好主流价值观的宣传和普及工作，能引导青少年确立正确的价值观，提高自身的道德素养和综合素质，对外在世界和各种事情形成比较清晰合理的认识。因此，各国不可避免地要关注教育政策的制定及执行，为价值观的引导和传播建立良好的学习和接受环境。首先，将社会主义核心价值观的具体内涵和表现融入到教育中去，并在教学方案、课堂对讲和学生发展规划中体现和实行。其次，青少年对主流价值观的理解和实践程度应该作为评定义务教育效果的重要参考。与此配合的是要组织各种以社会主义核心价值观为主题的社会实践活动，通过这些活动培养和锻炼青少年价值观的认识和判断能力。要将课内的灌输式教育和课外的渗透教育结合起来，配合在社会实践中的耳濡目染，根据社会主义核心价值观的指导，将这些要求转变为青少年内在的思想道德素养，并形成固定的行动原则和判断标准，在实际生活中落实和反馈，自觉践行社会主义核心价值观。

要注重对青少年价值观的教育和培养，注重培养“童子功”，要出成效而不留于形式，必须要符合青少年尤其是儿童的生理和心理特点。校园在宣传与传播社会主义核心价值观过程中，很多学校包括小学、中学、大学做了很多工作，诸如挂横幅、办板报、校园橱窗宣传等方式。但同时也让我们思考：二十四字贴上去、写上去都非常容易，但要让其中所宣扬的内核融进学生的心、固化于学生的行,并成为引导其一生的价值观却是一项长期性的值得探究的工作。因此,在国民教育中宣传和传播社会主义核心价值观,更要“以情感人”,要以大量生动形象的“事例”及“榜样”来感化受众。当然,利用本土名人效应开展宣传与传播工作也不失为一种好的方式,可以通过先进模范、仁人志士的效应,对不同年龄和年级阶段的学生作出正确的引导,让他们能够引以为荣,并自觉接受宣传中传达的核心价值观。此外,还可以在著名旅游景点,扩大社会主义核心价值观的影响范围,宣传二十四字的核心价值观内容,并做好相应的诠释工作。简言之,让国民教育成为宣传和传播社会主义核心价值观的主渠道,重视全体国民的参与和体验,在宣传人员和接受群众之间展开良好的交流,更能有助于宣传工作的完成。

（三）发挥社区在宣传和传播核心价值观中的重要作用

社区媒体和人际可以做好相关工作的舆论宣传,并有助于将核心价值观落实到实际的社区服务中,提供居民的幸福指数以及他们对主流价值观的共鸣。利用社区宣传的途径有很多,比如社区内的公告栏电子显示屏以及电视广播等随处随时可见的舆论工具。而且社区宣传能够直接对居民整体及其家庭成员个体进行教育。与新闻类媒体不同的是,社区媒体更贴近群众的生活,也更容易使群众参与进来,形成互动,从而对社区成员形成长期的影响。所以,在宣传核心价值观的过程中,必须重视和发挥社区媒体的特殊影响。

为使社区居民在认知层面达到充分知晓、了解社会主义核心价值观,应将社区公告栏、社区电子显示屏作为载体,充分呈现核心价值观的主要内容,使其成为居民日常生活的组成部分,潜移默化地影响居民的价值观念。从心理学角度讲,人的认知、态度和行为本能地趋向于“重复”,无论焦虑、喜悦还是冒险和寻求庇护。公共关系学者勒庞在研究宣传策略时发现了重复的惊人力量,即从长远看,不断重复的说法会进入人们无意识的自我的深层区域,而一切行动皆源自对深层、隐蔽动机的召唤和刺激。因此,从宣传层面来讲,不断宣传、加强宣传是提高民众对社会主义核心价值观的认知度的一个必不可少的路径。

当然,除了这种“硬”宣传外,“软”宣传更需跟进和到位。我区各个社区都有较为完善的帮扶机制,并且不乏具有公共精神的社区居民,志愿帮助孤寡老人的生活起居,扶持贫困、孤残儿童的教育支出等等。因此,完全可以通过这些事例的表彰宣扬和传播社会主义核心价值观,使其与新闻媒体和以上所提到的宣传载体形成互补效应,强化宣传和传播效果。作为宣传的一个分支和延伸,公共信息运动越来越成为主流化的一项社会传播形式,即透过各种沟通渠道发布“假设于社会大众有利的公共信息”,政府、企业和各类 NGO 机构因公共卫生(如反传染病)、农业推广(如新作物种植)和公共利益(如环保和救贫困儿童)等议题而发起的传播行为,皆属公共信息运动。这一“运动”的核心主张是传播者应由社会的控制者转向社会的改良者。社区可以利用天然所具有的公共精神的特质,宣传和传播社会主义核心价值观。

此外,较高的参与热情和互动氛围也是社区媒体如此重要的原因之一。根据传播学相关研究发现,在宣传活动中,积极的参与和友好的互动能够使民众更容易接受宣传内容,因此这两个因素对于当下的宣传活动非常关键。而且,因为社区媒体本来就是居民日常生活的组成部分,能够快速了解和反映居民对核心价值观的相关需求和接受情况,以便于对宣传活动作出调整。更重要的是,社区媒体方便快捷,能够保证每个居民都能够参与到宣传活动中,随时提出自己的问题和想法,从而改善了居民的参与和互动情况,突出了社区媒体的特点。这也启示我们:在当下的核心价值观的宣传中,能否强化居民积极参与和互动的程度,是保证宣传效果的关键。最后,为充分发挥社区媒体的宣传作用,还要注意收集居民的意见,反映他们对核心价值观的各种想法和考虑。

第三节　媒体与社会主义核心价值观弘扬与传播

媒体在西方被称为“第四种权力”,足以说明其强大的社会影响力。在弘扬和传播社会主义核心价值观的过程中,媒体,包括传统媒体和新兴媒体,均是重要而不可忽视的途径。而且,随着信息化和智慧化时代的来临，新媒体在传播价值观中的作用越来越重要。如何发挥好各种媒体，尤其是新媒体的作用，在宣传和传播社会主义核心价值观中，是必须深入研究的一个课题。

一、传统媒体（广播电视电影）

一是利用广电的广覆盖率，提升主流价值观在社会上的普及程度。传播社会主义核心价值观的重要一环是普及民众对社会主义核心价值观的认识和肯定，而借助传统的电视媒体来传播社会主义核心价值观有利于提高公众对社会主义核心价值观的认知度。传统的电视和广播媒体覆盖率最为广泛，这项优势使其成为社会重要新闻消息播报、传递的主要平台和媒介。近些年来，随着互联网和移动网络的迅速发展，电视媒体的市场份额受到冲击，但依旧是多数民众浏览和获取关键信息和了解社会主义核心价值观的重要平台。根据相关研究统计，在 2012 年，中国已经有高于百分之九十八的家庭拥有电视，比上一年高出 0. 38 个百分点。有线电视家庭有 2. 14 亿户，比上一年多出了 5. 42 个百分点；数字电视家庭也有 1. 43 亿户，比上一年高出了 24. 35 个百分点。在“十二五”规划中，有一项广播电视村村通工程建设规划，即要在“十二五”期末实现国内百分之九十九以上的家庭有电视可看。由相关调查得出，2012 年，西藏超过百分之九十的家庭拥有电视，条件较好的城镇家庭可以收看到三套无线电视节目、三十套以上的有线节目，百分之七十的牧民能够通过卫星收看节目。因此，要充分利用广播电视覆盖率广这一优势，有力推进社会主义核心价值观的传播，以不断提高群众在“知”这一层面的能力。

在西藏，约 80% 以上的农牧民群众日常获取资讯、文化娱乐的媒介和载体即为电视，但是这一群体受教育水平低，汉语普及率也相对较低，故而他们经常锁定的频道主要是西藏卫视藏语频道、青海卫视藏语频道和康巴卫视，也即是他们获取新闻、了解国家大政方针和惠民政策的有效途径。因此，提高农牧民群众对社会主义核心价值观的认知度，在做好传播的基础上需要做好高质量的译制工作，需要专家、媒体等各方面共同参与和协作。

二是利用广播电视强大的话语体系，引领和整合公众的核心价值观。广播电视媒体作为重要的媒介，可以利用其在意识形态宣传中较强的话语权，形成自己独特的强有力的媒体地位和宣传优势。电视在全国家庭中已经基本实现了普及，丰富多彩的电视栏目能深化人们对社会主义核心价值观的理解和认同，从而为社会主义核心价值观的广泛传播和普及奠定坚实的基础。广播电视可以发挥本身形成的优越条件，加大对社会主义核心价值观的宣传强度和解释力度，深入挖掘其科学内涵和价值意义，促进社会成员对社会主义核心价值观的理性认识和主动实践。通过引导个体的价值观，深化践行社会主义核心价值观的必要性和重要作用。

电视媒体通过文化上的逻辑能力和技术力量，潜移默化地影响着观众的文化品性，并因此成为普及文化知识和进行社会教育的主流渠道。[①] 电视节目的多样性和收听观众的广泛性使电视媒体成为名副其实的大众传媒，兼具价值观的引导作用和社会大众的教育作用。社会主义核心价值观通过电视媒体的宣传和教育过程，体现在各类电视节目中使观众在无形中获得引导。就具体操作而言，电视媒体总会设计一个关于核心价值观的培育方案，并根据该方案将核心价值观和多种电视节目相匹配，然后在播出的同时也进行着价值观念的传输。此外，通过电视节目可以同时获取国家、社会和民众三方的意见和想法，还可以通过唤醒民众内心的善意，实现对民众的教育和引导作用。

同时，广播电视媒体也要甄别正邪，坚决禁止播报与社会主义核心价值观相违背的价值观念。电视媒体通常反映社会大众的主流价值观念，并对此进行适当的监督。例如电视节目通过对社会实际生活的充分揭示和报道，将各种不同的观念和行为呈现在公众的眼前，严厉批评与社会主义核心价值观相违背的观念和行为，引导公众回到当下核心价值观念的轨道上，维护社会主义核心价值观。

三是发挥电影的渗透作用，开辟传播核心价值观的新路径。西方国家拥有成熟的电影文化产业，可以借此向观众传导其核心价值观念，好莱

---

① 陈正良：《冲突与融合：德育环境的系统建构》，中国社会科学出版社 2005 年版，第 198 页。

坞即为美国向世界输送资本主义核心价值观的工场和窗口，好莱坞大片中的各种美国文化和价值判断，以及个人主义等观念，必定对世界各地的观影群众产生影响。“美国精神”在好莱坞电影的包装下，实现了美国文化在世界范围内的殖民。

中国电影近几年发展迅速。从最初以文化符号展现电影，到近几年叙述故事能力得以提升并开始对人文精神进行探讨，走出了一条越来越深入文化内核的电影发展脉络，并成长起来了一大批优秀的电影导演。要使社会主义核心价值观被广泛接受，需要采取渗透的方式，将该观念逐步贴近生活，迎合大众的需要，才能使社会主义核心价值观实现更快、更普遍的传播，而电影在这方面将会起到举足轻重的作用。就西藏而言，可以将“老西藏精神”“两路精神”和社会主义核心价值观相结合，拍摄具有历史感、人性化和艺术高度的人物纪录片；也可以把西藏人民的勤劳勇敢、正义凛然、果敢忍辱等性格和社会主义核心价值观的内涵相结合，拍摄出具有本土性、能够产生内心共鸣、情感共振，具有启发意义的电影。

传统媒体在传播核心价值观中应遵循以下原则：

第一，主流媒体承担着重要的社会责任，要大力宣传核心价值观。在当今媒体宣传中，起引导作用的社会主义核心价值观的传播无疑居于重要地位。传统媒体应主动制定议题，推出一系列的独特有力的策划案，伴随着后续的系列报道，使核心价值观深入人心，制造强大的舆论场，让蕴含社会主义核心价值观的某一系列报道成为千家万户的热门话题。

第二，宣传社会主义核心价值观，扩大舆论影响，要不断创新载体和形式。首先是选题上的创新。要顺应社会发展需要和群众期盼，选择贴近实际、贴近生活、贴近群众的主题，使广大群众思想上认同，情感上共鸣，触及心灵深处。其次是报道形式的创新。在信息时代，僵化的宣传模式会使社会主义核心价值观丧失应有的感染力，因此，创新报道形式显得格外重要。对于在生活中践行社会主义核心价值观的典型案例，可以采取纪录片、访谈节目的形式进行宣传。采访对象上，既要有社会精英阶层，也要有草根民众，通过不同的人物让抽象的社会主义核心价值观变得生动具体，使其可感可知、可学可循。最终，呈现在电视屏幕上的要有群众基础和百姓的原生态底色，让人爱听爱看。

第三，电视节目要贴近生活，从广大普通群众中抓住时代主题，并表达人文情怀。社会主义核心价值观的宣传就是要与亿万中国人真正关注的现实关切巧妙结合起来。广播电视节目也要重视观众的接受能力，从多个角度与公众实现互动和交流，秉持说理不说教、传输不灌输的原则，脑耳心并用，发挥教育的引导功能。

二、网络媒体

随着互联网技术的快速发展，我们已进入信息时代。网络媒体作为传统媒体的延伸，在信息传播中与传统的报刊、广播、电视一起共同发挥着作用，已经成为传播技术更为成熟的一种非常普遍的宣传方式。互联网媒体是当下社会信息传递的重要途径，具有信息传递、舆论监督、文化传承与教育、联系社会、休闲娱乐、商务及信息储存与检索等功能。与传统媒体相比，网络媒体在信息传播上具有及时性、互动性、信息容量无限性、全球性、开放性、便捷性，以及跨地域性等优势和特点。因此，网络媒体已经成为信息时代的一种重要宣传手段，也成为舆论宣传的重要阵地。在社会主义和谐社会建设时期，网络媒体应当成为传播社会主义先进文化的主阵地，应当充分发挥网络媒体传播社会主义核心价值观的优势作用，为社会主义现代化建设服务。

社会主义核心价值观的培育需要在较长的时期内持续宣传传播，其目标的实现需要在党的领导下，借助媒体和公众的力量，并贯彻到国民教育当中。在全球化的今天，互联网和移动网络的便捷性给外来的腐朽思想和糟粕文化大开方便之门，社会主义核心价值观念也不可避免地受到威胁。对于这种局面，培育和确立社会主义核心价值观，网络媒体有着不可忽视的作用。在信息网络时代，成就了新型的宣传媒介，即互联网媒体。跟传统媒介相比，它在信息的披露、传递和接收上具有不可替代的优势。社会主义核心价值观的传播必然离不开互联网媒体，它即将成为社会主义核心价值观宣传的主流平台之一。互联网媒体所拥有的独特而先进的传播方式和技术能力，也预示着其必将成为宣传社会主义核心价值观的一种重要手段。

一是利用新颖的传播形式增强社会主义核心价值观的吸引力。传统媒体主要以文字、图片、声音、画面等形式出现，信息形式不够丰富。网络媒体充分利用互联网的优势，融合多媒体技术、动画技术、互动及数字技术等多种信息形式，其灵活性、趣味性和丰富程度都高于传统媒体，丰富的形式和趣味性的内容有利于增强社会主义核心价值观的吸引力。人们可以利用互联网选择相关的内容，由“被动”的接受灌输改为主动积极的学习，因此更有利于社会主义核心价值观真正入心入脑，转化为指导人们行为的价值观念。

二是利用多样性的传播模式增强社会主义核心价值观的渗透力。网络媒体增强了社会主义核心价值观信息传播模式的多样性。传统的媒体是单向的信息传播模式，这种“一对多”的传播模式导致信息的传播过程和信息的反馈比较缓慢和复杂，时效性不强。网络媒体则有多种形态，因而它是“多对多”的信息传播模式。网络媒体可以通过网站、博客、BBS、QQ、MSN、微博、微信等多种模式进行信息传播和互动，任何人都不仅可以廉价而便捷地向他人传播信息，也可以随意获取信息，而且这些模式传播速度快、互动性强、信息反馈及时便捷，有利于人们从多方面快速地了解和掌握社会主义核心价值观的内容，为人们的学习提供了便利。

三是利用传播范围广的特点扩大了社会主义核心价值观传播的覆盖面。网络的迅速发展和计算机使用的普及，逐渐打破了信息传播时间和空间的限制，网络传播的覆盖面逐步扩大，人们之间的距离相对地逐渐缩小。同时，随着无线网络技术和通信网络技术的融合，网络也逐步实现了移动化。“互联网内容与服务越来越丰富，使用越来越便利，特别是移动上网的实现，必然影响未来媒体的走向。新媒体的发展将从 PC、笔记本终端走向手机终端，网络视频、博客、播客等新媒体从固定走向移动化。”[①]网络媒体的特点和未来发展走向能够使社会主义核心价值观迅速渗透到社会生活的各个领域，渗透到各个层次的人群之中，从而进一步扩大社会

① 高丽华：《新媒体经营》，机械工业出版社 2009 年版，第 19 页。

主义核心价值观传播的覆盖面。

四是利用即时性特点提高社会主义核心价值观传播的时效性。互联网是目前世界上最高等级的“高速公路”，以网络媒体为传播媒介，有利于增强社会主义核心价值观传播的时效性。“网络媒体具有快速‘进化’的特征。它通过改变人们获取、交流和处理信息的方式而极大地提高人的认知效率。网络媒体的传播不仅具有跨越空间限制的特性，而且具有超越时间局限的优势。一方面，网络媒体超越了传统信息传播的同步性藩篱，实现了信息的全天候异时传播；另一方面，网络媒体传播还具有快捷性。”①

互联网、自媒体时代，每个人都是新闻人，都是信息编辑，传播具有交互性、自主性的特点，这使整个传媒生态发生了很大的转变。互联网、自媒体在反映民意、加强舆论监督等方面发挥着重要的作用，同时也提供了传播社会主义核心价值观的新平台，但因公众无职业媒体人的媒介素养，因而也容易成为传播谣言和负能量的载体，严重的会对社会秩序和国家安全造成重大影响和威胁。习近平总书记在中央网络安全和信息化领导小组第一次会议上强调：“做好网上舆论工作是一项长期任务，要创新改进网上宣传，运用网络传播规律，弘扬主旋律，激发正能量，大力培育和践行社会主义核心价值观，把握好网上舆论引导的时、度、效，使网络空间清朗起来。”②

网络媒体拥有庞大的受众群体，是传播社会主义核心价值观的一把利器，也是一把“双刃剑”，倘若使用不当，将会对我国的社会主义现代化建设产生极大的负面影响。如何使互联网成为传播社会主义先进文化的重要平台，如何使网络媒体成为传播社会主义核心价值观的前沿阵地，这就要从加强对网络媒体的引导，加大主题网站的建设力度，加强网络媒体传播队伍的建设以及注重网络媒体的管理等方面来考虑。

第一，积极创建主题网站，巩固主流阵地。互联网是信息时代人们思想文化传播、互动的重要工具。建设社会主义和谐社会，网络媒体应该承

---

① 龚书文：《网络文化特征与青少年价值观教育》，《中国西部科技》2009 年 7 月。

② 新华网，http://news.xinhuanet.com/politics/2014－02/27/c_119538788.htm

担起传播社会主义核心价值观的重任。网络社会具有的开放性、虚拟性等特点所导致的多元文化的碰撞，以及外来文化的冲击，必然会对人们的思想观念产生影响。通过加大党政门户网站、新闻网站、红色网站、社区论坛、商业娱乐网站等网站建设，弘扬主旋律，使社会主义主流意识形态占据网络空间，巩固主流阵地。

党政门户网站建设。党政门户网站是指各级政府在各部门的信息化建设基础上，建立跨部门的综合性业务应用系统，它是各级党政部门在互联网上发布信息和提供网上在线服务的综合平台。“未来的政府，是依托信息和技术的虚拟政府，这便使得政府网站成为电子政府最为关键的实现方式，成为当今电子政务建设的核心内容。”①加强党政门户网站建设，利用自身的网络话语平台，加大传播力度，可以主动赢得网上话语权。党政门户网站除了做好信息的传播、政策的宣传以及办理政务以外，还应该大力宣传主流意识形态，成为引导网络舆论的前沿，并且应当在公共事务领域与公众开展互动，征询公众意见，提高政府服务能力和服务水平。同时，还要通过多种形式，用社会主义核心价值观引导公众，增强互动，使网络成为更便捷、更互动的话语传播和交流平台，在完善政府服务过程中增强对受众的吸引力和话语影响力。

新闻网站建设。作为独立的新闻媒体，新闻网站在新闻传播中的地位和作用越来越凸显。我国大型的新闻网站主要有人民网、光明网、新华网、千龙网、东方网等。目前我国的新闻网站建设正处于综合发展阶段，这些新闻网站正在摆脱传统媒体的思维方式和制作方式的影响，走向越来越专业的新闻媒体。同时，在扩大影响力和注意力的基础上，新闻网站正综合多种媒体形式，走上融合媒介与融合新闻的道路。可以预测，网络新闻媒体的影响已经开始超过传统媒体。新闻网站的建设过程中，除了要遵循新闻规律，客观公正报道新闻以外，还应该担负起相应的社会责任，要积极传播社会主义先进文化，倡导社会主义核心价值观，通过新闻报道、时评来正确引导人们的世界观和价值观，充分发挥其引导舆论、形

① 赵志立:《网络传播学导论》,四川人民出版社 2009 年版,第 76 页。

成舆论,引导价值观、形成价值观的作用。

红色网站建设。红色网站是指党政部门、各企事业单位以宣传党的路线、方针、政策,发扬党的优良传统、弘扬爱国主义精神为宗旨,主办的集思想教育、信息传播、素质培养、文化娱乐为一体的综合性思想政治教育网站。红色网站具有主题鲜明、思想性强、内容丰富、范围广泛、教育意义深刻等特点,为满足人们的精神需求发挥了重要作用。加强红色网站建设能有针对性地对特定的群体进行思想政治教育,不仅是对人们进行思想政治教育的一个主要平台,在新时期也是传播社会主义核心价值观的一个重要阵地。

网络社区论坛建设。网络社区论坛的出现,使人们以极高的效率进行交流,它最大的特征就是其互动性与开放性。一方面,网友可以畅所欲言、踊跃参与,各种观点可以相互启发;另一方面,网友的看法、意见可以在一定程度上反映民意和舆情。因此,通过版主设立和控制论坛主题,可以扩大社区论坛的吸引力,也可以有效了解民意、舆情。网络社区论坛可以通过各种主题的讨论,邀请专家或权威分析人士在线或主流媒体的意见领袖人与网民交流,及时沟通,能有效地引导舆论,以主流价值观影响网民,及时引导网民形成正确的思想和行为。随着网民参与的积极性增强,网络社区论坛应该成为传播社会主义核心价值观的另一个重要阵地。

特色网站。这主要是指充分利用网络先进技术建立传播社会主流意识形态的特色网站。包括以下几个方面:一是政府要加强建设传播社会主义主流意识形态的网站,加强社会主义先进文化的宣传,以社会主义主流意识形态引领网络媒体的发展。2006 年元旦,中央政府网站正式开通,这是政府加强网络媒体建设的一项重要举措。该网站除了新闻事件、工作动态、公文发布等信息发布以外,还设有各类专题,如“历史上的今天”、“庆祝中国共产党成立 90 周年”、“中国概况”等,加强网民对国家和党的认识,增强了民族精神和时代精神的感召力。随后各级地方政府网站相继建立,形成了传播社会主义主流意识形态的一系列政府网站。二是保障政府网络传播信息源供给。“政府作为社会公共管理机构,掌握着涉及社会各领域、各层面的信息资源,应当是网络信息的最大供给者。政府掌握的公共信息在多大程度上有效地提供给社会公众和网民,是解决社会信息冲突、信息失衡的重要环节。”[①]三是利用先进技术加大红色网站建设,以红色网站加强主流意识形态的传播,引领和推动网络媒体的发展,并使之成为传播社会主义先进文化的主阵地。

第二,加强人才队伍建设。要利用好网络媒体这一传播社会主义核心价值观的新途径,不仅需要加强专业机构建设,还需要注重网络媒体的人才队伍建设。网络的开放性、互动性等特征使得人们在网络社会中既可以是信息的接受者,又可以是信息的传播者。所以,这里所说的网络媒体的人才队伍是指网络媒体从业人员。要巩固传播社会主义主流意识形态的主阵地,进一步增强网络媒体传播社会主义核心价值观的吸引力,离不开一支具有专业水平的网络媒体从业人员。

第三,注重媒介素养教育。媒介素养的概念是由英国学者在20世纪30年代首先提出的,主要是针对当时电影普及所带来的流行文化与传统文化的冲突,从而呼吁人们抵御大众化电影导致的文化趣味腐蚀。信息社会的媒介素养是指“人们面对媒介的各种信息的选择能力、理解能力、质疑能力、评估能力、思辨性应变能力,以及创造和制作媒介信息能力”[②]。媒介素养教育的实质关系到人们如何正确处理与媒介的关系问题。具体而言,媒介素养教育主要是指培养人们在面对媒介和媒介所传递的各种信息时,能够正确认识和使用各种传播媒介及其所传递的信息;能够正确解读、质疑、评价各种信息;能够正确有效地利用媒介,参与信息传播,以及使用各种媒介信息服务于个人的工作与生活所需的知识、技巧和能力的一种教育。事实上,在传播者或受众的媒介素养不高或者缺失的情况下,在利用和选择信息时,常常会出现人们的理解与传播的真实目的相违背的情况,从而导致社会主流价值观的弱化。因此,媒介素养教育应该是一项全民教育,是信息时代的一项重要课题。全民媒介素养的提高不仅是信息时代的迫切需要,也是巩固网络媒体传播社会主义核心价值观主阵地作用的迫切需要。

---

① 曹劲松:《政府网络传播》,江苏出版社2010年版,第244页。
② 张开:《媒介素养概论》,中国传媒大学出版社2006年版,第99页。

三、媒体价值监管与引导

当前传统媒体和网络媒体都已成为思想文化信息的集散地和社会舆论的放大器。如何发挥其优势,使之成为传播社会主义先进文化的阵地、成为人们交流思想文化的重要平台、成为人们精神生活健康发展的广阔空间,这是传统媒体和网络媒体都面临的一个严峻的课题。要坚持以社会主义核心价值观为指导,主要通过行政、法律、技术、伦理道德、舆论以及队伍建设等方面来做好引领和监管工作。

(一)行政管理与监督

行政手段是国家通过各级政府部门以行政手段参与相关事务,对社会事务进行监督、管理、调控。对媒体的引领和指导,行政手段是一项有效的途径。媒体的健康发展离不开有效的行政手段的管理与制约。目前,我国各级政府机构以及相关部门都在自己的职责范围内,根据制定的相关行政法规对媒体实施具体的行政控制和相关的指导,工业和信息化部、新闻出版广电总局、公安部、文化部、教育、卫生、工商等部门都从相关的职责范围对网络媒体进行必要的指导与管理。我国政府及相关部门通过行政制约的方式对网络媒体的指导和管理主要有以下几种形式:

制定行政法规。通过相关部门制定各种相关的行政法规对网络媒体进行必要的指导,是我国目前普遍采用的一种方式。各级政府和相关部门根据各地实际情况,制定一系列行政法规对网络媒体进行引领和指导,有利于消除网络媒体对社会生活产生的负面影响,使网络媒体积极担负起传播社会主义先进文化的责任,并自觉运用社会主义核心价值观来引领和指导网络媒体向健康方向发展。

对网络媒体进行登记备案。这主要是指通过行政手段,使政府和相关机构、部门成为网络媒体的“把关人”。由“把关人”进行审查、核准,决定哪些网络媒体或从业人员可以进入网络媒体行业,从源头上把握了网络媒体从业机构和从业人员。个人或组织机构进入互联网之前,需要经过相关部门的许可或者备案,将不具备条件的申请者予以否决,并对登记许可的网络媒体进行必要的跟踪记录。这种行政制约手段可以在第一时间将不符合条件的机构或个人拒绝在网络媒体内容和服务提供者的行列之外,消除一些不必要的隐患。同时,这也可以将一些违背社会主义核心价值观,比如外来腐朽文化、色情文化等不利于人们思想健康的内容拒之网络媒体之外,从而引领和指导网络媒体健康发展。

对于处在反分裂斗争前沿阵地的西藏而言,对网络媒体进行备案显得尤为重要,特别是新媒体所具有的即时性、开放性、个性化、分众性、信息的海量性、低成本全球传播、检索便捷、融合性等特质,很容易将在该地区引发的一些属于人民内部矛盾的事情在网络上炒作为民族的、文化的、宗教的等上纲上线之事,从而破坏和谐、稳定的社会局面。因此,对微博、人人网、QQ 等进行实名制管理,并对其动态进行跟踪显得尤为必要。

监督与调控。这主要是指各管理部门和相关机构依照相关的法律法规、各项规章制度对网络媒体进行监督和调控,从而指导、督促其健康、正常发展。国家相关部门要在各自职责范围内,依法对网络媒体发布、传播的信息内容实行监督和调控。各互联网信息服务者也必须按照经营许可的范围提供服务,有效地监督和调控,减少和避免网络媒体带来的负面影响,促进网络媒体自身的健康发展。

鼓励与处罚。这主要是指网络媒体的主管部门和相关机构积极支持网络媒体传播社会主义先进文化,并支持有利于传播社会主义核心价值观的相关的网站建设。同时,对一些违反相关法律法规和规章制度的网络媒体给予处罚、整改或取缔,以此加强社会主义主流意识形态的传播,增强主流网络媒体的社会影响力。

(二)法律规范

以互联网为基础的网络媒体,也需要法律手段对其进行必要的规范。“任何空间都需要秩序,技术的发展只有在有序的环境下才可以造福人类。而一旦法律建立在技术革命及其他社会经济价值取得平衡的基础上,就不仅仅起到规范作用,也必定会起到激励和促进作用。”[①]任何文明的社会都离不开法律来维持社会秩序,网络社会作为现实社会的延伸,现

---

① 谢新洲:《网络传播理论与实践》,北京大学出版社 2004 年版,第 225 页。

实社会中的一切善恶美丑都有可能在网络社会中发生,行政手段、技术手段、行业自律只是解决问题的一个方面,只是在法律手段之前的一道防线。“互联网没有也不可能改变现实社会基本制度以及受这个制度保护的基本社会关系。互联网上的虚拟世界是从现实世界生成的,并且无时不在对现实世界发生影响,所以虚拟世界说到底还是现实世界的一部分,虚拟世界里的关系无非是现实世界的社会关系的延伸,仍然要受现实世界中现行法律的规范和调整。”①因此,网络社会同样需要法律规范,同样需要遵守现实社会的法律法规。法律可以规范人的网络生活,创造良好的网络环境,从而使人们更自由地享受网络带来的便利。

法律规范是引领和指导网络媒体健康有序发展的重要手段之一,网络媒体的健康发展,离不开相关法律体系的建立和完善。首先,立法必须进一步完善。随着互联网的发展,应该进一步加大网络媒体管理方面的立法,以不断适应网络媒体的快速发展。我国目前尚未出台一部关于网络传播的法律,现有关于互联网的法律规范基本上由三大部分构成:一是法律性文件,比如:2000 年 12 月 28 日第九届全国人大常委会第十九次会议通过的《维护互联网安全的决定》;2004 年 8 月 28 日全国人大常委会通过的《电子签名法》;2005 年 4 月 30 日,我国正式发布了《互联网著作权行政保护办法》。二是行政法规,比如:1994 年 2 月 18 日国务院发布的《计算机信息系统安全保护条例》;2000 年 9 月 20 日国务院第 31 次常务会议通过的《互联网信息服务管理办法》;2000 年 9 月 25 日国务院发布的《电信条例》;2006 年国务院发布的《信息网络传播保护条例》等。三是部门规章,比如:1996 年 4 月 9 日邮电部发布的《中国公用计算机互联网国际联网管理办法》;2005 年 11 月 7 日信息产业部第十五次部务会议审议通过的《互联网电子邮件服务管理办法》;2008 年 1 月 31 日开始施行的《互联网视听节目服务管理规定》以及 2011 年 2 月 11 日文化部部务会议审议通过的《互联网文化管理暂行规定》等。这些法律法规是对网络媒体进行规范的主要依据。其次,执法必须公正、严格。网络媒体审查、许可、

① 魏水征:《新闻传播法教程》,中国人民大学出版社 2002 年版,第 251 页。

从业人员的资格必须严格依照相关的法律法规的规定，对于违反相关规定的要依法处置，做到有法必依、执法必严、违法必究，通过法律手段保证网络媒体的健康发展。

（三）技术控制

技术控制主要是指通过网络技术手段监控网络媒体的信息，对互联网有害信息进行清理和整治，杜绝或限制有害信息在网络上传播，防止网络犯罪，维护网络安全，从而引导网络媒体健康发展。

网络发展迅速，要不断地开发出先进的技术，比如，认证和数字签名技术、安全扫描技术与防火墙配套技术、过滤技术以及相关的反病毒、反木马软件等，不仅可以更好地维护网络媒体的安全，也可以抵制外来不良文化，减少网络犯罪的发生。

（四）道德约束

道德约束主要是从行业自律方面来对网络媒体进行规范和引导。网络媒体是以网络技术为基础的一种技术依赖性极强的新兴媒体，因此，对网络媒体的指导和管理必须采取技术手段。然而，完全依靠技术手段也无法解决网络媒体带来的所有问题。随着互联网在社会生活中的全面渗透和影响的日益扩大，网络媒体承载的社会责任越来越大。通过伦理道德的约束，加强行业自律就是引领和指导网络媒体健康发展的又一有效途径。

伦理道德约束不同于法律法规，它并没有强制性，主要是通过社会潜移默化地赋予人们一些行为标准，并逐渐成为全社会成员共同遵守的标准。在现代社会中，人们总是受到各种伦理道德的约束，而在网络社会中，这种约束力渐渐变弱。通过伦理道德对网络媒体进行指导，重在教育人们在网络空间里做一个文明的公民。为进一步提高网络媒体的整体素质，需要加强行业自律。行业自律不仅使网络媒体能切实履行社会责任，严格遵守有关法律法规和社会主义道德规范，而且对于建立自律机制、建立积极健康的网络环境也将起到极大的推动作用。2002 年 3 月 26 日，中国互联网协会在北京发布了《中国互联网行业自律公约》，公约为中国互联网行业自律机制的建立提供了保证。2006 年 4 月，又颁布了《文明上网自律公约》。此外，人民网、新华网、中国网等30多家网络媒体于2003年12月8日共同签署了《互联网新闻信息服务自律公约》，2007年8月21日中国互联网协会发布了《博客服务自律公约》，2008年2月22日新华网、人民网、央视国际、中国网、国际在线、中青网、中国经济网、中国广播网等8家中央网络媒体在北京签署《中国互联网视听节目服务自律公约》。这些自律公约对网络媒体自身以及广大网民进行了伦理道德的约束和指导。

通过伦理道德加强对网络媒体的引领和指导，要重视对广大网民的道德教育。信息时代，道德教育应该包括媒介素养教育，其教育对象不仅包括青年人，更要致力于全体网民和全社会成员。加强媒介素养教育，指导网民理性地对待网络信息，合理地使用网络媒介，积极参与信息传播，自觉抵制腐朽文化的侵害，使他们在网络环境中自爱、自律，知法、守法。

（五）舆论引导

正确的舆论能够引导人们形成正确的价值观，加强媒体的舆论引导既是加强社会主义意识形态的需要，也是在新的历史条件下传播社会主义核心价值观的需要。提高网络媒体的舆论引导水平，可以从以下几个途径加以入手：

一是要坚持党性原则，把握正确的舆论导向。习近平总书记在主持召开中央网络安全和信息化领导小组第一次会议时强调：做好网上舆论工作是一项长期任务，要创新改进网上宣传，运用网络传播规律，弘扬主旋律，激发正能量，大力培育和践行社会主义核心价值观，把握好网上舆论引导的时、度、效，使网络空间清朗起来。习总书记的这段话深刻概括出了把握正确的舆论导向的重要意义。

新时期，要使网络媒体有效传播社会主义先进文化，有效传播社会主义核心价值观，巩固社会主义主流意识形态的主导地位，就必须牢固树立政治意识、大局意识、阵地意识和责任意识，把坚持正确的舆论导向放在网络媒体工作的首位。当前，要坚持以正确的舆论引导人，弘扬社会主义核心价值观，唱响主旋律，打好主动仗；要加强正面舆论的引导作用，巩固和发展积极向上的主流舆论；要用正面舆论、主流舆论占领网络阵地，营造并形成积极向上的舆论氛围。首先,要建立热点问题、突发事件、敏感问题的网络舆论应急处理机制,在网络舆论引导方面做到反应及时、统一协调,处理问题时要有政治敏锐力和判断力,在重大热点问题上把好关、把好度,改进对网络热点问题的引导,把握好时机,加强交流与互动,提高网络媒体舆论引导水平。其次,对人们关注的重大热点问题的讨论,网络媒体要自觉主动地坚持为人民服务、为社会主义服务、为党和国家工作大局服务的意识,及时组织专家、学者、领导干部,就人们关注的问题,通过网络开展各种形式讨论、阐释,做好舆论的引导工作。最后,要及时了解网络舆论动向,及时发现问题,有效抵制网络负面信息的侵害,对热点问题、敏感问题不回避,主动及时做出反映,对重大舆论动态,做到随时把握,有力引导。

二是要提高舆论的吸引力和感染力。提高舆论的吸引力和感染力是确保网络舆论发挥作用的关键。舆论引导富有吸引力和感染力,才能被人们所接受,舆论才能发挥作用。

首先,网络媒体要坚持贴近实际、贴近生活、贴近群众,这是宣传思想工作增强针对性、实效性和吸引力、感染力的根本实现途径;坚持"三贴近"要把体现党的主张和反映人民心声结合起来,把坚持正确的导向和传达民意结合起来,保证人民的知情权、参与权、表达权、监督权。要面向群众,深入实际,多反映人民群众的利益诉求,多宣传人民群众中的先进和典型,用事实说话,用典型说话,充分发挥舆论的正确导向作用。

其次,充分利用网络媒体资源,针对人们关心的热点问题、重大问题及时开展讨论与引导。网络媒体应充分利用网络技术,及时了解舆论,关注焦点,通过各种不同的形式,及时对问题进行阐释,帮助人们形成正确的认识,形成正确的舆论氛围,从而提高舆论的吸引力和感染力。

最后,弘扬主旋律,提倡多样化,发挥舆论的正向功能。正确舆论导向要弘扬的主旋律,就是主流舆论。所谓主流舆论,就是那些准确揭示事物本质、顺应时代发展要求、充分体现社会主流价值观的舆论。要用生动活泼的表现形式和较高的艺术水平,使主旋律的内容为群众所接受,适应群众多层次、多方面的需求,充分发挥舆论的正向功能。

三是要增强舆论引导的针对性和实效性。提高网络媒体的舆论引导水平,要注重增强舆论引导的针对性和实效性。舆论引导的针对性是指舆论引导要做到有的放矢,舆论引导的实效性是指舆论引导所取得的实际效果。网络媒体要加强舆论引导,占据社会主义核心价值观的主阵地,就必须加强舆论引导的针对性,才能增强其实效性。

首先,要重视对公众所关注的热点问题的引导。关注热点问题、引导热点问题是信息时代网络媒体舆论引导工作的重中之重,也是增强网络媒体舆论引导针对性和实效性的有效途径。在积极引导热点问题时应做到方法得当、不回避。积极主动,做到政治坚定、正确分析、妥善引导,在具体实践当中应体现时代性、把握规律性、富有创造性,不断提高舆论引导的权威性、公信力和影响力。就当下的西藏现状而言,还尚未形成良好的舆论引导机制。从长远看,对话、沟通、协商和共识应该是网络舆论引导的方式和终极目标。

其次,加强和改进舆论监督。热点引导和舆论监督二者间有着密切的关系,社会热点问题既有正面的亦有负面的,而负面的热点问题往往是人们关注的焦点,如果不加以引导会引爆更大更烈性的社会问题,因而对负面热点问题进行有效的监督就是热点引导的一个重要方式。加强和改进舆论监督,有利于对热点问题的引导,能取得舆论引导的良好效果。同时,要完善网络媒体舆论监督的机制,对于热点问题,要及时有效地在第一时间发布权威信息,提高及时性,牢牢把握舆论引导的主动权。

（六）队伍建设

加强对网络媒体的引领和指导,提高网络媒体的传播能力和传播水平,还需要注重网络媒体传播队伍的建设。这里的网络媒体传播队伍有广义和狭义之分。广义上的网络媒体传播队伍,泛指在互联网上传播信息的所有人。狭义的网络媒体传播队伍是专指网络媒体的从业人员。由于在网络社会中,任何一个人既可以是信息的接受者,即受众,也可以是信息的传播者。因此,网络媒体传播队伍建设应该既要考虑广义上的网络媒体传播队伍建设,又要考虑狭义上的网络媒体传播队伍建设。加强网络媒体传播队伍建设应该努力做好以下几个方面:其一,要加强网络媒体传播队伍的马克思主义理论素养教育，不断提高其理论水平，不断增强网络媒体传播队伍的政治素质；其二，要精通业务，学习先进的网络技术，不断增强其业务素质；其三，要加强社会主义核心价值观的学习，并充分利用网络媒体积极传播社会主义核心价值观；其四，要了解中国国情和西藏区情，掌握国家发展脉络，了解社会发展现状，结合网络媒体发展实情，增强网络媒体传播社会主义核心价值观的实效性；其五，要加强网络媒体传播队伍的媒介素养教育。

参考文献：

1. 贺雪飞：《全球化语境中的跨文化广告传播研究》，中国社会科学出版社 2007 年版。

2. 周玉清、王少安：《社会主义核心价值体系引领大学文化建设论纲》，人民出版社 2011 年版。

3. 宋惠昌主编：《社会主义核心价值观专题解读》，中共中央党校出版社 2010 年版。

4. 喻发胜：《文化安全：基于社会核心价值观嬗变与传播的视角》，华中师范大学出版社 2010 年版。

5. 司马云杰：《中国文化精神的现代使命：关于中国文化根本精神与核心价值观的研究》，山西教育出版社 2008 年版。

6. 王东迎：《中国网络媒体对外传播研究》，中国书籍出版社 2011 年版。

7. 喻国明等著：《中国大众媒介的传播效果与公信力研究》，经济科学出版社 2009 年版。

8. 张国涛主编：《传播文化：全球化与本土化》，中国传媒大学出版社 2010 年版。

9. 殷晓蓉：《网络传播文化：历史与未来》，清华大学出版社 2005 年版。

10. 曹劲松：《政府网络传播》，江苏人民出版社 2010 年版。

11. 欧阳宏生主编：《电视传播核心价值论》，北京大学出版社 2010 年版。

12. 郭金金、蒋万胜:《网络媒体的传播特点及其影响》,《新闻世界》2011 年第 8 期。

13. 周成龙:《用社会主义核心价值观引领网络文化》,《中共太原市委党校学报》2008 年第 6 期。

14. 郑洁:《网络媒体对社会主义核心价值体系传播的影响及对策》,《求实》2010 年第 2 期。

15. 薛一飞、邢海晶:《网络传播视域下社会主义核心价值观大众化路径》,《理论探索》2015 年第 3 期。

16. 马胜英:《增强社会主义核心价值观宣传的传播力和感染力》,《共产党人》2015 年第 1 期。

17. 胡春阳:《转型时期社会主义核心价值观认同建构》,《文化建设》2015 年第 1 期。

18. 张小飞、陈莉:《新媒体时代文化生态的嬗变与社会核心价值观传播策略》,《中国特色社会主义研究》2013 年第 6 期。

19. 李勇:《新媒体环境下社会主义核心价值观传播体系的建构研究》,《理论探索》2015 年第 2 期。

20. 李琼:《推进青海藏区社会主义核心价值观认同研究》,《青藏高原论坛》2014 年第 8 期。

21. 宋增伟、周栋、李康:《试论社会主义核心价值观的传播原则与传播方式》,《海南师范大学学报》2014 年第 11 期。

22. 原黎黎:《社会主义核心价值观的"微"传播路径》,《赤峰学院学报》2015 年第 2 期。

23. 施惠玲:《社会主义核心价值观传播中的两种张力关系》,《中国特色社会主义研究》2012 年第 6 期。

24. 林蒋叶:《社会主义核心价值观传播机制探讨》,《中国报业》2014 年第 2 期。

25. 曹燕宁:《媒体融合助推社会主义核心价值观传播》,《重庆科技学院学报(社会科学版)》2014 年第 3 期。

26. 李义丰:《关于社会主义核心价值体系的传播问题》,《广东社会科学》2012 年第 4 期。

27. 沈正赋、高倩:《电视媒体弘扬社会主义核心价值观的可行性分析——以中央电视台〈感动中国〉特别节目为例》,《声屏世界》2014 年第 4 期。

28. 郭曰铎:《传承与升华:中华优秀传统文化和社会主义核心值观的有机融合——学习习近平总书记关于中华传统文化与社会主义核心价值观的重要论述》,《青岛科技大学学报(社会科学版)》2014 年第 4 期。

第六章　引导藏传佛教与社会主义核心价值观相适应

西藏培育和践行社会主义核心价值观，最为突出的特点和实际，就是历史形成的藏传佛教对西藏经济社会、民族文化、风俗习惯等方面的重要影响。据统计，占西藏人口92%的藏族同胞中大部分依然信仰藏传佛教。4.6万藏传佛教僧尼和广大信众作为西藏人民群众的一部分，是西藏培育和践行社会主义核心价值观的重要力量。以实事求是的态度客观看待藏传佛教及信众，在批判“政教合一”等历史糟粕同时，尊重藏传佛教的积极社会作用，引导藏传佛教与社会主义核心价值观相圆融，从而与社会主义社会更好适应，具有十分重要的意义。

在几乎全民信教的西藏，宗教文化更是具有非常深刻而广泛的影响。首先，藏传佛教信教群众在西藏总人口中占有相当大的比重，藏传佛教已经融入到藏民族的文化价值观念、道德行为规范之中，成为民族传统文化的有机组成部分。其次，西藏作为世界上佛教传承保留最好的地区、作为我国连接南亚次大陆的西南门户，在对外开放、开拓发展中，在不断摒除十四世达赖集团影响后，藏传佛教也可以产生适当的纽带作用，彰显我国在保护传统文化中形成的文化软实力，扩大整个中华文化的国际影响。

第一节　藏传佛教源流及现状

佛教传入西藏后，吸收苯教部分神祇和仪轨，形成了藏传佛教。《土观宗派源流》引西藏古代史料：从聂赤赞普起的26代赞普都是以苯教治国。根据古代史料纪载，佛教是在松赞干布的高祖拉脱脱日年赞时传入西藏的。松赞干布（617－650年）是吐蕃政权创建者，在军事、内政方面都功绩卓著。藏文就是他派臣下创制的,他还制定法律、厘定官制,以及采取其他措施,使一个新兴的奴隶制政权初具规模。松赞干布采取联姻修好的办法加强与唐王朝和尼泊尔的关系,在先后迎娶尼泊尔赤尊公主和唐文成公主后,因为二人皆笃信佛教且进入西藏时都带了传法僧人,受她们影响,同时从政治需要考虑,松赞干布对佛教比较重视。但此时的佛教在西藏仅仅是初起,由于吐蕃文化基础薄弱,固有信仰地位牢固,佛教在当时社会产生的影响极为有限。松赞干布去世后,芒松芒赞(650－676年在位)和都松芒波结(676－704年在位)两代,藏文史料中都没有记载他们与佛教发生什么关系。直至赤德祖赞(704－755年在位)迎娶金城公主,以及金城公主入藏20余年后西域部分地区发生了排挤佛教的事件,不少佛教徒由今新疆东南部进入当时吐蕃王朝控制的地区,为佛教在西藏的进一步发展创造了条件。在金城公主的建议下,赤德祖赞下令收容并供养逃来吐蕃的僧人,并建立了瓜曲等寺庙方便他们开展宗教活动。这些被收留的僧人使吐蕃统治者对佛教有了一定了解,他们的言行也对当时社会产生了一些影响。吐蕃赞普的一些崇佛重教行为,引起了苯教徒和崇奉苯教贵族反对。约在公元739年左右,苯教徒和一部分贵族借口当地疫病流行由外地佛教徒触怒当地苯教神祇所致,采取行动将留居佛教僧人驱逐出境,反对佛教斗争以此为开端。赤德祖赞晚年,相传他曾派桑希等人到长安迎请佛经,此时吐蕃赞普已经显现出重视佛教的倾向,但直到此时,尚无藏人出家为僧,藏地也没有有规模的寺庙。总体看,这一时期佛教在西藏仍居于无足轻重的地位。

赤德祖赞的继承人赤松德赞(742－797年)开始发展佛教,并在与统治集团内部反佛势力的斗争中逐渐占据上风。这期间,在苯教与佛教的斗法上,藏传佛教的著名高僧莲花生大师起到了关键性作用。约于779年,西藏佛教史上有僧伽组织的真正意义上的第一座寺庙——桑耶寺建成,标志着佛教在西藏有了比较牢固的立足。从桑耶寺建筑风格及其内部塑像特征看,将汉地、印度以及藏地风格集于一处,也反映了当时在西藏印度佛教和内地佛教共存的现实。此后经过在敦喀尔地方由赤松德赞召开的佛教与苯教辩论,佛教获胜。赤松德赞开始公开压制甚至铲除苯教，他下令吐蕃上下必须一律尊奉佛教，苯教徒或者弃苯归佛，或者做纳税的百姓，如果两者都不愿做，就被驱逐出境。从此佛教在吐蕃开始较快发展。

佛教在吐蕃的发展并非一帆风顺，在经历了牟尼赞普、赤德松赞、赤祖德赞三代约60年迅速发展后，由于吐蕃统治阶层内部争斗，在约838年朗达玛继赞普后，发生了西藏历史上著名的“朗达玛灭佛”。佛教在西藏绝大部分地方几近消失。而随着842年朗达玛被刺杀，吐蕃陷于混乱并很快分裂，作为一个统一地方政权从此消失，佛教也从此中断百余年。

在吐蕃分裂、各地割据势力混战过程中，卫藏地区爆发了奴隶平民大起义，起义延续一二十年，覆盖整个卫藏地区。此间，奴隶主势力得到了极大削弱，奴隶制向封建农奴制开始过渡。在百年混乱当中，人民要求建立新的封建秩序，要求社会安定、发展生产的愿望日益迫切，而佛教教义以及藏地佛教徒适应时局要求所进行的阐释，为佛教在卫藏乃至整个藏区再度传播奠定了基础。总起来看，自10世纪后半期，佛教在卫藏阿里一带流传，到11、12世纪，佛教在民间重新活跃。至12世纪后半期，佛教僧人逐渐以寺庙为据点垄断了当地的文化和教育事业，他们当中代表人物成为调解地方头人纷争的裁判者，甚至又取得头人所辖地区的统治权。通过逐步掌握地方统治权，同时通过佛教思想灌输来操控百姓，佛教势力在社会当中逐渐得到巩固并发展，为之后形成西藏佛教的各个宗派准备了条件，也为13世纪“政教合一”的局面形成准备了社会基础。

自1271年西藏正式纳入元朝有效治理至1949年新中国成立间的近700年时间里，无论是元朝独崇萨迦派，还是明朝的“多封众建”赐封三大“法王”，抑或清朝、民国的扶持依靠格鲁派。中央政权始终非常清楚地看到了藏传佛教在西藏政治生活中独特而重要的地位。自佛教传入西藏，经历前弘期和后弘期的发扬光大，佛教已深深植根西藏社会，特别是宗教势力在发展中逐步掌控了西藏地方经济文化教育资源，其独特的发展过程使得藏传佛教最终走向“政教合一”体制有相当的必然性。

新中国成立后，中央确定以和平方式解决西藏问题，经过军事斗争和政治争取，于1951年5月23日签订了《中央人民政府和西藏地方政府关于和平解放西藏办法的协议》（简称《“十七条协议”》），西藏实现了和平解放。西藏的和平解放，开启了西藏历史的新纪元，也开始了新中国治理发展西藏的征程。鉴于和平解放前西藏全民信教的实际（西藏自治区民族宗教委员会档案资料显示：民主改革前，西藏有寺庙2711座，僧尼11.4万余人），中央在对西藏进行民主改革和平息叛乱当中，对群众的正常宗教活动给予尊重，如十世班禅大师等还被选举担任自治区和国家领导职务。在“文化大革命”时期，西藏与全国比较既有共同性又有特殊性。一方面，在极“左”思潮冲击下，党的民族政策、宗教政策、统战政策和干部政策都遭到严重破坏，刚刚兴起的各项生产建设事业受到严重挫折，经济、文化事业受到不可估量的损失。另一方面，由于西藏地处祖国边疆，具有重要战略地位，又是一个少数民族和宗教盛行地区，情况比较复杂，所以文化大革命开始后，中共中央、国务院和中央军委先后向西藏发出一系列稳定边防的指示，并明确规定边境地区的县不搞“文化大革命”。总体看，“文革”对西藏各项事业的破坏受到一定程度的限制。

20世纪80年代初，中共中央书记处先后召开了西藏、云南、新疆、内蒙古等省区的会议，确定了处理民族和宗教问题的新政策，各地宗教组织及其活动逐渐得到恢复。1981年，中共中央在《关于建国以来党的若干历史问题的决议》中明确提出“要继续贯彻执行宗教信仰自由的政策”，指出：坚持四项基本原则并不要求宗教信徒放弃他们的宗教信仰，只是要求他们不得进行反对马列主义、毛泽东思想的宣传，要求宗教不得干预政治和干预教育。在这样的形势下，文革中一度中断的藏传佛教也得以恢复，寺庙重新开放，僧尼回到寺庙并逐步增多。特别是自上世纪80年代末起的近20多年来，藏传佛教出现了一股复兴的趋势。1982年全区宗教活动场所64座、僧尼1288人，1987年宗教活动场所928座、僧尼14320人，1990年宗教活动场所1353座、僧尼42190人，1994年宗教活动场所1787座、僧尼46380人，新世纪以来规模基本保持不变，宗教活动场所1787座、僧尼4.6万人。现在西藏自治区的多数藏族和门巴、纳西族等群众信奉藏传佛教。

第二节　藏传佛教的文化与社会影响

藏传佛教在外来佛教与本土苯教的碰撞、交汇、融合中形成、完善和发展，自一产生就融入当地社会生活，并由此影响和被影响，逐渐成为社会政治经济文化生活的一部分。

一、藏传佛教对西藏社会价值观的影响

藏传佛教对西藏各族信众价值观的形成产生了深远的影响。在近1400年的传播和发展中，藏传佛教形成了自己完整的哲学体系，有独特的世界观和价值观，并通过宗教教义和宗教组织把这种价值观深深根植于西藏广大信教群众之中，对人们的价值判断、处事原则、行为方式、习惯习俗等等产生了重大影响。

在佛教传入西藏之初，松赞干布就曾经命令大臣吞弥桑布扎（藏文字创制者）翻译一部佛经——《十善经》，其中讲解的主要是佛教的“十善法”。松赞干布依据“五戒十善”并结合当时的社会情况制定了一系列法律法规和伦理道德准则，起到了“对善人予以奖励，对恶人加以惩处，对豪强大族用法律压抑，对贫弱者设法扶助”的作用，这一举措在一定程度上缓解了当时的社会阶级矛盾，有利于巩固统治阶级的统治。也正是从此时开始，藏民族崇尚慈悲、行善、宽容的民族心态逐步形成。藏族人认为世间灾祸皆源于人的不守五戒、不修十善。只有严格遵循了“五戒十善”，国家才能风调雨顺、国泰民安，个人才能不招祸害、平安吉祥。佛教的伦理道德观逐渐成为藏族人做人做事的准则。

佛教的一个重要观念就是因果业报，认为众生所作的善业和恶业都会引起相应的果报。“因果十来偈”中有云：“端正者忍辱中来，贫穷者悭贪中来；高位者礼拜中来，下贱者骄慢中来；喑哑者诽谤中来，盲聋者不信中来；长寿者慈悲中来，短命者杀生中来；诸根不具者破戒中来，六根具足者持戒中来。”因果业报要求人们行善积德，以此才能享有今生来世的圆

满。因为相信因果业报,信众更加以“五戒十善”作为自己为人处世的准则,无时无刻不用来参照和警醒自己。

从上述几个方面可以得知,藏传佛教深深地影响着以藏族为主体的西藏群众的价值判断和价值取向。无论是社会伦理道德的规范,还是行为方式、行事准则,其中心内容都与藏传佛教紧密相连,不可分割。

二、藏传佛教对西藏传统文化的影响

藏传佛教对西藏传统文化也有着巨大影响,仅从文学、艺术、建筑等方面就可见一斑。在文学作品方面。公元7世纪以后,随着藏传佛教在藏区的广泛深入传播,在保持核心义理同时,传播方式手段不断丰富多样,借助文学作品形式就是最为常见且有效的一种方式。文学形式有助于把深奥枯燥的宗教哲理用浅显易懂的艺术语言表达传递,普通百姓易于接受,又方便流传。

吞米桑布扎将《宝积经》、《宝箧经》、《般若波罗蜜多十万颂》等20多部佛教经典由梵文译成藏文,为佛教广泛流传奠定了基础。大批佛经译为藏文给藏语文带来了许多新鲜的语言词汇和表现形式、手法等,使得藏语囊括的内容更加全面和丰富,同时也为藏族文学创作供给了大量新鲜元素。萨迦班智达·贡嘎坚赞在藏族文学史上首创了格言诗体例,他的传世之作《萨迦格言》有9章、457首,内容丰富、人物多样、语言生动,反映了在当时社会形态下大量的人生真谛。由于《萨迦格言》通俗易懂、简洁易记,使它广泛深入地传播到社会的各个阶层,影响极为深远,直到现在也常为人所提及。检视藏族文学作品,会发现绝大多数创作的缘起和目的都是为了宣扬藏传佛教思想。在人物形象的塑造、故事的选择和情节铺排上,都深深地烙上了佛教教义的影子。

在绘画雕塑艺术方面。壁画和唐卡是藏族绘画艺术中的瑰宝。壁画主要保存在寺院的墙壁上。在藏区有近万座规模不等的寺院庙宇,可谓座座五彩涂壁。据粗略统计,保存于西藏自治区内的寺院、宫殿、官邸内的壁画,总计超过10万余幅。每一座寺院都是一座绘画艺术馆。壁画题材多为宗教内容,大量描绘的是佛菩萨神像;重要的历史人物和事件也是壁画的重要内容之一;另外佛教故事内容在寺院壁画中也比较普遍;还有些是直接用图案的形式宣传宗教教义的;还有一些是反映僧人生活、宗教仪式和藏族风俗节日的壁画。从壁画的内容可以看出,有关佛教的一切都是壁画描绘的最主要的素材。

唐卡是一种有精神膜拜和艺术欣赏两种功能的用彩缎装裱而成的卷轴画,具有鲜明、独特的民族风格和浓郁的宗教色彩。唐卡是宗教艺术品,是信众崇拜的象征物,信众通过崇拜这种象征物来获取善业功德。所以它与壁画一样,描绘的主要内容都是有关佛教的一切。

在藏区,佛像是雕塑的主要对象。唐朝文成公主和尼泊尔赤尊公主入藏带了释迦牟尼十二岁和八岁等身像。它们成为了藏族人的精神寄托和膜拜的对象。藏区的佛像雕塑是藏族人对待佛教的一种现实的无尽的崇拜。

在建筑方面。随着佛教传入藏区,藏族地区出现了一种新的建筑,那就是寺院建筑。现存的大小昭寺是最早的佛教寺庙,是松赞干布为文成公主和赤尊公主所建的。随后建立的桑耶寺,是西藏地区第一座剃度僧人出家的具备佛、法、僧三宝的正规寺院。是融合了藏、汉、印三种风格,根据“曼荼罗”形状所建立的。当佛教成为西藏的主流宗教后,营造佛教建筑变成了建筑事业中的中心任务。佛教建筑可谓是遍布整个藏区,而最美最宏伟的建筑莫过于是寺院建筑了。寺院建筑的发展在一定程度上也推动了藏族建筑事业的兴盛,同时也使得寺院成为了政治、经济、艺术的中心。这些大大小小的寺院向普通藏族人传播文化与教义,它们成为了文化的中转站,是信众精神上的支柱。

客观地讲,就藏传佛教对西藏传统文化的影响而言,其本身已经深深扎根、渗透、融合、演进成大文化概念的一部分,成为社会主义初级阶段西藏文化的重要有机组成部分和传统文化的核心内容。如果人为地脱离蕴含藏传佛教的西藏文化体系,那是割断历史、超越时代,与西藏社会实际所不相适应的。藏传佛教文化是西藏传统文化的核心内容。作为流传了一千多年封建农奴制上层建筑的宗教文化,在历史上对西藏政治、经济、文化包括哲学、道德、法律、文学、艺术、科技、社会心理和思维方式都产生了决定性影响。作为藏民族在漫长的历史过程中,在生产和生活实践中创造出来的成果,凝结着藏民族的伟大智慧,它的许多内容时至今日仍然是具有积极意义的精神文化,对于培育和践行社会主义核心价值观具有重要意义和作用。

三、藏传佛教对西藏人民生活方式的影响

藏传佛教的影响也直接体现在了信众日常生活的方方面面。比如,在衣着服饰方面:黄色和绛红色普通藏族群众一般不随意穿着,反映了人们对出家人的敬仰。在饮食方面:佛教戒律中有“二十一进食聚”,规定比丘进食时不得含食语,饮勿做呼噜声,食勿做吧嗒声,食勿出舌,勿移食于左右腮,腭勿做声,不得摇钵,不得啮半食,不得弹舌做声食,未食勿得张口,断食不宜过大或过小等。这些饮食行为上的禁忌长期以来一直被藏区群众所广泛遵循,并且一辈一辈言传身教下来。在居住方面:佛教戒律“十三僧残罪”中有一条叫做“小屋僧残罪”,其中就规定比丘建僧舍规格长不超十八肘、宽不超十九肘半,不得在多生物、有争之地建房,建筑用的材料要清净无染。西藏一般百姓的房舍也不建在多生物、有争之地,应受比丘建舍之影响。在行为举止方面:“一百一十二恶作戒”中规定不得双手叉腰行,不得举踵以趾行,不得摇身掉臂行,不得比肩行,不得携手行,不得左顾右盼,而应眼睛平视前方一轭木之处等行姿;不得放身猛坐,不得跷膝而坐,不得交勾双脚而坐,不得伸腿舒足而坐等坐姿;人在前行,己在后行;人在高座好座,己在下座恶座;不高声喧哗,而应轻言慢语;不弃大小便及涕唾于水中和青草上,见面合十行礼以示尊敬;不跨越他人而过;男女不得挨近坐等。这些戒律深深影响了藏族信众的日常行止并且在人与人交往中普遍表现出谦卑,懂礼数。

第三节　藏传佛教文化与社会主义核心价值观的圆融

我们的民族文化,无论是汉族文化还是藏族及其他少数民族文化,宗教文化都是其中的重要组成部分。因而,中华优秀传统文化中自然也包含藏传佛教在内的宗教内容。宗教是人类信仰的一种重要表现,其信仰价值体系所表达的“真、善、美”和“忠、信、爱”等等,与社会主义核心价值观也有共通之处。而且,在文化意义上,宗教反映出人类文化的遗存,已成为许多民族的重要文化遗产和文化标识。

宗教文化作为中华文化的有机构成,在其悠久的历史传统中影响很大,举足轻重,可以称得上中华传统文化最典型的特质之一,也是中华文化体系中最为久远的元素之一。无论是从社会意义还是文化意义的角度看,都必须看到宗教在其发展中所起到的精神动力作用,都必须注意到宗教对社会共构及民众信仰的广泛影响。梁启超也在其《论支那宗教改革》一文中有过如此表述:“凡一国之强弱兴废,全系乎国民之智识与能力;而智识能力之进退增减,全系乎国民之思想;思想之高下通塞,全系乎国民之所习惯所信仰。然则,欲国家之独立。不可不谋增进国民之识力;欲增进国民之识力,不可不谋转变国民之思想;而欲转变国民之思想,不可不于其所习惯所信仰者,为之除其旧而布其新。此天下之公言也。泰西所以有今日之文明者,由于宗教革命,而古学复兴也。盖宗教者,铸造国民脑质之药料也。”这段话对于我们发挥宗教的积极意义具有重要的启示意义。

宗教的精神文化作用是不容忽视的,因此,我们不能根本否认或完全排拒宗教现象和文化,而应该对之积极引导,促其顺势革新,使其与社会主义核心价值观相圆融,适应时代价值和主流价值的发展,从而充分利用藏传佛教的教化传播功能,更好地传播和弘扬社会主义核心价值观。

一、藏传佛教核心义理存在与社会主义核心价值观相圆融基础

2010 年 3 月 10 日,在全国第十一届政协大会上,全国政协委员、十一世班禅额尔德尼·确吉杰布说:什么是宗教?宗教就是要教化人们的心灵,让我们物质富裕,使世界有更好的精神。伊斯兰教、佛教、道教、基督教、天主教都是以劝人向善、利国利民为宗旨的。我们佛教的中心思想就是做善事。我们讲诸恶莫作、诸善奉行、自净其意是佛法之本。勿以恶小而为之,勿以善小而不为。

藏传佛教的基本义理,其理论基石主要有缘起论、四谛说、因果论、轮

回说、无常论、无我论、涅槃说等，其主旨是要求人们慈悲、行善、寡欲、忍耐、正行、觉悟、利他等。藏传佛教属大乘佛教，以普度众生为己任，认为不能仅限于追求自身解脱，而应当把众生的利益放在第一位，做到普度众生、利乐有情，才能达到自觉觉他、觉行圆满的无上境界。因此，藏传佛教以慈悲为怀、以利他为本、以弃恶为宗，利众是目的，成佛是手段，故藏传佛教的核心教义是诸恶莫作、众善奉行。基于其核心教义，藏传佛教宣扬贤正善良，弘扬友爱，祈求众生幸福；倡导诸恶莫作、众善奉行、清净我心、广积功德；主张暇满人身、珍惜生命，尊重生命、反对杀生；倡导无缘大慈、同体大悲，悲智双运，饶益有情；实践精进学修、持戒清净，奉行五戒十善以净化自己，广修四摄六度以利益人群；号召上报四恩、下济三途，庄严国土、利乐有情；祈愿人心和善、家庭和睦、人际和顺、社会和谐、人间和美、世界和平的美好愿景。

应该说，崇尚与社会进步相适应的道德理念和道德规范，是绝大多数宗教的基本思想和价值追求，藏传佛教也不例外。藏传佛教“诸恶莫作、众善奉行、自净其意、是诸佛教”，“庄严国土、利乐有情”等精神，千百年来引导教化了广大信众的思想和行为。而“六和敬”、“八正道”、“十善业”以及自度度人、众生平等、慈悲行善、无私利众、虚空自我、利乐众生，反对贪嗔痴、提倡戒定慧，反对贪婪、提倡节俭，反对冷漠、妒忌、猜忌、自私、妄为等等的伦理准则在藏传佛教的教化体系中相当重要，是世间和谐之基石，特别是藏传佛教提倡的利他精神，除去宗教成分，与现代社会提倡的“为人民服务”、“大公无私”、“集体主义”的道德价值取向是基本一致的。另外，藏传佛教中的反贪禁欲、反对自私自利等主张，对于遏制现代社会一些人的物欲膨胀、物欲横流也有一定的积极意义。藏传佛教的因果报应、六道轮回的学说也是一种超越现实的人生哲学，引导人们向善去恶、提升人生境界和人格修养，对广大信众在其内心确定道德选择和行为准则时确实有着决定性的影响。藏传佛教倡导平等发心、众生平等，即主张不仅人人平等，而且凡是有生命的东西都应该是平等的。释迦牟尼创立佛教的初衷也是为了消弭古代印度的等级制度。佛教认为，平等者，谓真如性体，于一切法等无有异也。佛经上说，如来观一切法与诸众生皆悉平等，以大慈悲心，随其根基，示现开道，令其证入。同时也说，修行之人，能持戒律，不兴恶想，梵行端严，语言和雅，以平等慈悲爱护之心，普覆一切有情，令得安隐。以平等心而能致福，是为平等福业也。藏传佛教倡导利乐有情、饶益众生。所谓有情，即指众生；利乐有情，也就是说使众生得到利益和安乐，获得幸福和美满。佛经上说，菩萨以平等智观一切众生，犹如赤子，运大慈心而弘济之，令其皆得安乐。按照佛教的教导，佛教弟子必须以利乐有情、饶益众生为己任，努力为众生谋利益，慈悲济世，乐善好施，使他人得到幸福和快乐。

藏传佛教的许多义理与戒律，对于当代社会实现人与人、人与社会、人与自然的和谐有现实的作用和意义，与我们提倡的社会主义基本道德规范相一致，与现代社会精神文明相协调，与社会主义核心价值观存在深厚的圆融基础。藏传佛教中所包含的许多伦理道德学说和哲学精神，有利于人际关系的正常协调，有利于爱护大自然中的一草一木和提高人们的环保意识，有利于个人的道德修养，使人的心理处于一种平衡而非极端的状态。藏传佛教所包含的慈爱感恩的处世方式、崇俭抑奢的生活信条、清净恬淡的精神境界、和合共生的生态智慧等，对于提升公民的道德水平、弘扬积极向上的时代精神、促进社会主义和谐社会建设有着积极而深远的影响。这些内容应该深入挖掘、积极引导，并在可能的情况下赋予其新的内涵，这对于建立慈爱宽容、团结友爱的社会主义新型人际关系，促进西藏社会和谐稳定，提高公民道德素质，强化社会主义精神文明建设，进而培育和践行社会主义核心价值观具有很大帮助。

社会主义核心价值观所涵盖的内容究其内在精神，与藏传佛教的内在价值有不少相互吻合。藏传佛教的信仰精神是仁爱、道德、诚信，可以与社会主义核心价值观密切结合。藏传佛教追求和平、和睦、和谐、仁爱、真诚，是其发展的主流和大方向。社会主义核心价值观在培育和传播中，完全可以和藏民族文化、藏传佛教文化“求大同”。因此，社会主义核心价值观的倡导和推行，非常有利于我们积极引导藏传佛教与社会主义社会相适应，有利于藏传佛教在当代社会顺应形势要求发展，进行自我革新、自我升华。

二、辩证地看待藏传佛教的社会作用

尽管我们看到，藏传佛教与社会主义核心价值观相融通具有很好的基础，但这种融通并不会自然而然地形成，也非一日之功、不可一蹴而就，融通的过程需要辨识和引导、需要萃取和扬弃。从全局上，要对藏传佛教的社会作用进行把握，从而在其对社会施加影响、产生作用过程中，按照社会主义核心价值观的要求"趋利避害"。以对社会生产力的发展和对社会进步的作用是起积极作用还是起消极影响来衡量，藏传佛教的社会作用不仅具有社会整合、社会控制、心理调节、社会文化交往等显著的多样性，还具有双重性，它既有积极的一面，也有消极的一面。①

藏传佛教的积极性社会作用表现为：一是促进社会整合。通过诉诸超自然的力量，以其信仰体系、礼仪体系以及组织体系在社会整合中发挥作用，为人类构建的社会秩序涂上神圣化的色彩，有利于控制社会，维系社会的稳定。二是净化社会道德。藏传佛教同世界其他宗教一样都提出了不可杀人、不可奸淫、不可偷盗、孝敬父母等规定，主张止恶扬善的理念和传统，有助于形成良好的社会道德氛围。三是丰富人类文化。藏传佛教是藏民族文化的重要渊源和重要组成部分，对西藏文化的发展具有极其重大的影响，对西藏社会具有重要的思想、伦理、审美和知识价值。

藏传佛教的消极性社会作用主要表现为：一是破坏社会稳定。藏传佛教内部存在不同的教派、不同教派内教义仪轨又有所不同，每个教派都以各自的区域、群落、社会阶层的信仰者为其活动的主体，具有很强的部族性、区域性和派别性。一旦信仰遭到挑战，宗教信徒、寺庙僧尼就会群起捍卫。同时，藏传佛教直接沟通着信徒的情绪乃至潜意识，由于情绪的相互感染、价值的相互认同、行为的相互激励，比较容易掀起集体性的非理智的狂热，这往往会导致社会群体冲突的爆发，破坏社会秩序的稳定。二是阻挠社会变迁。藏传佛教宣扬其神圣性，从而也使得其不能及时改革与社会不相适应的规则而使自己处于相对保守的状态；藏传佛教文化

① 唐丽丽、丁武：《宗教的社会功能与构建和谐社会》，《探索与争鸣》2010 年第 4 期。

往往会造成对其他宗教、民族文化的排斥和对世俗科学文化的忽视；藏传佛教也使人以消极出世的态度对待人生，从而不能直面人生困厄，以其虚幻的允诺来麻痹信众的斗争和反抗意志，阻挠群众争取实现其现实利益的政治行为，极力维护社会现状，阻挠社会变迁。

准确把握藏传佛教社会作用的双重性，有利于辩证、科学地分析藏传佛教在与社会主义核心价值观相融通过程中，哪些需要积极保留传承、哪些需要坚决摒除、哪些需要按照社会主义核心价值观要求进行改造。

三、藏传佛教的发展革新

习近平总书记指出："每一种文明都延续着一个国家和民族的精神血脉，既需要薪火相传、代代守护，更需要与时俱进、勇于创新。中国人民在实现中国梦的进程中，将按照时代的新进步，推动中华文明创造性转化和创新性发展，激活其生命力，把跨越时空、超越国度、富有永恒魅力、具有当代价值的文化精神弘扬起来。"[①]只有不断自我革新、推陈出新，才可能"为人类提供正确的精神指引和强大的精神动力"。本质上看，藏传佛教与社会主义核心价值观相融通的过程，既是藏传佛教作为传统文化的一部分，其精华被社会主义核心价值观萃取吸收的过程，也是其不适应"契理契机"的部分按照社会主义核心价值观精神实质要求被置于社会大背景下进行积极改造的过程。因此，推进藏传佛教思想建设是积极引导藏传佛教与社会主义社会相适应的重要内容，也是在藏传佛教界培育和践行社会主义核心价值观的客观要求。从这个角度讲，藏传佛教界应当努力挖掘宗教教义、宗教道德中有利于社会和谐、时代进步、健康文明的内容，大力弘扬爱国爱教、团结进步、服务社会、和谐包容的优良传统，倡导和平向善、中道和谐、济世利人的理念，阐释其中与社会主义核心价值观的相融相通之处，积极引导宗教与中国特色社会主义社会相适应；应当弘扬宗教道德中弃恶扬善、扶危救困、诚实守信等与社会主义道德相契合的内容，推动宗教伦理道德与中华传统美德相结合，与时代精神和社会发展

① 习近平：《在联合国教科文组织总部的演讲》，http://news.xinhuanet.com/mrdx/2014－03/28/c_133219639.htm

要求相结合,为在全社会开展社会公德、职业道德、家庭美德、个人品德教育,形成修身律己、崇德向善、礼让宽容的道德风尚发挥积极作用;应当用社会主义核心价值观丰富讲经讲道内容,用广大信教群众易于接受的方式,深化他们对社会主义核心价值观的理解和认同,提升他们的文明意识和道德素养。

而对藏传佛教及其文化进行革新,必须将以下几个方面作为重点进行改造:1. 必须破除寺院及部分僧人思想中存在的封建特权思想和过分热心政治、企图染指政治权力的观念。西藏民主改革,彻底推翻了腐朽的政教合一制度。但仍然有部分寺庙和僧人保留了一些落后的不切实际的思想观念,对失去社会权力心怀不满,而对世俗政治过分热心,甚至与党和国家离心离德。这是在引导藏传佛教及其文化与社会主义核心价值观相圆融、与社会主义社会相适应时首先要废除和改造的。作为一名僧人,要坚持万法缘起、四大皆空,依止三藏,修持三学;坚信心存杂念、迷恋世俗、贪图特权,何以解脱,更何谈普度众生;坚决遵纪守法,虔心修行,多做利国利民、造福人类的事,做一个名副其实的宗教信徒。2. 必须克服其根深蒂固的神秘主义和封建迷信思想。藏传佛教提出的神山、神湖、预言、占卜等诸多观念和各种活动,都应以不妨碍经济建设和社会生产力的发展为限度,绝不能因为“高僧”的言行,做出与国法相违背的行为。宗教必须服从国家利益,把自己置于各级政府的领导之下,绝不能代替基层政府执政。这既是藏传佛教寺院和活佛僧人要注意的,同时也是广大信众应该懂得的基本道理。3. 必须改变其神秘主义历史观。西藏的传统历史意识是以宗教史为主线的。法尊在其《西藏民族政教史》一书就指出:“西藏人著史书多叙宗教之兴衰,与初创者光大者之传记,纵涉及当时政治,亦不能离乎宗教,以离宗教,即无记载价值也。故历史纪实,不外宗教之隆替而已。”[①]这种宗教史观认为,历史的发展、社会的进步,并不是藏民族的物质生产活动所推动的,而是佛法神力的作用。今天,在党的领导下,西藏经济政治文化建设取得了巨大的成就,人民安居乐业,生活富裕。如果

① 法尊:《西藏民族政教史》第一章绪论,中国藏学出版社 1992 年版。

我们再把这一切的功绩都算在宗教的头上，看不到共产党的英明伟大，看不到社会主义制度的无比优越，看不到藏汉民族之间的亲缘关系，那么，这就十分荒唐了。不仅荒唐，而且危险，因为这种宗教史观是以文化观念和文化心理显现出来的，所以这也是应该得到改造和转变的。这种宗教的唯心主义历史观给西藏历史笼罩了一层神秘面纱。在当代，随着社会主义市场经济的发展，生产力发展水平的提高，西藏人民群众生活也日益富裕起来，社会也日益世俗，唯物的、现实的历史观也日益为广大人民群众所接受。在这种情况下，藏传佛教也应当改进其神秘主义的历史观。这种历史观与现代社会和现代文明相悖逆，如果不加改进，也必然会制约藏传佛教的健康发展。

第四节　在藏传佛教领域传播和践行社会主义核心价值观

在藏传佛教界培育和践行社会主义核心价值观，有利于发挥藏传佛教界的积极作用，有利于促进藏传佛教的健康发展，有利于积极引导藏传佛教与社会主义社会相适应。

藏传佛教文化中的优秀内容可以为培育和弘扬社会主义核心价值观提供有益的思想资源，要支持藏传佛教界充分发挥在弘扬中华优秀传统文化方面的积极作用。要鼓励藏传佛教界重视宗教文化建设，加强对宗教文化中健康、有益和积极内容的挖掘、梳理和萃取其中的思想精华，作出通俗易懂的当代表达，赋予新的时代内涵，让优秀的宗教传统文化在新的时代条件下不断得到发扬和创新。要支持藏传佛教界重视宗教文化典籍的整理出版，加强宗教重点文物保护单位的保护建设，加大宗教非物质文化遗产的保护力度，为建设优秀传统文化传承体系做出有益的贡献。要支持藏传佛教界积极开展对外宗教文化交流，参与世界不同文明、不同宗教和不同信仰间对话，推动我国藏传佛教文化走向世界，为增强国家软实力、提升中华文化在国际社会的影响力发挥积极作用。这其中，做好藏传佛教教义阐释尤为重要，藏传佛教教义阐释活动一定要挖掘、整理和弘扬藏传佛教的优良传统，通过深入发掘教理教义中的积极因素，继承和发扬合理内涵和外延，古为今用，服务现实。藏传佛教教义阐释活动一定要探索、开拓和创新藏传佛教的健康发展之路，通过切实消弭教理教义中的消极因素，吸收和圆融进步思想和理念，服务社会，利益人群。藏传佛教教义阐释活动，是探索新世纪新阶段藏传佛教健康发展的重要课题，是推动藏传佛教与社会主义社会相适应的重要途径。

要不断增强藏传佛教界人士和广大信教群众对社会主义核心价值观的认知认同。鼓励藏传佛教界按照社会主义核心价值观的基本要求，健全教规制度，制定信教群众行为规约，使社会主义核心价值观体现在藏传佛教界的日常宗教生活和工作中。要将实践活动与创建和谐模范寺庙、评选爱国守法先进僧尼活动、寺庙法制宣传教育活动、加强和创新寺庙管理工作等结合起来，引导藏传佛教界在实践中深化对核心价值观的理解，更好地感悟核心价值观的真谛和要义。

践行社会主义核心价值观，藏传佛教界责无旁贷。一是坚持爱国爱教。用自己的言传身教感化信众，自觉抵制和坚决反对损害国家和人民利益的各种异端邪教和境外敌对势力的渗透。二是坚持与时俱进。要对宗教教理教义教规作出符合时代进步意义的阐释，宣传展示、继承发扬各宗教的优秀文化。三是坚持和谐发展。处理好不同宗教之间、教派之间、信众与非信众之间、宗教场所与自然和社会环境之间的关系，实现和合共生、和谐发展。四是坚持服务社会。为信众服务，为社会服务，充分发挥宗教场所文化、文物的独特魅力，让宗教资源更好地造福百姓。各藏传佛教派别、宗教场所都要认真开展“本宗教与社会主义核心价值观”的大讨论，深入挖掘、诠释本宗教的核心价值理念、观点，融入贯通社会主义核心价值观，积极地正确地阐释、宣传，并教育、引导广大信教群众践行社会主义核心价值观。

藏传佛教界倡导和践行社会主义核心价值观，要着眼最大限度地发挥藏传佛教界人士和信教群众在促进经济社会发展中的积极作用，把是否有利于同社会主义社会相适应、是否有利于信教群众的发展进步、是否有利于各民族交往交流交融作为衡量宗教作用积极与否的标准，支持藏传佛教界发掘和弘扬宗教中健康向上的内容，引导广大信教群众坚守正确信仰，提升道德素养，自觉维护民族团结、增进宗教和睦，服务社会和谐发展。

在藏传佛教界倡导和践行社会主义核心价值观，藏传佛教界代表人士的作用至为重要。他们作为信教群众的"精神导师"，其一言一行、一举一动，直接影响着信教群众的做人行事；他们对宗教教义的理解和阐发，直接关系着宗教的健康发展。要进一步发挥藏传佛教界代表人士的积极影响，不断激发信教群众的良善美德，使社会上多一些"以信立身、以诚处世"的诚信品格，多一些"善学者能、多能者成"的敬业作风，多一些"取人为善、与人为善"的友善态度。藏传佛教界倡导和践行社会主义核心价值观，要坚持守正笃实、久久为功，集聚正能量，播撒真善美，形成最广泛的社会共识，提振起奋发进取的精气神，凝聚起共铸"中国梦"最为磅礴的精神力量。

藏传佛教界培育和践行社会主义核心价值观，要把握好以下几个方面：

一是要全面深化藏传佛教教规教义阐释。对宗教思想和传统教规义理进行符合时代进步和时代发展要求的阐释，发掘和调动积极因素、抑制和消除消极因素。举办全区"菩提之光"藏传佛教新阐释研讨暨优秀论文评奖会，组织爱国爱教高僧大德进行深入的交流研讨。同时，组织引导爱国爱教高僧大德以宗教义理为据深刻认识、深入揭批十四世达赖集团祸藏乱教的本质，并通过巡回宣讲、媒体访谈、举办讲座、出版宣传手册等方式引导广大僧俗信众正确认识十四世达赖集团政治上的反动性、宗教上的虚伪性、手法上的欺骗性。特别是近年来开展的"爱国爱教宣传服务下乡活动"，高僧大德宣讲团深入偏远乡村、寺庙，开展民族宗教政策宣讲及讲经传法活动，在满足广大群众信教需求的同时，主动引导、争取被十四世达赖集团渗透影响的寺庙僧尼方面取得良好效果。

二是要弘扬藏传佛教爱国爱教优良传统。在全区寺庙深入开展以弘扬历代高僧大德"爱国爱教、遵规守法、弃恶扬善、崇尚和谐、祈求和平"为主题的社会主义法制宣传教育活动，以历代高僧大德为典范、以藏传佛教优良教义和宗教文化为教材，组织广大僧尼自觉参加主题教育活动，争做爱国爱教、遵规守法的先进僧尼。活动中，组织编写适用僧尼的图书音像教材、发放宣讲资料、开展巡回宣讲，广大僧尼还应积极主动撰写心得体会，其中优秀的被刊发报刊并汇编成书，成为对全区僧尼进行思想引导教育的好教材。

三是要加强对藏传佛教代表人士的培养。爱国爱教、造诣深厚、品行优秀的活佛、经师、堪布等高僧大德在藏传佛教领域的影响巨大、作用重大，他们既是信众顶礼的上师，也是宗教发展的引领，在引导藏传佛教与社会主义核心价值观圆融、与社会主义社会相适应的过程中承担着核心工作。实施百名高僧大德培养工程，努力培养一批政治上靠得住、宗教上有造诣、品德上能服众的宗教界代表人士队伍是西藏宗教工作的重要任务之一。近几年，通过佛学院、社会主义学院等平台加大了对寺庙活佛、经师、管委会骨干力量的教育引导培训，同时有针对性地对边远寺庙僧尼培训进行重点倾斜，防止边远寺庙僧尼因信息闭塞、接受宣传教育较少跟不上藏传佛教发展改革的步伐。

参考文献：

1. 李德洙：《西藏知识简明读本》，华文出版社 2003 年版。

2. 许广智：《西藏地方现代史》，西藏人民出版社 2009 年版。

3. 夏玉·平措次仁著，羊本加、扎西措姆译：《藏史明镜》，西藏人民出版社 2011 年版。

4. 次旺俊美：《西藏宗教与政治、经济、文化的关系》，西藏人民出版社 2008 年版。

5. 沈阳：《西藏宗教问题探究——佛教在西藏的遗产及其当代诠释》，中国藏学出版社，2011：316－317。

6. 王森：《西藏佛教发展史略》，中国藏学出版社 2010 年版。

7. 乔根锁：《关于藏传佛教文化与构建西藏和谐社会的几点思考》，《西藏民族学院学报（哲学社会科学版）》2010 年第 9 期。

8. 唐丽丽、丁武：《宗教的社会功能与构建和谐社会》，《当代世界与社会主义》2010 年第 8 期。

9. 周海生:《正视宗教认同功能服务和谐社会建设》,《延边党校学报》2011 年第 6 期。

10.《宗教界培育和践行社会主义核心价值观活动启动》,《中国宗教》2014 年第 5 期。

11. 毕广亮:《对宗教界培育和践行社会主义核心价值观的几点思考》,《甘肃省培育和践行社会主义核心价值观理论研讨会一等奖论文集》。

12. 卓新平:《宗教文化与社会主义核心价值观》,《中国宗教》2014 年第 4 期。

13. 答小群:《宗教社会功能的二重性与社会和谐》,《西北民族大学学报(哲学社会科学版)》2006 年第 8 期。

第七章　在党的建设中推进社会主义核心价值观的培育

中国共产党要带领全国人民建成中国特色社会主义，实现社会主义现代化，实现中华民族伟大复兴的中国梦，就必须能够促进社会认同，凝聚社会共识，引导社会价值方向，催生共同团结奋进的力量。党的十八大提出积极培育和践行社会主义核心价值观，这是党在新的历史条件下，凝魂聚气、凝心聚力，为国家建设、社会发展、个人修养确立主导价值取向的重大举措，也是社会主义的价值自觉。就党的建设维度来看，社会主义核心价值观与党的建设密切相关，是中国共产党在新时期新阶段政党文化、执政文化的集中反映，从中折射了党的执政理念，凸显了党的执政路线，体现了党的执政方略。必须在加强党的建设过程中扎实推进社会主义核心价值观的培育，同时在践行社会主义核心价值观的过程中推动党的建设。

第一节　政党文化与核心价值观

政党文化是影响政党建设及其功能发挥、辐射民众心理和社会运作的深层因素。正如不同国家、民族的文化塑造着不同国家、民族的特征，影响着不同国家、民族的经济、政治、社会发展一样，政党文化也深刻地影响着不同政党的行为和活动，并与社会文化、社会价值取向形成程度不等的融构。

一、政党文化的内涵与特点

政党文化是一种组织文化。美国著名组织理论家理查德·斯格特认为组织是“拥有相当稳定的一组想当然的假设，被分享的信仰、含义以及行为背景的价值观”，组织文化是由“共同分享的，充满强烈感情的并被我们称为意识形态的信仰系统组成”①；组织文化除了其意识形态层面外，还具有其制度、规范和行为的层面。显然，组织文化的这一概念也是适用于政党文化的。

政党文化是指政党在长期的组织活动中，以意识形态为核心，在自身自觉经营和自然流衍过程中形成并表现出的相对稳定的立党理念、价值取向、组织心理、制度规范、行为作风以及由此综合出来的政党形象等。一方面，它包括一个政党的意识形态、价值观念、纲领路线、组织方式等，形成政党文化的核心架构；另一方面，政党毕竟是一个个党员组成的，因此政党文化还包括党员的思维方式、价值取向、行为习惯、作风等，体现着一个政党的整体素质和外在形象。

从组织文化角度看，由于政党文化是在以取得和保持执政地位、实现其根本理念和价值取向为目的的政治组织中形成的，因而与一般组织文化相比，政党文化具有自己独有的特点。

第一，政党文化具有比一般组织文化更为强烈、鲜明的意识形态色彩，其意识形态和根本理念、价值取向是政党寻求认同、凝聚党员、统一意志的根本武器。马克思主义认为，政党本质上是特定阶级利益的集中代表者。作为阶级的组织，政党都具有强烈、鲜明的意识形态。意识形态把政党当作自己的物质武器，任何政党的产生和存在都有自己的意识形态前提。因此，从逻辑上说，先有意识形态和意识形态认同才可能有政党。政党的起源和发展也证明了这一点。世界上最早产生的两个政党——英国的辉格党和托利党起初只是两个政治派别，正是因为意识形态不同而各自在加强自身意识形态认同的基础上发展成为政党的。同样，对于无产阶级政党而言，也是先有了马克思主义的创立，然后才有各国马克思主义政党及其政党组织理论的蓬勃发展。政党的意识形态，就是政党文化的核心内容，虽然它不是政党文化的全部，但它奠定了政党文化系统赖以

① [美]理查德·斯格特著，黄洋译：《组织理论》，华夏出版社 2002 年版，第 297 页。

产生的基础和灵魂。因此,政党文化的各个方面都具有鲜明的意识形态色彩。西方发达国家的部分资产阶级政党为了强化其政党的合法性,尽管竭力淡化其意识形态,宣称自己是“全民党”,是全体人民利益的代表者,但其意识形态色彩在关键时候依然会鲜明地表现出来。如美国的共和党和民主党,由于其所处社会政治文化世俗化、社会化、开放性程度高,因而其意识形态具有一定的包容性,各阶层之间、官民之间有一定的政治文化共识。但资产阶级的根本利益一遇到挑战,资产阶级的意识形态还是非常明显地体现在其对内、对外政策中。如 2005 年强制性地制止西海岸码头工人的罢工,对外千方百计谋求推翻或和平演变当代社会主义国家等等。

第二,政党文化具有浓厚的理想主义色彩。与生产性组织和一般群团组织不同,政党一般都有高于自己政党成员利益的理想和目标。政党或者站在全人类的立场上,或者站在民族国家的立场上,或者站在阶级的立场上来确立自己的纲领,几乎没有政党会宣称它纯粹是为了自己组织成员的利益而存在。因而,该政党的文化系统往往着力宣传和塑造本党的理想,努力将其固化为党员的信念。并且,政党组织的标识和特殊的仪式也会赋予这一信念以光荣性和神圣性。政党文化的这种巩固其成员的理想、信念的作用,在该政党取得和保持执政地位的过程中体现得尤其明显。在这一过程中,政党文化往往弱化甚至忽略组织成员本身的利益要求,而更多地强调政党的理想和信念,这种理想主义和牺牲精神是政党文化的一个重要特点,与其他类型的组织文化有着本质区别。

二、政党文化对核心价值观的示范与辐射

一个社会的核心价值观往往与该社会的文化背景息息相关。在一个相对封闭的社会体系中,经人群内部不断交流、冲突、调整,再配合民族、地理、环境等因素,一般会由文化背景自然衍生出为社会绝大多数人所认可、接受、并自觉不自觉予以捍卫的核心价值;而核心价值观一旦形成就具有一定稳定性,又会反过来再强化这个文化背景,由此形成一种循环作用。在这个过程中,社会统治阶级出于其自身根本利益的考虑,首先会顺

应绝大多数人都认可和接受的社会核心价值,并加以宣扬和标榜;其次会主动引导社会核心价值朝着有利于稳固自身统治的方向发展,并加以塑造和强化。如在中国古代社会,封建统治者除宣扬儒家固有的"忠孝"、"仁义礼智信"之外,还刻意片面强调"君为臣纲、父为子纲、夫为妻纲"的核心价值;在西方资本主义社会,资产阶级除宣扬"自由、平等、博爱"之外,还着意确立"私有财产神圣不可侵犯"、"自由市场"等核心价值。自进入近代社会以来,政党以其鲜明的意识形态和"道同相为谋"的组织体系以阶级新的利益代言人的面目登上世界各国政治舞台,成为影响国家政治生活的关键势力。纵观世界各国,不管是一党制国家还是多党制国家,各政党都会竭尽全力向社会传播和宣扬其意识形态,以获取最广泛的认可与支持,使自身阶级的价值理念与利益诉求得到尽可能的实现。伴随着这个主动引导和塑造的过程,政党文化也自然而然成为影响社会核心价值的活跃力量。在一些国家,执政党的政党文化就是社会的主流文化,它影响甚至改变社会的其他文化,引领着社会文化发展的方向。

政党文化的功能主要体现在两个方面:一是政党组织自身的功能和作用,一是它作为一个有影响力的社会组织对整个社会、政治生活尤其是社会文化所产生的影响。

政党文化对政党组织自身发挥作用。包括增强党员对政党的认可、认同,培养党员的共同心理、意识、行为、习惯、甚至感情和性格等,进而实现政党组织的价值整合,使党员愿意为党的目标、纲领、路线作出奉献和付出,增强政党组织的凝聚力和战斗力,最终使政党拥有强大的凝聚力量。政党是围绕政权进行活动,具有一定政治目标的政治组织,为了政治目标的实现,全体党员必须尽可能地"步调一致"。要做到这点,最根本的就是全体党员对本党价值观念和意识形态的认同。为实现政党文化对政党组织的价值整合,许多政党都有意识地用本党价值观念去教育党员。中国共产党在土地革命战争时期吸收了大量的农民入党,这些深受封建思想和小农思想浸染的党员,通过共产党这一大熔炉长期的教育、学习和锤炼而脱胎换骨,被成功地整合进了具有高度革命意识的工人阶级先锋队的政党的结构中,表现出高度的组织性、纪律性以及坚定的理想信念与无畏的牺牲精神，因而使中国共产党形成稳固的凝聚力和强大的战斗力，成功经受了土地革命战争、抗日战争、解放战争等重大历史磨难和考验，最终取得革命胜利建立了新中国，并在之后的社会主义建设过程中能持续表现出澎湃的激情和昂扬的斗志，有效团结带领全国各族人民用比西方工业化进程快上几倍的速度在较短时期内就建立了相对完整的工业与国防体系，使中国重新屹立于世界东方，成为能真正影响世界格局与大势的大国。这就是政党文化所体现出的强劲意识形态效能，能让一个政党在面临种种考验时攻坚克难、战无不胜。

西方资产阶级政党也非常重视其政党文化的建设与经营，使政党自身更能统一思想、更有凝聚力，同时尽可能获得社会认可和支持。如英国保守党在二战后第一次全国选举中失败，很快就吸取经验教训，在党内设立了附属于全国联盟委员会的政策和政治教育咨询委员会，积极开展政治教育运动，于1949年12月还建立了保守党政治中心，并在各选区建立保守党政治中心讲座小组，目的在于“提供一种保守主义的成人教育”，促进一般党员了解和接受党的全国领导人所赞成的各项政策。印度国大党作为印度老牌政党，号称拥有1500万初级党员、150万名活跃党员，曾连续在印度执政45年，但进入上个世纪90年代以来却屡次败给后来居上的人民党；经过多年的反思与总结，国大党认识到这主要是因为党长期执政导致的麻痹麻木让自身放松了对意识形态的巩固与传播、放松了对政党文化的经营与推广、放松了对党员的教育与管理，为此他们决定学习中国共产党对自身政党建设的做法，特别是中国共产党长期以来高度重视党员干部教育培训、设立周密完备的党员干部教育培训体系的经验，以此使印度国大党焕发新的生机与活力。

政党文化对社会环境、社会大众发生作用。社会孕育文化，文化塑造社会，这是一个相互循环作用的关系。随着政党以新的阶级利益代言人身份成为世界各国政治舞台的活跃力量，政党及其倡导、展现的政党文化亦成为引领与塑造社会的重要能量，甚至是关键的核心势力。应当说，一个国家的民族文化是政党文化产生和发展的基础，因此民族文化对政党文化有根本的影响和作用。但是，政党文化并不是被动地接受民族文化的影响,它一旦形成不同于民族文化的特质,则会对民族文化产生重大影响。

就革命型政党来说,由于其奋斗目标是直指推翻社会旧有的上层建筑、建立新的政权,必然要遭受旧体系、旧文化的反扑乃至残酷镇压,因此往往不得不采取暴力革命的手段;而革命型政党初始阶段一般比较弱小,为实现暴力革命目标,就必须冲破重重阻碍、不断拓宽其意识形态阵地,最大限度争取社会民众的认可与认同,如此即可将赢得的民心逐步转化为壮大自身的物质力量,也因此革命型政党的意识形态会显著表现出直击现实、直指人心的特征,充满先锋性、鼓动性、攻击性,使人们对所追求的未来社会满怀理想与希望、激情与斗志。由此革命党的政党文化对社会文化以及社会核心价值的影响尤为剧烈,不仅革命过程本身伴随着深刻的思想冲击、观念对撞和精神洗礼,一旦革命成功,整个社会即会取得改天换地、脱胎换骨般的变化,新的政权建立,新的意识形态占据主导地位,社会亦会围绕革命党的政党文化形成新的社会主流文化与核心价值。前苏联、前南斯拉夫、古巴、越南以及中国的共产党通过艰苦的革命历程推翻旧的上层建筑、建立社会主义国家,建设社会主义、共产主义意识形态就是属于上述这种典型状况。

就选举型政党来说,无论其是执政还是在野,但凡有一定的政治敏锐度,都无一例外会用各种手段向社会传播、推广自身的意识形态,使尽可能多的人赞赏、支持自身的价值理念和政策主张,从而为获取、维持执政地位以及推行自身属意的治国方针、政策赢得更多的胜算,这个过程必然会伴随着政党文化对社会核心价值潜移默化的引领与塑造。从表面上看,西方发达资产阶级国家在经过长期领先发展之后,社会发育和政治文化相对成熟,自由、平等、法治、人权、个人主义等社会主流价值观念相对稳定,且都具有一定的互涵性,似乎已无须政党再去引领和塑造社会核心价值。但从另一方面来看,各政党的政党文化虽然更多是从这种社会文化背景脱胎、衍生而来,与社会主流价值能有很好的交融与契合,但实际上仍是各有侧重的,真正体现在竞选议会席位、执政地位和推行国家具体政策时,经常会出现某政党的某一政策体现某些核心价值、而忽略甚至违背了另一些核心价值的现象，进而引发十分激烈的社会观念冲突，这就为各政党引导社会主流观念、推行自身侧重的意识形态提供了发挥空间。如美国的民主党、共和党两大政党即分别代表两种差别极大的政治哲学：民主党倡导自由主义，推崇革新、容忍与社会平等，主张观念、制度和法律应随社会环境之改变而变迁；共和党则倡导保守主义，强调文化延续性，注重传统价值、社会稳定与宗教之作用。体现在具体政治领域，保守主义与自由主义的分歧焦点集中于“大政府”与“小政府”之争。保守主义理论从维护个人自由这个基点出发，坚信政府权力之扩大即意味着个人自由之缩小，而政府对经济的干预和对社会问题的涉入必定会危及美国文明的根基——个人自由；而正是联邦政府的社会福利、高开支、高税收、及保护少数民族权益等政策均不同程度地造成或深化了美国的社会经济问题，如生产率下降、通货膨胀、中上阶级收入减少、商企界投资热情不高、懒人依赖政府救济等等。与此相反，自由主义理论认为，放任的资本主义经济导致了严重的贫富不均、高失业与一系列其它问题，而高度发达的科技与经济发展并没有明显改变美国社会不平等现象，如种族歧视、妇女权益得不到足够保障等。因此美国社会的急迫问题不是个人权利受到侵犯，而是社会不平等没有得到纠正；而美国诸多的社会经济问题如此之严重、如此之深刻，非得政府出面参与解决不可，政府权力不仅不是造成美国社会经济问题的原因，反而是消除这些问题之重要手段。近些年来，美国国内喧嚣尘上的医保法案、枪支法案之争即是政党文化分歧引发社会核心价值纷争的具体体现，民主、共和两党不惜使尽浑身解数力求使自身倡导的核心价值在具体政策上得到实现。以保障社会平等为指向的新医改方案获得通过，表明经过民主党的努力，社会核心价值的天平朝自由主义的方向倾斜；而限制人们持枪的禁枪法案屡屡进入不了议事日程，则又表明共和党倡导的保守主义仍是获得社会相当程度的认可。

这里尤其要注意到一个问题。在西方发达资本主义国家，由于社会发育较为完善，政治文化相对稳定，有早已成型、能切实发挥效能的社会主流价值，因此即便党派竞争激烈，但都在可控范围之内，一般不会引发社会动乱。但是，在众多实行政党、议会选举制的发展中国家，由于尚不具备西方发达国家的社会条件，阶层利益难以协调，社会共识难以达成，再加上政党对国家社会发展缺乏宏大的视野和长久的设计，对自身政党文化缺乏深耕细耘、使之涵养深厚的耐心，难以有效引领和塑造社会核心价值，仅流于浅层的鼓动与挑拨，甚至发展到单纯的为支持而支持、为反对而反对，因此党派间的激烈竞争容易朝非理性方向发展，不仅导致推诿扯皮常态化、行政效率低下，还会成为阶层、族群分裂和社会动荡的导火索与催化剂。

第二节　在党的建设中弘扬社会主义核心价值观

中国共产党作为一个具有先进理念的政党，自西藏和平解放以来，一直引领着西藏社会文化的前进方向和主流价值观的发展。西藏培育和践行社会主义核心价值观，首要的也要在党的建设中贯彻弘扬社会主义核心价值观，使之首先成为政党文化，然后弥散为社会价值。

一、中国共产党对西藏文化和主流价值的塑造与引领

西藏作为我国非常独特的边疆少数民族地区，在其悠久的历史发展过程中孕育出了宗教氛围极其浓厚的文化背景以及政教合一封建农奴制的社会背景。这个文化背景和社会背景使得党的理论和价值，包括基本理论、主要观点、核心价值在内的意识形态在西藏的广泛传播面临非常特殊的情况。自西藏和平解放以来，我们党之所以能很快在西藏稳住阵脚、扎下根来，迅速争取了人心，顺利平息了叛乱，继而能够实行民主改革，牢固建立了社会主义制度，大踏步推进了轰轰烈烈的社会主义建设新征程，这些扭转乾坤、开天辟地、改天换地的伟大壮举之所以能在几乎与世隔绝、极度封闭自守、长期僵化停滞的西藏扎实铺展开来，若离开了中国共产党，换做世界其他任何一个政党，都是不可想象的。正是因为我们党充分发挥经过多年血与火的磨练而砥砺出来的崇高的理想追求、高度的组织纪律性、新锐的示范性以及极强的意识形态感染力，充分抓住争取和凝聚人心、宣扬和巩固新的核心价值这个关键，在艰苦卓绝的条件下亲力亲

为、率先垂范，如实充当先进社会价值观的培育践行和倡导者，使广大藏族群众切身体会到政教合一封建农奴制的残酷性、黑暗性，切实体会到旧寺院、贵族、官府这“三大领主”的虚伪性和腐朽没落的本质，切实体会到建设社会主义、共同发展进步才应该是藏族人民最最本真的价值追求，从而使整个西藏的人心向背、核心价值发生翻天覆地的“短短数十年、跨越上千年”的巨大转变，以此也为党在西藏执政奠定了坚实的思想基础和群众基础。和平解放后，在当时西藏还是封建农奴制的社会背景下，我们的干部就带来了民主、平等等现代价值观念，对当时的藏族群众产生很大的影响和很好的引导。正是当人民解放军主动为藏族群众排忧解难、言传身教平等理念而被当地老百姓亲热地称为“菩萨兵”时，当江孜群众因遭水灾受到当地解放军和干部的无私救助而激动地喊出“共产党万岁”、“毛主席万岁”时，当藏族群众在与解放军和进藏干部接触交往中逐渐感受到平等、尊重时，新的核心价值就充分体现出其颠覆性、示范性和正能量，潜移默化中为争取和凝聚人心最终胜利平叛、开展民主改革赢得了群众。在建设社会主义新西藏的伟大实践中，西藏的广大官兵、党员干部更是创造了“特别能吃苦、特别能战斗、特别能忍耐、特别能团结、特别能奉献”的“老西藏精神”，其中激荡着共产党人的理想信念和价值追求，激荡着尽快改变祖国边疆民族地区落后面貌、改善群众生产生活的坚定决心，激荡着维护祖国统一、促进民族团结的真诚愿望。正是因为对社会主义主流价值观的示范引领，广大藏族群众进一步增强了对共产党的认同感、信任感，进一步坚定了紧跟共产党走、齐心协力建设社会主义新西藏的信心和决心。在改革开放新的伟大历史征程中，我们党带领西藏各族人民坚持以经济建设为中心，紧紧抓住发展和稳定两件大事，勠力同心，开拓创新，扎实推动经济社会跨越式发展和长治久安，各项事业蒸蒸日上，各种建设突飞猛进，社会保障体系日趋完善，人民群众收入不断提高，生活水平不断改善，切切实实共享了改革和发展的成果。这些有目共睹的巨大成就，进一步增强了各族群众对党的凝聚力和向心力，进一步巩固了党在西藏的执政地位。

总之，党在西藏执政的过程实际就是不断加强党的建设、加强执政能力建设的过程，就是广大官兵、党员干部模范践行共产党员理想信念、价值追求的过程，就是全区上下切实践行“富强、民主、文明、和谐、自由、平等、公正、法治、爱国、敬业、诚信、友善”的社会主义核心价值观的过程。在这个过程中，我们党持续实现对西藏文化和主流价值的塑造与引领，为实现西藏经济社会长足发展与长治久安奠定了坚实的思想基础。

二、加强对全区党员干部社会主义核心价值观的教育和养成

进入新的历史时期，面临新的形势与任务要求，在全面建成小康社会、实现中华民族伟大复兴中国梦的重要阶段，继续加强对全区党员干部社会主义核心价值观的教育更加必要、刻不容缓。由于西藏特殊的区情，十四世达赖集团始终不愿放弃“返乡复辟”的幻想，一直凭借其民族、宗教的影响力在和我们争夺人心、争夺群众，导致西藏的意识形态斗争向来十分激烈；在十四世达赖集团价值观念的蛊惑挑拨下，极少数人国家意识淡薄，爱国主义精神和法治精神严重缺乏；同时社会各个层面亦或多或少存在各种形式的政教合一封建农奴制残余思想。这些精神、意识层面的问题不仅是影响西藏及四省藏区和谐稳定的重要根源，同时还是影响未来社会良性健康发展的潜在隐患。为此，在西藏大力实施社会主义核心价值观教育具有重大的现实意义，是巩固党的意识形态阵地、巩固党在西藏执政基础的必然要求，也是促进民族团结和交融、维护国家战略安全的重要方面。

第一，领导干部率先践行社会主义核心价值观。中国传统文化中有“风成于上，俗行于下”、“上有好者，下必甚焉”、“君子之德风、小人之德草，草上之风必偃”以及“为政以德，譬如北辰，居其所而众星共之”之类的经典论断。这些都是在说明居于“上位”、领导位置的人，其思想意识、价值取向、言行举止无形之中会形成一种“风向标”，自然而然对社会形成一定的或“正”或“负”的引领和示范效应。“官德正则民风淳，官德毁则民风降”。在封建社会，历朝历代莫不特别强调官员的“官德”，因为其关乎整个社会环境的塑造和社会风气的养成。中国共产党在武装革命过程中，靠的正是广大共产党员身先士卒、不畏牺牲、坚决维护百姓利益、坚决

执行铁的纪律的形象赢得了群众的信任和拥戴，为最后成功夺取政权、建立新中国奠定了坚实的社会基础。进入社会主义建设时期，也正是共产党员率先垂范、大公无私的模范效应激发了全国人民改天换地的火热斗志与激情，使新中国得以在“一穷二白”的基础上于较短时期内就建立起比较完整的工业和国防体系。改革开放后，随着经济大潮的冲击，部分党员放松了精神警惕和党性修养，出现了种种宗旨淡薄、“权力寻租”、贪污腐化甚至鲜廉寡耻的现象，不仅给党的整体形象造成影响，对社会各种不良风气也起到了一个催生和助长作用。这些都说明领导者既已处于领导位置，其思想意识行为就已不能简单看作个人行为，必然会对社会形成示范和辐射、造成潜移默化的影响。但凡好的路线方针政策，都必须要靠作风过硬的领导干部特别是“一把手”率先垂范，带领人民群众一道去执行。社会主义核心价值观是在发展中国特色社会主义事业过程中在实践基础之上凝结而成的，各级领导干部要有强烈的表率意识，以身作则、率先垂范，带头执行各项规定和要求，不等不比不变通，要求别人做到的自己先要做到，要求别人不做的自己坚决不做。要有“向我看齐、对我监督”的胸襟和勇气，坚决做到从我做起、从现在做起、从点滴做起，大力弘扬求真务实、艰苦奋斗、民主团结、开拓进取之风，做好道德模范表率，做好学习表率，做好作风表率，当好践行核心价值观的先行者和示范者。培育和践行社会主义核心价值观，一个非常重要的关键在于“知行合一”，即在增强思想自觉性和行动自觉性的同时，切实做到言行一致、表里如一、知行合一，用自己的实际行动切实带动全社会践行社会主义核心价值观。

针对西藏特殊的历史渊源、文化背景和现实区情，西藏的领导干部尤其要注意在以下几方面做好社会主义核心价值观的学习和贯彻落实。

首先是关于“富强、民主、文明、和谐”这个国家层面的战略目标，各级党员领导干部要坚定理想信念，坚定对中国特色社会主义的道路自信、理论自信、制度自信和文化自信，深入了解旧西藏的黑暗、残酷、腐朽、没落，深刻领会西藏进行社会主义革命、实行民主改革的历史必然性和重大意义，坚定对党在西藏执政合法性、正义性的认识，同时带动、带领各族人民群众进一步认清十四世达赖集团祸藏乱教的本来面目、坚定跟党走的信心和决心，进一步坚信唯有社会主义才能真正发展西藏，唯有社会主义才能为西藏各族群众带来真正的幸福与安康。

在“自由、平等、公正、法治”层面，一是要切实保障群众合法信教自由，同时坚决打击各种违法宗教活动，特别是与十四世达赖集团有勾连、危害到国家安全和西藏和谐稳定的宗教活动。二是积极消除政教合一封建农奴制残余思想的影响，坚决抵制等级思想、特权思想、唯上思想、官僚思想的侵蚀，坚决杜绝民族分别、民族歧视思想，在与群众接触时要注意平易近人、平等待人、一视同仁。三是在个人层面，坚持公正做人、公正处事，自觉回避、抵制各种“托关系”、“走后门”、“裙带之风”或凭个人“亲疏远近”观念处理公家事务等“潜规则”，努力营造一个公正的社会环境与文化氛围；在社会层面，要积极深入推动实施社会公共服务均等化，确保各项惠民利民政策的落实，使西藏各族群众最大限度公正享有国家福利和社会发展成果。四是统筹推进科学立法、严格执法、公正司法、全民守法，根据依法治藏的新实践新要求，全面推进依法执政和法治政府建设。

在“爱国、敬业、诚信、友善”方面，首先“爱国”应是一个基本要求、底线要求，要真正树立中华民族多元一体格局观念、西藏自古以来是祖国不可分割的一部分的观念，切实增强对祖国大家庭的归属感和向心力，要有扎根边疆、奉献终身的思想境界和价值追求，心往一处想、劲往一处使，共同为边疆地区的繁荣稳定和国家的战略安全作出自己应有的贡献。其次，“敬业”对领导干部来说也是一个根本要求，要时刻保持“为人民服务”的宗旨意识，坚持勤政为民、廉洁奉公，坚持权为民所用、情为民所系、利为民所谋，做到“心中有党”、“心中有民”、“心中有责”、“心中有戒”。最后，“诚信、友善”本身对公民来说都是一个最基本的道德要求，对党员领导干部则应有更高的标准。一是领导干部争做道德模范表率，以更高的道德标准、更严厉的道德要求率先践行社会主义核心价值观，引领社会向上向善的好风气。二是按照“三严三实”关于“谋事要实、创业要实、做人要实”的要求，带头求真务实、勤勤恳恳做事，扎实贯彻落实中央、自治区党委各项决策部署，坚决杜绝形式主义、消极应付、弄虚作假、搞“浮夸”等不正之风。三是坚决不做“两面人”，不搞当面一套、背后一套，坚决抛弃某些不健康的民族宗教观念,坚决与十四世达赖集团划清界限并与之开展针锋相对的斗争,坚持堂堂正正做人,坚持言行一致、表里如一。

第二,加强对党员干部社会主义核心价值观的教育和养成。核心价值观体现在个人身上是品行,体现在家庭中是家风,体现在社会是社会风气和规则,体现在国家是共同理想和民族精神。在社会思想、意识、价值日益多元弥散以及社会整体发育尚不完善的背景下,要真正在全社会层面推行和树立核心价值观并非易事,必然需要有群体性的引导和示范。中国共产党作为中国人民和中华民族的先锋队,目前党员总数已超过8000万(截止2014年西藏也已经拥有27万名党员,平均每11人中就有1名党员),如此庞大的一个群体,如能切实率先践行社会主义核心价值观,必将形成一股示范和引领核心价值观的浩浩洪流,整个中国社会随之树立和塑造社会主义核心价值也应是指日可待。为此,我们必须高度重视对普通党员干部社会主义核心价值观的教育和养成,使之能切实发挥起整体性的模范带头作用。

一是要深入推动核心价值观的学习宣传和示范。思想是行动的先导。我们党一向重视"从思想上建党",推动广大党员干部践行社会主义核心价值观是新时期党的建设的重要着力点,在这个过程中,首要的举措就是要帮助和引导广大党员干部对核心价值观真正做到"内化于心",能深刻理解社会主义核心价值观的内涵,深入把握积极培育和践行社会主义核心价值观的重要意义,实现社会主义核心价值观深入人心、引导人心、凝聚人心,使之成为广大党员干部共同的思想追求。

大力加强党员教育培训。把社会主义核心价值观列为各级党校、行政学院主体班次教学的必修内容,列为学习型党组织建设和党委(党组)中心组学习的重点,实施常态化、系统化的学习教育,推动各级党组织特别是党员干部先学先知、先知先行。综合运用专题讲座、主题培训、主题读书、主题讨论、参观实践活动等多种形式,帮助党员干部深入理解、准确把握社会主义核心价值观的实质和内涵,促使党员干部养成良好的政治觉悟和道德自觉,按照社会主义核心价值观的要求,树立正确的人生观、价值观,自觉改造世界观,加强党性锤炼、人格修炼,做到自警、自省、自励，慎独、慎权、慎微，用自己的模范言行和人格力量引领社会风气，促进社会形成讲道德、重修养、尚廉洁的良好氛围。

积极强化舆论宣传引导。社会主义核心价值观要深入干部队伍，深入人民群众，离不开宣传。要以理念创新和手段创新为切入点，综合运用电视、广播、网络以及纸质媒体等舆论手段全方面宣传社会主义核心价值观，既要有“轰炸式”的广而告之，更要有“润物细无声”、“潜移默化”的引导技巧和智慧。在信息技术发展日新月异的当今时代，要善于运用现代科技手段宣传和引导主流舆论，尤其要注意提升运用新媒体传播社会主义核心价值观的能力，更有效地宣传社会主义核心价值观。特别要注意主动占领网络这一群众舆论新阵地，使社会主义核心价值观的传播更好地体现时代性、更能把握规律性、更加富于创造性；同时要根据“微”时代的特点，充分利用“微”时代信息传播速度更快、方式更为便捷、受众人群更广、传播内容更具穿透力和影响力等优势，用心在“微”字方面下功夫、见成效。例如，在党员干部中组织开展关于社会主义核心价值观的微话题、微讨论活动，拍摄微电影、微视频、公益广告并依托电脑网络、手机网络和户外大屏联播，利用论坛、博客、微博、微信等发布热点导读，发挥“正效应”，传递“正能量”，不断强化宣传引导效果，推动形成有利于社会主义核心价值观学习和认知的舆论氛围。

着力突出典型示范带动。“榜样的力量是无穷的”，典型示范能比一般的学习宣传起到更好的触动情感、产生共鸣、激发追随愿望的效果。要大力挖掘宣传和践行社会主义核心价值观的先进典型，大力弘扬与社会主义核心价值观相关的美德善行，依托各种传统媒体和新媒体手段宣传一批优秀党员、服务标兵、道德楷模等。依托“宣讲团”、“讲师团”等宣传队伍，组织开展“弘扬先进典型、践行当代价值”先进事迹巡回宣讲活动，强化示范引领，发挥榜样作用，扎实推动广大党员干部以身作则，从自我做起，带头学习和践行社会主义核心价值观。要巩固扩大党的群众路线教育实践活动成果，倡导机关党员干部坚决“反‘四风’、树新风”，以良好的党风政风带动民风和社会风气根本好转。

二是要积极促进养成践行社会主义核心价值观的行动自觉。各级党组织要着眼于抓养成、重践行、见实效，广泛搭建平台，引导党员干部在实践中切实践行社会主义核心价值观。

组织开展主题实践活动。在各级党政机关广泛开展社会主义核心价值观主题教育实践活动，传播发扬主流价值观，使广大党员干部凝魂聚气于经济社会发展和长治久安，聚焦于全面建成小康社会的宏伟目标，心往一处想，劲往一处使，真正激发共同团结奋进的力量，为西藏社会主义各项事业的顺利推进准备良好的政治环境。要把道德养成作为践行社会主义核心价值观的重要着力点，着力提升服务水平，改进工作作风，兴起学习道德模范、崇尚道德模范、争当道德模范的热潮，深入推动以德润心、以德促行。

扎实推动党员志愿服务。充分发挥机关党员志愿者“引导文明自觉、构建和谐社会、促进全面发展”的示范引领作用，积极推进机关在职党员注册开展志愿服务工作，组织机关志愿服务团队开展“四走进四服务”（走进社区、服务居民，走进企业、服务职工，走进农村、服务村民，走进学校、服务师生”）活动，大力推动党员志愿服务广泛、深入开展。要推进入党对象参加社会志愿服务活动制度的落实，推动常态长效；及时宣传总结党员志愿服务活动的好经验、好做法、好典型。要通过开展党员志愿服务活动，引导广大党员干部增强党性意识、责任意识、大局意识，提升投身公益事业、服务基层群众、密切党群关系的思想觉悟和行动自觉，努力成为良好社会风尚的倡导者、社会主义核心价值观的传播者、社会和谐稳定和科学发展的促进者。

继续狠抓工作和生活作风建设。官德引领民德，政风决定民风。要将践行社会主义核心价值观与持续巩固和扩大党的群众路线教育实践活动成果结合起来，倡导“作风建设永远在路上”，深入持久开展作风建设。在工作作风建设方面，要督促机关党员干部特别是领导干部严格贯彻执行中央和自治区党委、政府关于作风建设的各项规定和具体要求，切实转变思想观念、提高警觉意识、加强防范意识、培育“慎独”意识，坚持一丝不苟、防微杜渐，做到用权为民、谋利为民，为群众真心诚意办实事，任劳任怨做好事，把全部精力用在为群众解难题、谋福祉上，着力培育机关文明新风。在生活作风方面，要求党员干部必须“生活正派、情趣健康，讲操守、重品行”，注重养成良好的兴趣爱好，远离灯红酒绿和封建迷信，守好“欲望关”、“交友关”，抵制住歪风邪气的侵蚀，在干部和群众中展现良好的精神风貌。要科学规划、统筹推进我区关于创先争优强基惠民工作常态化机制，有效推动机关干部下乡驻村的常态长效和持续覆盖。继续深入推进“结对帮扶帮困”、“结对认亲交朋友”、“党员进社区统一活动日”、“送温暖、献爱心”等活动，积极发挥机关领导干部、党员干部的示范表率作用，带头深入基层、社区、企业、群众“接地气”，多做察民情、知民意、暖民心的工作，多办顺民意、解民忧、惠民生的实事。

三是扎实推进践行社会主义核心价值观的常态长效。培育和践行社会主义核心价值观，必须建立长效的运行机制作为保障，形成整体合力，才能更好地培育和践行社会主义核心价值观，推动经济发展、社会和谐稳定。

建立导向机制。培育和践行社会主义核心价值观需要广大党员干部积极发挥表率作用，上行下效、蔚然成风。通过在基层党组织推行建立善行义举榜、道德榜等方式，推出身边的美德善行、凡人善举，充分展现新时期机关党员干部向上、向善的精神风貌。要在基层各级党组织中大力选树助人为乐、见义勇为、诚实守信、爱岗敬业、孝老爱亲的突出典型，逐步建立典型选树体系，推动形成榜样效应。

制定考核机制。在各级党政机关逐步建立完善培育和践行社会主义核心价值观的考评机制，将组织领导、宣传教育、实践养成、志愿服务等纳入机关党建、基层党建工作考核内容，作为各级党组织和党员干部评先创优的参考和依据。不断健全行业规范、行为准则等各项规章制度，在行政管理、行业管理等日常管理中体现价值导向，使社会主义核心价值观成为广大党员干部的内心追求和行为遵循。

健全激励机制。重视加强党员志愿服务的激励保障，加大对党员志愿者服务反馈和关心关爱的力度。制定面向道德模范、优秀志愿者的奖励办法，设立专项基金，褒奖善行义举，倡导美德美行。要着力在落细、落小、落实上下功夫，树立好人好报导向，使遵奉社会主义核心价值观的行为得到褒扬和鼓励,使错误的行为受到贬抑和惩戒。同时,积极为生活困难的道德模范、身边好人送去温暖,为倡导良好的社会风气筑牢坚实的基础。

培育和践行社会主义核心价值观是一项系统工程,是全党全社会的共同责任,也是当前和今后一项重中之重的任务。各级党组织和广大党员干部要在推动和践行社会主义核心价值观的各项工作中切实发挥主导作用和战斗堡垒作用,筑牢社会和谐的精神纽带,打牢党执政的思想基础,为我区经济社会发展和长治久安提供坚强保障和强大动力。

第三节　坚持和弘扬“老西藏精神”、“两路精神”

“老西藏精神”、“两路精神”是在西藏长期革命和建设时期形成的精神财富,是西藏社会发展进步的精神力量,也是社会主义核心价值观的具体体现。在西藏培育和践行社会主义核心价值观,必然要求坚持和弘扬“老西藏精神”和“两路精神”。

一、“老西藏精神”、“两路精神”的发展与内涵

60多年以来,在西藏波澜壮阔的社会主义革命、社会主义建设和改革开放伟大征程中,始终蓬勃着一种时代强音,那就是“老西藏精神”。1990年,时任中共中央总书记、中央军委主席的江泽民同志考察西藏期间,对“老西藏精神”进行精炼概括,提出了“特别能吃苦、特别能战斗、特别能忍耐、特别能团结、特别能奉献”。“老西藏精神”是我党我军优良传统与西藏革命建设特殊实践相结合的产物,是驻藏几代干部官兵同西藏各族人民一道前仆后继、百折不挠、英勇奋斗凝结而成的宝贵精神财富,并在岁月的变迁和形势的变化中得到不断继承和发展。当年中国人民解放军十八军在进军西藏,修筑川藏、青藏公路,完成生产任务的过程中,虽然面临着自然条件极其严酷恶劣、后勤保障极其困难艰苦、斗争环境极其险恶复杂等诸多严峻挑战,但广大干部官兵不气馁、不畏惧、不退缩,发扬战天斗地的冲天豪情、吃苦耐劳的优良传统和无私奉献的崇高品德,成功赢得了

群众、站稳了脚跟、打开了局面,为祖国守住了这一方高天厚土,其中爆发的能量与激情,付出的血汗与艰辛,体现的精神与品格,是“老西藏精神”的源头和开端。后来,驻藏部队和在藏干部在平叛斗争、民主改革、社会主义革命和建设中不断丰富和发展了“老西藏精神”,使之进一步涵养深厚、培育坚固,成为扎根边疆、固守边疆、建设边疆的强大精神支柱和动力支持。当改革开放的伟大征程开始时,面临新的形势任务、新的困难挑战,西藏广大党员干部紧随时代步伐、紧跟中央部署,攻坚克难、开拓进取,在推动西藏经济社会跨越式发展和长治久安过程中继续充实和升华了“老西藏精神”,于延续“老西藏精神”根本内核的同时,又给予了新的时代诠释。“老西藏精神”新的时代内涵是“特别讲政治、特别能创新、特别能吃苦、特别能担当、特别能贡献”。60 多年的历史证明,“老西藏精神”是西藏各族干部群众赖以团结共融、拼搏进取、奋发图强、科学发展的精神支撑,是确保西藏社会主义革命、建设、改革各项事业强力推进的政治保障和力量源泉。

2014 年 8 月,中共中央总书记、国家主席、中央军委主席习近平就川藏、青藏公路通车 60 周年作出重要批示,要求进一步弘扬“两路精神”,助推西藏发展。习近平指出,2014 年是川藏、青藏公路建成通车 60 周年。这两条公路的建成通车,是在党的领导下新中国取得的重大成就,对推动西藏实现社会制度历史性跨越、经济社会快速发展,对巩固西南边疆、促进民族团结进步发挥了十分重要的作用。当年,10 多万军民在极其艰苦的条件下团结奋斗,创造了世界公路史上的奇迹,结束了西藏没有公路的历史。60 多年来,在建设和养护公路的过程中,形成和发扬了一不怕苦、二不怕死,顽强拼搏、甘当路石,军民一家、民族团结的“两路精神”。习近平强调,新形势下,要继续弘扬“两路精神”,养好两路,保障畅通,使川藏、青藏公路始终成为民族团结之路、西藏文明进步之路、西藏各族同胞共同富裕之路。

习近平总书记之所以特别提炼了“两路精神”,有着深刻的历史背景和时代背景。60 多年前,西藏和平解放后,中国人民解放军、四川和青海等省各族人民群众以及工程技术人员组成了 11 万人的筑路大军,在极为艰苦的条件下奋勇拼搏,3000 多名英烈捐躯高原,于 1954 年建成了总长 4360 公里的川藏、青藏公路,结束了西藏没有现代公路的历史,在“人类生命禁区”的“世界屋脊”创造了公路建设史上的奇迹,铸造了“一不怕苦、二不怕死,顽强拼搏、甘当路石,军民一家、民族团结”的“两路精神”。在改造、整治和养护过程中,一代代交通人秉承传统,以路为家,不断丰富和发展了“两路精神”,为西藏交通运输事业的发展注入了强大的精神动力。“两路精神”之所以历久弥新,是因为它随着时代的发展进步,其内涵和外延也在不断地丰富发展。60 年来,在“两路精神”的激励下,公路建设者和科研工作者攻克多年冻土公路、桥梁建设和养护等多项技术难题,武警交通部队和广大养护工人全力保通,实现了两路全部黑色化和常年畅通。在党中央、国务院的亲切关怀下,在全国人民的无私支援下,自治区党委、政府带领全区各族人民团结奋战,建设起了以公路运输为主,航空、铁路、管道运输为辅,辐射城乡,通达祖国内地,连接周边国家和地区的现代化交通运输网络。长期以来,国家调拨支援西藏经济建设 95% 的物资,支援西藏的重点工程和援建项目以及抗震救灾、青藏铁路建设等重点工程的大型设备,都是通过公路运进西藏。可以说,“两路精神”为西藏的社会主义建设事业作出了举足轻重、不可磨灭的历史贡献。

二、“老西藏精神”、“两路精神”是社会主义核心价值观的具体体现

半个多世纪的时光荏苒,多少历史迅速变为陈迹,但“老西藏精神”、“两路精神”却一直保持着它的传承与能量,焕发着它的光辉与荣耀,仍能直达我们的内心深处,触动和震颤我们的灵魂,不仅让我们追思、仰慕,更是源源不断提供着正能量、激励我们为西藏的发展进步和西藏各族人民的幸福安康而不懈奋斗。究竟是什么能让“老西藏精神”一直持续着它的时代魅力?我们认为,当中最主要的原因是“老西藏精神”、“两路精神”承载着国家、民族永不衰朽的核心价值。

第一,“老西藏精神”、“两路精神”凸显了共产党人坚定的理想信念和崇高的价值追求。共产党人的最终理想追求是实现共产主义,而要实现这一目标,首要的任务是争取民族解放和阶级解放。当时西藏正处于黑暗落后的政教合一封建农奴制，广大农奴在寺院、贵族、官府三大领主残酷剥削压迫之下处于水深火热之中，过着衣不蔽体、食不果腹、朝不保夕的悲惨生活。为解放深受封建农奴制压迫的百万农奴，实现西藏的民族解放和阶级解放，使广大西藏同胞过上幸福美好新生活，“老西藏”们迸发出了不畏艰险、迎难而上、勇于牺牲的革命英雄主义精神，在昌都战役中，北线右路部队在高原缺氧、地形复杂的条件下于 14 天内纵横跨越三个省区、急行军 1500 华里，艰苦地完成了大迂回包围的任务。从新疆方向进军的先遣骑兵连，由于大雪封山、供应断绝和高山疾病，全连 135 人在不到一年时间就有 56 人光荣牺牲。在总长 4360 公里的川藏、青藏公路修筑过程中，每向前延伸不到一公里，就有一位官兵倒下。另据不完全统计，自和平解放以来，总计有 5000 多名同志牺牲在西藏的工作岗位上。若没有崇高的理想信念激发出这种大无畏的、勇往直前的精神，“老西藏”们要完成以上种种牺牲和壮举简直是不可想象的。正是这种价值追求和理想信念，使得再“逆天”的困难，再强大的敌人在“老西藏”面前都变得不堪一击。

第二，“老西藏精神”、“两路精神”凸显了促进民族团结、维护祖国统一的历史使命和责任担当。民族问题能否处理好关系到政权的稳定，关系到国家的整体安宁。西藏自古以来就是中国不可分割的一部分，与中原内地有着悠久的历史联系和源远流长的深厚感情，解决好西藏涉及的民族问题对于巩固边疆、促进民族交流交融具有重要意义。“老西藏”们进驻西藏后，进藏部队所担负的战斗任务，不单纯是军事任务，更重要的是政治任务。部队既要宣传党的方针政策，又要尊重藏族群众的宗教信仰；既要争取西藏上层人士，又要推翻封建农奴主的统治；既要在恶劣的自然环境中求生存求发展，又要坚决维护藏族人民的利益。出于延续传统感情、促进民族团结、维护祖国统一的责任感和使命感，面对这种复杂局势，进藏部队一方面积极推动党的民族宗教政策的学习宣传，深入系统地了解西藏的政治、经济、宗教、民族等情况，充分尊重藏族同胞及其风俗习惯和宗教信仰，制定出科学的民族宗教政策并严格贯彻执行，积极学习藏语加强与群众的交流和沟通，有效化解了民族误解，消除了民族隔阂，促进了民族团结；另一方面坚持优良的作风和严明的纪律，严格执行三大纪律八项注意，“宁愿饿断肠、不吃老乡粮”，绝不扰民，绝不增添群众负担，还积极扶危救困、倾尽全力帮助群众解决各种现实困难，赢得了藏族同胞的信任与拥护。通过这些努力，与藏族同胞建立起了心连心、同呼吸、共命运的鱼水深情，赢来了西藏的和平解放和安定团结的政治局面。

第三，“老西藏精神”、“两路精神”凸显了中华儿女以国家和民族利益至上的无私奉献精神。西藏是祖国的西南屏障，守护好这一方土地，对维护国家战略安全和民族福祉具有十分重要的意义。然而，众所周知，西藏高寒缺氧、高山险阻，自然地理环境相当严酷，生存条件极为艰苦，很多官员将士都将去西藏驻守视若畏途、等同“发配”。但是在中国共产党领导下，“老西藏”们无怨无悔、奋勇争先，以国家和民族利益为重，舍“小家”顾“大家”，带着党和祖国以及人民的重托，远离家乡，离别亲人，长期在偏远艰苦地区做默默无闻的奉献，从最初的“爱国主义、自力更生、吃苦耐劳、边疆为家”，到“一不怕死、二不怕苦”，再到“长期建藏、边疆为家”、“血汗洒边关、丰碑树高原”、“献了青春献终身，献了终身献子孙”，一段段朴实而又激昂的话语，凸显的正是中国共产党领导下的中华优秀儿女以国家和民族利益至上，热爱边疆、安心边疆、保卫边疆、建设边疆的壮志与豪情。

三、大力弘扬“老西藏精神”、“两路精神”

“特别能吃苦、特别能战斗、特别能忍耐、特别能团结、特别能奉献”的“老西藏精神”和“一不怕苦、二不怕死，顽强拼搏、甘当路石，军民一家、民族团结”的“两路精神”，作为一个特殊地域特殊环境产生的精神文明之花，既来源于党的传统作风，又使党的传统作风在雪域高原上有了新的发展；是共产党人崇高品质与西藏特殊实际相结合的丰硕成果，是中华民族自强不息民族品格的生动体现。在中央大力推动社会主义核心价值观教育、深入开展群众路线教育实践活动的大背景下，“老西藏精神”、“两路精神”又有了新的时代内涵，是对“从群众中来，到群众中去”的最好诠释，是党的群众路线的集中反映，也是西藏广大干部群众应该长期坚守的核心价值观。习近平总书记在中央第六次西藏工作座谈会上指出,在高原上工作,最稀缺的是氧气,最宝贵的是精神。广大党员干部要发扬优良传统,不断为“老西藏精神”注入新的时代内涵。我们要大力弘扬“老西藏精神”,认真领会其科学内涵与时代价值,着力使老一辈共产党人的先进事迹与优良作风,成为我们践行群众路线、践行社会主义核心价值观的强大精神动力和不竭力量源泉。

“特别能吃苦”,才能深入基层。“基础不牢,地动山摇”,由于我区地广人稀,广大农牧民群众居住极为分散、条件非常艰苦、管理极为不便,再加上十四世达赖集团凭借其在民族、宗教方面的影响力,把西藏基层作为实施渗透、干扰、破坏的重要突破口,为此,我们必须发扬“特别能吃苦”的“老西藏精神”,坚决克服基层条件艰苦等困难,深入基层、贴近群众。只有贴近群众,才能了解民需、民忧、民苦,将群众反映强烈的突出问题在一线解决,既促进基层的发展,又使十四世达赖集团无可乘之机。《中国共产党章程》明确要求:党在任何时候都要同群众同甘共苦;党员必须吃苦在前,享受在后。这是共产党人的精神之本。在深入开展群众路线教育实践活动和践行社会主义核心价值观的过程中,全体党员干部应牢固树立吃苦耐劳、以苦为荣的高尚理念,扎根基层,服务一线,与群众同吃、同住、同劳动,既通过摸实情、出实招、办实事、做好事来解决实际难题,同时通过“苦其心志,劳其筋骨,饿其体肤,空乏其身”来磨砺意志、锤炼作风,把乐于吃苦同勤于实践相结合,立足岗位,真抓实干,使自己的能力在艰苦环境中不断得到提升,使自己的人生价值在服务群众中得以体现。

“特别能战斗”、“一不怕苦、二不怕死”,才能保国护民。西藏作为我国极具特殊性的边疆少数民族地区,自然环境比较艰苦,经济社会发展相对落后,宗教在社会各个层面有着极其深厚的影响力,又处于反分裂斗争的前沿阵地和西方反华势力“西化”、“分化”我国的突破口,长期面临十四世达赖集团的干扰与破坏。这就对我区党员干部处理复杂问题的素质和能力提出了更高的要求。一是要有“敢战斗”的勇气。党员干部冲锋陷阵,敢于奉献牺牲,这既是党的先进性和纯洁性的重要体现,也是每位党员干部的必备素质。共产党员的先锋队性质决定党员是一块特殊的材料，既要在平时看得出来，更要在关键时刻站得出来，始终做到在国家和人民需要时扛大梁，挑重担，抢头功。在进入全面建成小康社会和加快推进社会主义现代化建设的新时期，我们更要做为人民服务的排头兵和领头羊，勇字当头，敢字当先，忠贞不渝，威武不屈，做党和人民的忠诚卫士和坚强后盾。二是要有“能战斗”的能力。党员干部担负着党和人民交付的职责，自身的能力和本领不仅仅是自己的事情，而是关乎党和国家事业发展的大事情。就西藏来讲，不仅推动发展任务十分繁重，维护稳定工作也非常复杂，应对这些问题都迫切需要提升能力和本领。为此，广大党员干部都要有本领不够的危机感，都要努力增强本领，都要一刻不停地增强本领，在学习和实践中不断提高自己、丰富自己，既把学到的知识运用于实践，又在实践中增长解决问题的新本领，不断提高工作水平和工作质量。

“特别能忍耐”、“顽强拼搏”，才能厚积薄发。首先在个人修养方面，由于西藏地处偏远、交通不便，在经济文化生活方面与内地尚存在较大差距，再加上相当部分在藏干部远离家乡、远离亲人，这就对我区党员干部忍耐艰苦与寂寞的心理素质提出了更高要求，要求我们有“自古圣贤皆寂寞”的豪迈气概，要求我们真正树立“长期建藏、边疆为家”的精神追求；要守得住清贫，耐得住寂寞，抵得住诱惑，按照习近平总书记在同中央党校县委书记学员座谈时提出的“对个人的名誉、地位、利益，要想得透、看得淡”，在“特别能忍耐”中锻造品格、砥砺意志，成就向上、超越的人生境界。其次在工作和事业方面，要以积极乐观的心态来应对一切困难，以“宝剑锋自磨砺出”的韧劲与耐心坚守岗位，奋发有为；以宽广的胸怀和勇往直前的心态应对所有不顺心、不顺眼、不顺手，勇于向一切束缚发展的障碍挑战，勇于向传统的思维定势挑战。为了百姓的福祉，就要敢于面对种种非议，敢于冲破重重阻力，敢于打破种种陈规，满腔热忱地去工作，全心全意地去为人民群众服务。

“特别能团结”、“军民一家”，才能凝聚力量。团结是党的生命，团结出力量、团结出干部、团结出效益。首先，党的群众路线要求一切依靠群众，从群众中来、到群众中去，共产党员要自觉做到维护党员干部和群众的团结，将党和人民的命运紧紧联系在一起；要以“鱼离不开水”的深刻觉悟时刻注意深入群众、贴近群众，与群众打成一片，知群众苦、问群众寒、解群众难，团结带领群众干好工作，让群众真正看到党的威信和作用，认同和拥护党，真正在群众心中树起党员的良好形象。其次，在民族地区尤其要注意维护各民族的团结。习近平总书记特别强调民族团结是西藏各族人民的生命线，深刻揭示了维护民族团结、促进民族交流交融的重要意义。各民族团结一心、共同奋斗，是实现中华民族伟大复兴的根本保障。作为党员干部，一定要有这种政治觉悟和政治责任感，坚定不移走群众路线，坚定不移走民族团结路线，坚持大团结、大联合，团结一切可以团结的力量，为构建“富强、民主、文明、和谐”的社会主义社会提供广泛的力量支持。

“特别能奉献”、“甘当路石”，才能获取认同。奉献精神是共产党员先进性的最本质特征，是对共产党员的基本道德要求，也是最基本的政治素质。党员要坚持党和人民利益高于一切的原则，“先天下之忧而忧”，做到吃苦在前，享受在后，克己奉公，多做贡献。在奉献中满足他人，在奉献中提升自己，在奉献中实现自己的人生价值。同时我们尤其要注意到，西藏有着特殊的区情，主要表现为在其悠久的历史发展过程中孕育出了宗教氛围极其浓厚的文化背景。这个文化背景给党的包括基本理论、主要观点、价值追求在内的意识形态在西藏的广泛传播和深入人心带来了不小的困难。由于十四世达赖集团的客观存在，他们始终不愿放弃“返乡复辟”的幻想，一直凭借其民族、宗教的影响力在和我们争夺人心、争夺群众，导致西藏的意识形态斗争向来十分激烈。能否在这场斗争中占据上风、把握主动权关系到国家战略安全、关系到西藏的前途和命运、关系到西藏的经济社会发展和长治久安。这就要求我们大力弘扬“老西藏精神”，发扬“特别能奉献”的精神，勇于担当，乐于奉献，以真正的实际行动发挥榜样示范作用，让群众通过党员自身形象真切感受到党的基本理论、路线方针政策和价值追求的真实性、可靠性，从而切实增强对社会主义的认同，坚定跟党走的信心和决心，乐意接受和践行社会主义核心价值观。这样一来，党在西藏的执政基础将得到进一步的巩固，西藏社会主义建设各项事业的推进将会更加顺利,西藏各族人民群众的长久福祉也就有了更坚强的保证。

参考文献:

1. [美]理查德·斯格特著,黄洋译:《组织理论》,华夏出版社2002年版。

2. 赵理富:《政党文化探析》,《湖北行政学院学报》2002年第5期。

3. 李冉:《论政党文化的构成》,《江苏行政学院学报》2011年第1期。

4. 肖铁肩:《中国共产党政党文化浅析》,《中南大学学报(社会科学版)》2005年第1期。

5. 祁刚利:《政党文化:内涵、特点及功能》,《理论探索》2008年第3期。

后 记

记得早在2002年,笔者在中央党校担任作为跟班教师跟学员交流,大家提出一个问题:资本主义有其鲜明的核心价值观,如自由、民主、人权等等,那么我们社会主义能否总结出自己的核心价值观呢?大家之所以提出这样的问题,就是希望社会主义有自己鲜明核心价值观,不仅指导我们的思想,也指导我们的实践。记得从那时起,中央党校就有学者开始专门研究社会主义核心价值观的内涵。然而,社会主义到底有什么核心价值观?这固然可以从社会主义经典论述中总结引申出来,但也同时必须是对中国特色社会主义实践的价值总结。党的十六届六中全会提出了“社会主义核心价值体系”的概念,这一价值体系包含了马克思主义指导思想、中国特色社会主义共同理想、以改革创新为核心的时代精神和以爱国主义为核心的中华民族精神以及社会主义荣辱观。很显然,社会主义核心价值体系实质上是社会主义的意识形态的总和。直至党的十八大,才提出“倡导富强、民主、文明、和谐,倡导自由、平等、公正、法治,倡导爱国、敬业、诚信、友善,积极培育和践行社会主义核心价值观”。这是中国共产党第一次正式使用“社会主义核心价值观”的概念,二十四个字的社会主义核心价值观,也是对社会主义核心价值观最新的正式概括。二十四个字的概括,对社会主义来说,尤其是对中国特色社会主义来说,是一个历史进步,是对社会主义本质认识的深化,它意味着社会主义的价值自觉。然而概括出社会主义核心价值观,只是意味着我们对社会主义的核心价值进行了理论抽象,而要把这一理论抽象的成果即社会主义核心价值观从理念状态转化为全体社会成员遵循的价值观,真正使之成为现实的主流的价值观,则仍然需要一个长期而艰巨的过程。因此,传播、弘扬和践行社会主义核心价值观,成为中国特色社会主义建设任务中一项重要内容和工程。

2013年7月,作为中央第七批援藏干部进藏在西藏自治区党校工作之后,笔者继续关注和研究社会主义核心价值观问题,在西藏自治区党委党校讲授“培育和践行社会主义核心价值观”专题讲座,同时也开始关注研究西藏如何培育和践行社会主义核心价值观的问题。2014 年申请了西藏哲学社会科学基金,开始组织专家学者专门研究“西藏培育和践行社会主义核心价值观”课题。在西藏培育和践行社会主义核心价值观与全国其他省区有着极大的不同,这是因为,西藏在文化、宗教上有着极其鲜明的特色。因此,研究西藏如何培育和践行社会主义核心价值观,具有特殊重要的意义。

参加本课题研究的主体是西藏自治区党委党校的年轻学者们,中宣部、中央党校和西藏自治区统战部的一些专家学者也参加了课题研究或研讨。笔者作为课题组负责人确定了全书大纲,并对全书进行了修改统稿。具体分工如下:第一章:孙向军、施俊伟、李云龙;第二章:毛奇;第三章:唐章全;第四章:李永强;第五章:仓拉;第六章:洪涛、罗旦、施广强(执笔);第七章:向龙飞。

呈现在读者面前的这部关于西藏社会主义核心价值观建设的理论研究成果,是对西藏培育和践行社会主义核心价值观的较为系统的研究,然而,该研究成果仍然有许多不足之处,其中难免存在诸多错误和疏漏,在此敬请广大专家学者批评指正。

孙向军